长安大学中央高校基本科研业务费专项经费资助项目
（项目批准号：300102118650）

新时代中国民族关系协调发展研究

宋鑫华——著

社会科学文献出版社
SOCIAL SCIENCES ACADEMIC PRESS (CHINA)

前　言

一　选题的意义

当今世界有 2500 多个民族，分布在 200 多个国家和地区，无论是大国还是小国，无论是发达国家还是发展中国家，绝大多数都是多民族国家，面临着处理好民族关系的问题。如何更好地处理国家与民族的关系，如何解决一个国家中的各民族对国家的认同，以及如何协调各民族之间的关系，是多民族国家必须要面对和解决的现实问题。

民族关系是复杂的社会关系，与此相关的民族问题也是多民族国家不可避免的问题。民族问题的存在是一个长期历史现象，处理民族问题也是一个长期的历史过程。处理好民族问题、做好民族工作，是关系民族团结和社会稳定的大事，是关系国家长治久安和中华民族繁荣昌盛的大事。民族关系作为民族问题的重要组成部分，是多民族国家内部的十分重要的社会关系。它既反映历史发展的积淀，又折射出现实环境的影响，具有相当的复杂性和敏感性。在多民族国家，现代民族的建构和国家有着相互作用、密不可分的联系。一方面，民族建构通过国家的权力使特定的文化价值观制度化；另一方面，国家则从民族建构中获得国民的政治认同和社会凝聚力。民族与国家的密切联系以及现代多民族国家以"差异性、异质性"为显著特征的多元民族构成，决定了民族关系对多民族国家政治秩序运行与维持的影响。任何一个民族社会，都必须建立自己的公共权力，以政治的方式对民族的权利、利益等进行管理和治理。当然，民族也利用一定的政治形式来维护自身的利益。民族和政治的相互作用，使得民族与政治之间有着"天然"的联系。因此，各个民族在生存和发展的过程中获得和维护的民族利益、民族权利和民族发展，构成了现代民族关系的核心。要想使民族关系协调发展，现代国家就必须创造出能切实维护各民族利益的、共同遵守的法律制度和公共文化，这个制度框架能够最大限度地满足各民族人民的合理性政治与经济利益需求，传承各民族共同体的文化以及延续生活于其中的各民族共同体的独特生活方式，能够确保各民族之间有序的交往，实现和维护各民族的正当权利，使得各民族没有激烈的矛盾与冲突。这样就会营造一种"和谐"的族际氛围，从而形成民族认同与国家认同的一致性，促进经济社会发展和多民族国家的稳定。相反，民族关系不和谐，对各民族的正常交往产生破坏和限制作用，会制约民族间交往的深度、广度以及其他社会关系的正常发展，由此可能会引发民族矛盾、纠纷、摩擦，甚至冲突，从而对多民族社会的政治稳定产生间接或直接的破坏作用。民族矛盾和民族分裂是当今世界各国普遍存在的问题，解决好民族矛盾，反对民族分裂，是当今各国执政党的一大重要任务。在复杂多变的国际形势下，国外敌对势力对民族、宗教问题的不断渗入，国内民族分裂分子的破坏，以及在国内艰巨繁重的改革发展任务下产生的民族经济、民族法治、少数民族城市化等领域的问题，都使当代中国民族关系变得异常复杂。

新中国成立以来，中国共产党为建立、巩固和发展各民族的平等、团结、互助、和谐的民族关系，在促进民族关系协调发展方面做了极大的努力，经过70多年的不断发展完善，特别是改革开放以来的发展，我国已经找到了一条适合中国国情、具有中国特色的解决民族问题的道路。总的来说，当前我国的民族关系和民族工作的主流是好的，但也面临着一些新的阶段性特征。比如，民族地区发展迈上新台阶，但发展不平衡不充分问题仍然相对突出；各民族人口大流动大融居趋势不断增强，如何顺应形势构建互嵌式社会结构仍需加强探索；中华民族共同体的思想基础不断巩固，但局部地区反分裂形势依然严峻，国际势力干扰破坏我国民族团结的风险不容小觑。① 我国正处于伟大而深刻变革的新时代，新时代我国社会主要矛盾已转化为人民日益增长的美好生活需要和不平衡不充分的发展之间的矛盾。由于历史、经济、地域、自然条件等多方面因素，西部民族地区的许多地方集"老、少、边、穷"等于一体，经济社会发展长期相对落后。所以，从民族地区来说，发展不平衡，主要指各民族地区与非民族地区之间、民族地区之间以及同一民族地区内部各方面发展不平衡。发展不充分，主要指民族地区的发展具有特殊性，即一些地区、一些领域、一些方面还存在发展不足的问题，发展的任务仍然很艰巨。矛盾的转化不仅带来"单一性"到"全面性"需求的社会结构、供需"不平衡"到"不匹配"的经济体制、从侧重追求"效率"到更强调实现"公平"的分配方式的深刻变化，同时也会引起社会资源保障性需求、权益性需求呈现加速扩展的态势，这就要求体制机制进行全面而深刻的改革，因而势必会伴随着各种难以预测的矛盾和冲突。

因此，在新的形势下，我们一方面需要关注我国民族关系的历史、现状，认真总结过去积累的经验，找出规律性的东西，为

---

① 中共中央统一战线工作部、国家民族事务委员会编《中央民族工作会议精神学习辅导读本》，民族出版社，2022，第4页。

未来提供指导；另一方面要结合新时代的变化和要求，研究民族关系的未来走向，在国家治理视域中探索民族关系协调发展的实现机制和解决途径，以期为新时代民族政策的制定提供一些思路。

二　研究的现状

国外还没有出现专门研究民族关系协调发展理论的研究成果，但是国外政治学者从社会学、民族学、政治学等视角对民族认同、民族主义、族群关系等进行了大量的研究。

（一）国外相关研究

当代西方学术界关于民族关系的研究，其代表性的思想和观点主要有同化理论、文化多元主义理论、族群关系理论等。海瑞斯·凯莱（Horace Kallen）率先提出了"文化多元化"的理论。1924 年，他在《美国的文化与民主》中指出，"美国各民族相处的方式就是一种交响乐的方式，在这个交响乐中，不同的乐器以其不同的音质特征及主题，表现着作品中不同而又不可缺少的乐章。就像在一个国家的文化社会中，不同地区、民族、职业、宗教以其不同的行为构成国家民族的精神"[①]。这充分说明了不同文化的少数民族寻求族际和谐的社会目标。1964 年，美国社会学家戈登（Milton M. Gordon）在他出版的《美国人生活中的同化》中，提出了衡量民族关系的 7 个变量，他认为，"同化"可分解为七个相关的变数或因素，即文化或行为的同化、社会结构的同化、婚姻的同化、身份认同的同化、意识中族群偏见的消除、族

---

① Horace M. Kallen, *Culture and Democracy in the United States*, New York: Boni and Liveright, 1924, p. 60.

群间歧视行为的消除以及社会的同化。① 20 世纪七八十年代以来，西方学者关于民族、民族关系的研究成果比较多。如盖尔纳的《民族与民族主义》（2002 年）、安东尼·史密斯的《全球化时代的民族与民族主义》（2002 年）与《民族主义：理论、意识形态、历史》（第 2 版）、菲利克斯·格罗斯的《公民与国家——民族、部族和族属身份》（2002 年）、哈贝马斯的《后民族结构》、威尔·金里卡的《少数的权利：民族主义、多元文化主义和公民》（2005 年）、本尼迪克特·安德森的《想象的共同体——民族主义的起源与散布》（2005 年）等著作。这些西方学者对种族、族群、民族、民族主义和多民族国家等概念进行了严格的定义和阐释，对于我国构建多民族国家理论、发展民族学研究的概念、术语体系、研究范式等具有一定的借鉴意义。

（二）国内相关研究

国内学术界特别是民族学界对这一主题的关注和研究是比较多的。民族关系涉及经济、政治、文化、社会等许多方面，因此学者们也从不同角度对民族关系进行了广泛而深入的研究。

1. 民族关系史研究

目前对该领域的研究，国内民族学界产生了一大批民族关系史著作和论文。如翁独健主编的《中国民族关系史纲要》，从历史发展的角度，分析社会主义民族关系的形成及特点。该书认为："只有揭露历史上民族不平等和民族压迫的阶级本质，才能正确认识历史，才能明确区分阶级社会的民族关系与社会主义民族关系的根本区别，才能使各族人民认识和感到我们社会主义民

---

① Milton M. Gordon, *Assimilation in American Life*, New York: Oxford University Press, 1964, pp. 62–64.

族平等的关系的可贵。"① 任一飞和周竞红的《中华人民共和国民族关系史研究》对新中国成立后不同历史时期的民族关系发展状况进行分析，全面地、立体地观察和研究中国民族关系的发展态势，是民族史研究学科在时段上的一个扩展。②

还有周伟洲的《中国中世西北民族关系研究》③，杨策与彭武麟主编的《中国近代民族关系史：1840—1949》④、余振和达哇才仁主编的《中国的民族关系和民族发展》⑤ 等。除这些专著之外，还有大量的学术论文，如徐杰舜和黄玲的《广西民族关系史研究述评》⑥ 等。这些著作和学术论文，着重从民族发展的社会历史过程出发，探讨民族关系发展的一般规律，并通过对历史上民族关系与社会治乱兴衰关系的探究，总结历史上民族关系的成败得失和经验教训，以服务于现实社会。

2. 民族关系一般理论研究

党的十一届三中全会以来，民族关系研究蓬勃兴起，学术界对社会主义民族问题和民族关系进行了多方面探讨和思考。如路宪民的《社会文化变迁中的西部民族关系》⑦，金炳镐的《民族关系理论通论》⑧，郝时远的《中国的民族与民族问题——论中

---

① 翁独健主编《中国民族关系史纲要》（上），中国社会科学出版社，2005，第9页。
② 任一飞、周竞红：《中华人民共和国民族关系史研究》，辽宁人民出版社，2003。
③ 周伟洲：《中国中世西北民族关系研究》，广西师范大学出版社，2007。
④ 杨策、彭武麟主编《中国近代民族关系史》，中央民族大学出版社，1999。
⑤ 余振、达哇才仁主编《中国的民族关系和民族发展》，民族出版社，2003。
⑥ 徐杰舜、黄玲：《广西民族关系史研究述评》，《广西民族研究》2020年第2期。
⑦ 路宪民：《社会文化变迁中的西部民族关系》，民族出版社，2012。
⑧ 金炳镐：《民族关系理论通论》，中央民族大学出版社，2007。

国共产党解决民族问题的理论与实践》①，马戎、周星主编的
《中华民族凝聚力形成与发展》②，马戎的《民族与社会发展》③、
《民族社会学：社会学的族群关系研究》④，徐黎丽的《论民族关
系与民族关系问题》⑤，冯雪红等的《民族关系的新视角与新探
索》⑥ 等。发表的论文则更多，如刘先照主编的《论社会主义民
族关系》⑦ 是全面论述社会主义民族关系的代表作的论文集，金
炳镐主编的《中国民族理论研究二十年》⑧ 则对改革开放以来民
族关系的研究做了较为全面的回顾与述评，还有青觉的《当前我
国民族关系的主要内涵和发展趋势》⑨，赵学先的《我国社会主
义民族关系本质特征新解》⑩，史界的《论新时期民族关系和谐
与构建和谐新疆》⑪ 等。这些研究成果主要围绕着社会主义民族
关系的形成、性质、特征和民族关系发展趋势等一般性的问题来
进行阐述。国内学者主要针对我国民族政策的完善、民族关系及
其对策等进行了大量的研究，尤其是剧烈的社会变革对社会主义
民族关系的影响、社会主义市场经济对民族关系的影响、城市化

---

① 郝时远：《中国的民族与民族问题——论中国共产党解决民族问题的理论与实
践》，江西人民出版社，1996。
② 马戎、周星：《中华民族凝聚力形成与发展》，北京大学出版社，1999。
③ 马戎：《民族与社会发展》，民族出版社，2001。
④ 马戎：《民族社会学：社会学的族群关系研究》，北京大学出版社，2004。
⑤ 徐黎丽：《论民族关系与民族关系问题》，民族出版社，2005。
⑥ 冯雪红、束锡红、聂君：《民族关系的新视角与新探索》，上海人民出版社，
2015。
⑦ 刘先照：《论社会主义民族关系》，民族出版社，1991。
⑧ 金炳镐：《中国民族理论研究二十年》，中央民族大学出版社，2000。
⑨ 青觉：《当前我国民族关系的主要内涵和发展趋势》，《中南民族大学学报》
（人文社会科学版）2005 年第 5 期。
⑩ 赵学先：《我国社会主义民族关系本质特征新解》，《西南民族大学学报》（人
文社科版）2007 年第 9 期。
⑪ 史界、张光亮：《论新时期民族关系和谐与构建和谐新疆》，《新疆师范大学学
报》（哲学社会科学版）2011 年第 3 期。

进程中的民族关系问题，以及全球化浪潮下的民族主义思潮对我国的影响等方面进行论述与评价。

3. 社会主义和谐民族关系研究

2006 年《中共中央关于构建社会主义和谐社会若干重大问题的决定》指出，要"巩固和发展平等、团结、互助、和谐的社会主义民族关系，使各族人民和睦相处、和衷共济、和谐发展"①，这为我们完善民族政策、巩固和发展社会主义民族关系开拓了新的视野。正是在这个背景下，学者们针对社会主义和谐民族关系展开了大量的研究。何龙群等的《民族关系与社会主义和谐社会建设的历史考察》② 对民族关系与社会和谐的辩证关系进行了充分论证。此外，涉及该领域的相关学术论文数量也相当多，如金炳镐的《和谐民族关系与和谐社会构建》③、关桂霞的《巩固和发展平等团结互助和谐的社会主义民族关系》④、郝时远的《构建社会主义和谐社会与民族关系》⑤、李俏的《加快民族地区经济社会发展构建社会主义和谐民族关系》⑥ 等。学者们研究的热点集中在民族地区和谐社会构建与和谐民族关系的研究，但研究大多集中在诸如和谐民族关系提出的意义及发展和谐民族关系对构建和谐社会的重要性等方面。

① 《中共中央关于构建社会主义和谐社会若干重大问题的决定》，人民出版社，2006，第 33 页。
② 何龙群等：《民族关系与社会主义和谐社会建设的历史考察》，人民出版社，2015。
③ 金炳镐：《和谐民族关系与和谐社会构建》，《西南民族大学学报》（人文社科版）2007 年第 9 期。
④ 关桂霞：《巩固和发展平等团结互助和谐的社会主义民族关系》，《中共云南省委党校学报》2014 年第 1 期。
⑤ 郝时远：《构建社会主义和谐社会与民族关系》，《民族研究》2005 年第 3 期。
⑥ 李俏：《加快民族地区经济社会发展构建社会主义和谐民族关系》，《内蒙古社会科学》（汉文版）2017 年第 5 期。

4. 新时代中国特色社会主义民族关系研究

中国特色社会主义进入新时代，中华民族迎来历史上最好的发展时期。同时，面对复杂的国内外形势，全国各族人民需要团结一致，为实现中华民族的伟大复兴而努力。学者们针对新时代背景下的民族问题，进行了大量的研究。如郝时远的《中国特色解决民族问题之路》指出：中国特色解决民族问题的正确道路，这是中国共产党立足于尊重历史、符合国情、顺应人心做出的历史抉择，是中国特色社会主义道路的有机组成部分。① 陈祥、石开忠、周真刚的《新时代和谐民族关系研究》②，成杰、任新民的《交往梯次递进下新时代和谐民族关系的构建》③，吴月刚、肖锐、金炳镐的《习近平新时代民族工作思想体系》④，蔡诗敏和张胥的《新时代我国社会主义民族关系的科学内涵与时代特征》⑤。这些研究成果，以习近平总书记关于民族工作的重要论述为根本遵循，从不同角度探索了新时代我国和谐民族关系的构建问题。

三　本书的结构和要点

新时代的今天，我们需要认真研究分析总结这些研究成果，从中概括和提炼出规律性的内容，结合当前中国民族关系发展的现实状况，提出新时代民族关系协调发展的实现路径。本书由前

① 郝时远：《中国特色解决民族问题之路》，中国社会科学出版社，2016，第 15 页。
② 陈祥、石开忠、周真刚：《新时代和谐民族关系研究》，《贵州民族研究》2018 年第 11 期。
③ 成杰、任新民：《交往梯次递进下新时代和谐民族关系的构建》，《贵州民族研究》2019 年第 7 期。
④ 吴月刚、肖锐、金炳镐：《试论习近平新时代民族工作思想体系》，《民族研究》2017 年第 6 期。
⑤ 蔡诗敏、张胥：《新时代我国社会主义民族关系的科学内涵与时代特征》，《民族论坛》2020 年第 3 期。

言、正文和结语三个部分组成。其中前言部分主要介绍了本书选题的意义、研究的现状，本书的结构和要点；结语则是结合新时代对主题的升华。

本书的正文部分，主要围绕如下内容展开。

（一）民族关系协调发展的基本内涵

在对民族、民族关系、民族关系协调发展等概念、结构和特点进行梳理和界定的基础上，详细分析了新时代中国特色社会主义民族关系协调发展的运行逻辑。具体运行体系为：（1）民族平等是民族关系协调发展的基础；（2）民族团结是民族关系协调发展的基本保障；（3）民族互助是民族关系协调发展的动力；（4）各民族共同繁荣发展是民族关系协调发展的根本目的。同时，结合各国在民族关系问题上所采取的民族政策，选取西方几个国家协调民族关系的政策实践进行剖析，以期从他国协调民族关系的政策成与败、得与失中，对我国的民族关系协调发展提供一定借鉴和启示。

（二）我国民族关系协调发展的理论渊源

民族关系是人类社会出现民族以后普遍存在的社会现象。民族关系是民族生存和发展过程中相关民族之间的相互交往、联系以及作用、影响的关系。民族关系是民族理论研究的重要领域。民族关系理论是民族理论学科理论体系的重要组成部分。（1）马克思主义民族关系理论，是根据马克思主义关于民族问题的一般原理和基本原则，在苏联、东欧及我国解决民族问题的长期实践过程中逐渐创立、丰富和发展起来的理论体系，是马克思主义认识人类社会民族现象、把握民族过程发展规律和解决民族问题的科学思想体系。马克思主义民族理论是我国民族关系理论研究的主流范式和主导意识形态，它为我国民族政策的制定，为我们进行民族关系研究提供了科学的理论指导。所以，它也毋庸置疑地成为民族关系研究的经典理论。（2）中国特色社会主义民族关系理论，是中国共产党在领导中国革命和建设的过程中，把马克思主义关于民族问题的基本原理与中国的革命和建设实践相结合，逐步实现马克思主义民族理论的中国化。这也是我们进行民族关系协调发展研究的直接理论支撑。

（三）我国民族关系协调发展的历史与现实基础

民族关系在中国历史上占有十分重要的地位，任何一个有作为的政治家都十分注重民族关系，在处理民族问题过程中积累了丰富的实践和经验，对我们正确处理当今的民族关系有一定的借鉴和启发意义。（1）王朝国家民族关系调控的主要方式。我国对于少数民族的政策及治理古已有之。在"大一统"思想影响下，历代封建王朝创设了完善的制度架构和政策安排。（2）近代我国民族关系发展的主线。近代百年间，为了民族生存，中国人民进行了多次不屈不挠的反抗外来侵略的斗争。共同的命运促使各族人民空前地团结起来，共同反对帝国主义侵略，维护国家统一和领土完整，构成了中国近代民族关系的坚实基础。（3）新中国成立之前我国协调民族关系的主要调控政策。我们有必要对历史上协调民族关系的理论与实践进行一定的思考，以此为当代中国民族关系协调与发展提供有益的借鉴和启示。（4）多元一体"同呼吸、共命运"的"中华民族"凝聚力，在新时代越来越体现出巨大的生命力，是新时代我国民族关系协调发展的重要现实基础。

（四）我国社会主义民族关系协调发展的演进过程与经验总结

中华人民共和国的成立，为我国民族关系的协调发展提供了坚实的政治基础。在党和政府的正确领导下，社会主义民族关系虽然经历了一些曲折，但总体的发展趋势没有改变，并最终形成了平等、团结、互助、和谐的新型社会主义民族关系。具体来看，我国民族关系的发展大体可以分为以下三个阶段："消除民族压迫和歧视，实现民族平等"，努力构建社会主义新型民族关系（1949~1977）、"支持民族地区加快发展，促进各民族共同繁荣"，巩固和发展社会主义民族关系（1977~2012）、"以铸牢中华民族共同体意识为主线"，加强和巩固社会主义民族关系（2012年至今）。回顾历史，展望未来，党和国家在构建和发展中国特色社会主义的新型民族关系方面既有曲折的教训，也有成功的经验。其经验主要体现在以下几个方面：（1）不断推进马克思主义民族理论中国化；（2）坚持一切从中国的实际出发，具体情况具体对待；（3）继续坚持和不断完善民族区域自治制度；（4）坚持反对民族问题上的两种错误倾向，全面贯彻党的民族政策；（5）发展是解决当前民族问题促进社会和谐的关键和根本途径。

（五）新时代我国民族关系协调发展的历史机遇及实现路径

准确把握当代中国的历史方位，尤其是目前少数民族地区的发展现状和所处的发展阶段，是紧紧围绕共同团结奋斗、共同繁荣发展的主题，制定包括少数民族地区在内的国家发展战略，实现全国各族人民"同心共筑中国梦"总目标的基本前提。要实现多民族国家民族关系的协调发展，就要明确战略定位，加强顶层设计，通过多样化的整合途径来协调国内各民族的矛盾和冲突，构筑良性互动的民族关系，实现从民族认同向国家认同的转化。为此，应该从中国的民族发展历史和现状的具体实际出发，坚持"多元"与"一体"相统一的民族关系协调理念，坚持党对民族工作的领导，坚定不移地走中国特色解决民族问题的道路；推动民族地区加快现代化建设步伐，建设经济繁荣民族团结环境；坚持和完善民族区域自治制度，优化民主政治环境；构筑中华民族共有精神家园，创造民族关系协调发展的文化环境；保障和改善民生，为民族关系协调发展营造良好的社会环境；走绿色发展之路，为民族关系协调发展营造有利的生态环境；参与国际合作，为民族关系协调发展营造有利的外部政治环境。

目　录

第一章　民族关系的基本内涵

民族关系是当今世界普遍的社会现象，是多民族国家在民族和社会发展中必须处理好的社会问题。民族关系是在人们的交往联系中，不仅具有社会性，而且具有民族性的社会关系，本质上是涉及民族这个社会人们共同体的地位和待遇，民族这个社会群体的权利和利益，民族及其成员的民族意识和感情等特定内涵的社会关系。民族关系作为民族理论的一个基本范畴，充分认识民族关系的结构、种类、内容和特点，即对民族关系作出准确的定义，对于我们研究民族问题协调发展是重要前提。

第一节　民族关系的概念界定

民族是客观存在的实体，是人类社会发展到一定阶段的产物，是社会生产力发展到一定阶段、社会基本矛盾运动发展到一定阶段的必然产物。民族实体的存在和发展，是以具体的、现实的诸民族的存在和相互联系交往为基础的。民族实体理论是民族关系理论的基础理论。因此在弄清楚什么是民族关系之前，首先要厘清民族的定义及产生，这对于深入理解民族关系是至关重要的。

一 民族概念的生成

一般而言，社会科学是对社会、历史现象的认识。研究者要把握好社会科学研究的客观性、规律性，总是希望首先厘清所研究对象的概念，然后在此基础上再做层层递进的深刻分析。民族是一个历史范畴，是一种普遍现象。民族在世界上已经存在了数千年，人们对这种社会现象的认识是逐步深入的。考察"民族"概念的演进史，要遵循其内在的发展规律。众所周知，"民族"概念原生于欧洲，但自进入中国以来，"民族"概念始终是困扰我们民族理论建设的一大学术难题，争议不断。

（一）"民族"概念的考究

世界上不同的国家和地区对民族有着不同的认识和解释，以至于有学者在一部分英文文献中就可以得到 20 多个关于民族的定义。[①] 而在我国，自中华人民共和国成立以来，学术界对民族概念的研究、讨论也一直没停止过。

在西方，古希腊人用来表示"民族"概念的名词有三个：ethnos、genos 和 philon。其中，ethnos 是现代西方民族学语境中 ethnic、ethnicity、ethnology 等词（以英文为例）的词源，但 ethnos 要比 ethnic group 具有更广泛的含义和使用范围。[②] 古希腊人形成了自己独特的"民族"概念，并开始记述民族特征，如在公元前 5 世纪时的希罗多德对古希腊人就有一句非常经典的类似定义的描述："希腊人血缘相同，语言相同，有共同的神庙、祭礼和共同的习俗。"[③] 在这里，血缘、语言、宗教和生活方式构成

---

① 马戎：《民族与社会发展》，民族出版社，2001，第 40 页。
② 徐晓旭：《古希腊人的"民族"概念》，《世界民族》2004 年第 2 期。
③ 徐晓旭：《古希腊人的"民族"概念》，《世界民族》2004 年第 2 期。

了判定一个人是不是古希腊人的标准。在西语中，"民族"过去对译的英文为 nation 或 nationality。"nation"一词有其特定的内涵。它最初是从拉丁文 natio 派生出来的，意为"诞生物"，指诞生于同一地方的一群人，因实际的和想象的具有同一血统和共同语言而组成的人们的集团（people group）。民族概念形成于近代以来的欧洲，指的是"资产阶级民族国家中的统治民族，也就是以本族为主体建立现代国家的民族。因此，民族的概念直接与国家的概念或者至少是一定程度的自治相关联"①。随着资本主义上升时期民族国家的形成和资本主义国家民族学的发展，"民族"一词在西方国家普遍使用起来，而且有了新的含义。一些学者提出了民族概念界说。意大利学者马齐认为民族是具有土地、起源、习惯、语言的统一。瑞士—德国法学家、政治理论家布伦奇里（J. K. Bluntschli）认为民族具有共同的地域、血统、肢体形状、语言、文化、宗教、风俗、生计八个方面的特征。后来，nation 一词被赋予政治色彩，并逐步与"国民性"（或译"国性"，nationality）一词等同，进而成为"国家"（state）的同义语。在一些英文辞书中，"民族"（nation）一词既被解释为民族，又被解释为国家。在英国、法国等一些西方国家语文中民族和国家是同一词或同义词。② 总之，民族虽然也是一个文化实体，但在民族国家时代，民族不会也不可能完全是文化的，政治色彩始终是其重要的特征。

在我国，"民族"从词源学的角度可分解为"民"与"族"两个字。中国古代文献对"民"与"族"这两个字均有论述，如《尚书·五子之歌》中"民为邦本，本固邦宁"，其中的

---

① 宁骚：《民族与国家：民族关系与民族政策的国际比较》，北京大学出版社，1995，第 12 页。

② 金炳镐：《民族关系理论通论》，中央民族大学出版社，2007，第 32 页。

"民"指称"百姓";《吕氏春秋·异宝》中"问其名族,则不肯告",其中的"族"含有"家族""姓"的意思。但将它们合成"民族"一词使用,一般认为始于1899年梁启超的《东籍月旦》一文。文中有"东方民族""泰西民族""民族变迁""民族竞争"等术语,这是汉语"民族"一词的最早来源。① 中国现代意义上的"民族"一词是在19世纪后半期,受到日文汉字"民族"一词的影响而出现的。作为词语的"民族"与作为学术概念的"民族"不同。"民族"一词作为学术概念,其内涵是有一个发展过程的。最早在学术概念意义上使用"民族"一词的应该是梁启超,他在《历史上中国民族之观察》一文中使用了"民族"一词,并指出"民族"概念是从英语"nation"、日语"民族"转借而来,并下结论说:"中华民族自始本非一族,实由多民族混合而成。"20世纪以后,"民族"一词开始在中国学术界被大量使用,与民族有关的新名词(如中华民族、中国民族、民族主义、民族运动)大量出现。如梁启超的《论民族竞争之大势》(1902)、《论民国与民族差异及其关系》(1903)、《中国历史上民族之研究》(1922)以及孙中山的《中国民族问题之真解决》(1904)等。我国对"民族"概念的系统研究是在新中国成立以后。在马克思主义民族理论发展史上,第一个完整的、科学的定义,是斯大林1913年在《马克思主义和民族问题》一文中提出的,即"民族是人们在历史上形成的一个有共同语言、共同地域、共同经济生活以及表现于共同文化上的共同心理素质的稳定的共同体"②。斯大林的民族定义虽然是以资本主义民族为对象,但是它所归纳的民族基本特征却反映和概括了不同发展阶段

---

① 迟成勇:《试析民族与中华民族概念》,《黑龙江民族丛刊》2009年第6期。

② 《斯大林全集》(第2卷),人民出版社,1953,第294页。

民族的普遍性的基本特征，是具有普遍意义的。其民族的定义被各国马克思主义者所公认和具体运用，被各社会主义国家所普遍接受，并将其作为研究民族问题和解决民族矛盾、制定民族政策和进行民族识别的理论依据。20 世纪 20 年代末斯大林的民族定义被翻译介绍到中国，对中国共产党和中国政府的民族理论和民族政策产生过重要影响，这个民族定义在新中国成立后一直沿用。正如费孝通先生指出的那样，"民族不是一个由人们出于某种需要凭空虚构的概念，而是客观存在的，是许多人在世世代代集体生活中形成，在人们的社会生活上发生重要作用的社会实体"。"民族实际是因地因时而变化的，我们对民族的认识也应当根据实际变化而不断发展。"①

中华人民共和国成立以来，国内研究者对"民族"概念的界定也是仁者见仁，智者见智，取得了大量的成果。主要代表性观点：针对斯大林提出"民族不是普通的历史范畴，而是一定时代即资本主义上升时代的历史范畴。封建制度消灭和资本主义发展的过程同时就是人们形成为民族的过程。例如西欧的情形就是如此"②。这种关于民族形成于资产阶级上升时期的观点，范文澜通过历史考察，在《中国自秦汉时成为统一国家的原因》一文中指出："汉族自秦汉以下，既不是国家分裂时期的部族，也不是资本主义时期的资产阶级民族，而是在独特的社会条件下形成的独特的民族。"③ 以历史事实为依据否定了斯大林的相关论述。随后，引发了学术界关于这个问题的讨论。牙含章围绕"民族"定义的问题发表了《关于民族一词的使用和翻译情况》、《关于民

① 费孝通：《简述我的民族研究经历和思考》，《北京大学学报》（哲学社会科学版）1997 年第 2 期。
② 《斯大林全集》（第 2 卷），人民出版社，1953，第 300~301 页。
③ 范文澜：《试论中国自秦汉时成为统一国家的原因》，《历史研究》1954 年第 3 期。

族的起源和形成问题》和《关于民族形成问题的一些意见》等系列文章，认为中国学界对斯大林的"民族"定义存在翻译上的错误，并根据马克思、恩格斯的论述，提出了民族形成于古代的观点。金炳镐 1984 年在《马克思主义的民族形成理论及其在中国的传播》一文中指出在我国之所以会出现对马克思主义民族理论的不同理解和对民族形成时间的不同看法，就在于涉及论述资本主义时期形成民族的观点的著作传播到我国的时间及影响相对较早和较大。我国研究民族形成理论时，注意列宁、斯大林及苏联学者的多，注意马克思、恩格斯的理论不够。马克思、恩格斯、列宁、斯大林关于民族形成问题和民族概念的界定上是统一的，我国学术界在形成时间上的不同观点，也是可以在这个统一性基础上同一的，即作为原生形态和次生形态民族的形成时间并存，并行不悖，部族提法可以不要。[1] 纳日碧力戈在《民族与民族概念辨正》一文中讲道："民族是在特定历史的人文和地理条件下形成，以共同的血统意识和先祖意识为基础，以共同的语言、风俗或其他精神和物质要素组成系统特征的人们共同体。"[2] 金炳镐在 1994 年出版的《民族理论通论》中认为，民族是历史上形成的具有三维基本属性、四个基本特征和基本结构、基本素质的客观实体，有其产生、发展和消亡的规律。郝时远在 2003 年发表的《重读斯大林民族定义》的系列论文中提到了一些关于民族定义的新观点，他认为应该从民族国家层面去理解斯大林民族定义，中国古代民族并不是民族国家层面的民族，故不能套用斯大林的民族定义，实际上也为中国古代民族研究找到了根据。

从以上观点可以看出，观察、认识民族及其发展过程，必须

---

[1] 金炳镐：《马克思主义的民族形成理论及其在中国的传播》，《内蒙古社会科学》1984 年第 6 期。

[2] 纳日碧力戈：《民族与民族概念辨正》，《民族研究》1990 年第 5 期。

从多角度、多层面去了解和分析，必须把它作为一个复杂的、系统的社会实体加以认识，而且还要随着时代发展不断深化。正是在总结中国和世界民族理论的实践经验的基础上，继承马克思主义关于民族的理论，吸收中国传统文化中关于民族的认识，同时合理借鉴国外关于民族的论述，中国共产党于2005年提出了关于构成民族六个共同特征的理论，即"民族是在一定的历史发展阶段形成的稳定的人们共同体。一般来说，民族在历史渊源、生产方式、语言、文化、风俗习惯以及心理认同等方面具有共同的特征"[①]。这个表述无论从内涵还是外延来看，都发生了很大的改变，与斯大林民族定义有本质的差异，突破了斯大林民族定义的模式，更加符合中国国情。所以，在这里应用的民族定义只能是应用到实践中的定义，是在实践中提炼和使用起来的，是民族识别、民族大调查、民族区域自治制度形成和完善过程中出现的。中国的民族含义已经是发展了的马克思主义民族理论概念，在民族识别工作中并没有机械地套用斯大林的民族定义，也没有完全按照斯大林的民族四特征理论。它既可以指古代、近代和现当代的任何时期的民族，又可以是中华人民共和国成立后我国不同社会发展历史类型的所有民族的称谓，既包括曾经建立过朝代的民族（蒙古族、满族等），又包括在历史上没有建立过政权的民族（鄂伦春族、德昂族等）。既在国家层面的意义上使用，也通常指组成我国的56个民族，特别是55个少数民族，因此概念的内涵十分丰富，往往包含着多重含义。对此费孝通将"民族"一词的多层含义概括为：[②]（1）中华民族的统一体；（2）组成中华民族

---

① 国家民族事务委员会、中共中央文献研究室编《民族工作文献选编（二〇〇三——二〇〇九年）》，中央文献出版社，2010，第91页。

② 费孝通：《边区民族社会经济发展思考》，《北京大学学报》（哲学社会科学版）1993年第1期。

统一体的各个民族，即现在组成中华民族的 56 个民族；（3）组成中华民族统一体的各个民族内部还有各具自身特点的部分，现在称作各种"人"。而我们在通常意义上使用"民族"概念，一般是指第二种，即组成中华民族的 56 个民族。

（二）民族的产生

民族不是自有人类以来就有的，而是在社会发展到一定历史阶段才形成的。民族的形成，是原始社会基本矛盾运动发展到一定阶段的一个必然结果，是在原始社会走向崩溃，氏族与部落共同体瓦解过程中的产物。从氏族、部落解体到民族形成，是一个漫长而复杂的社会过程。马克思和恩格斯早在《德意志意识形态》一文中谈到民族形成的原因时曾指出："例如，在古代，每一个民族都由于物质关系和物质利益（如各个部落的敌视等等）而团结在一起，并且由于生产力太低，每个人不是做奴隶，就是拥有奴隶，等等，因此，隶属于某个民族成了人'最自然的利益'"。[①] 这也就是说，民族的产生和存在是与当时生产力有一定的发展但是又未达到很高的程度息息相关的。社会生产的发展及其带来的结果，促进了民族的形成，是民族形成的经济条件。

在原始社会，人类经济活动单一，生产方式简单，氏族是以血缘关系为基础的人们共同体，过着群居的生活。家庭、氏族、部落满足了人们对经济、社会、教育、宗教活动和娱乐的需求。因而，当时的人类共同体规模较小，结构形式也较单一。到了新石器时代晚期，随着社会生产力的发展，人口的猛增，各氏族和部落原有的疆域不够用了，已经难以维持族人的生存。为了生存，部落间以掠夺财产为目的的利益战争频繁发生，为了抵御或

---

① 《马克思恩格斯全集》（第 3 卷），人民出版社，1960，第 169 页。

掠夺其他部落，部落之间逐渐走向联合，形成部落联盟。由于较为"发达"的产品生产和产品交换的客观需要，人类的经济活动越来越复杂、物质财富越来越丰富，交际、文化、娱乐要求越来越多样化，人们自由迁徙成为可能，开始摆脱血缘关系的束缚，而杂居在共同地域内，部落联盟便发展为以地域为基础的新的人们共同体——民族，这就是"从部落发展成了民族和国家"。之后，随着生产力的进一步发展，"民族间兼并战争进一步的发生，历史上形成了具有可辨识性的强大民族。如华夏民族、日耳曼民族、斯拉夫民族等，这些民族在民族语言、文化和自我意识中逐渐形成并拥有强烈的民族意识，这种民族意识逐渐转化为人类历史中显赫的文化存在于人类的记忆和潜意识当中"。① 可见，民族不是自有人类以来就有的，而是人类社会发展到一定历史阶段才形成的。这也就是说，民族的产生和存在是与地域、语言、政治、经济、文化息息相关的。民族的形成，是原始社会基本矛盾运动发展到一定阶段的一个必然结果。人类社会人们共同体的发展经历了从氏族到胞族再到部落、部落联盟和民族的过程。从部落发展到民族，一般经过了从血缘部落到地缘部落的过程。从部落发展成民族，这是民族形成的一般规律，是人类社会发展和人们共同体发展到一定程度的必然产物和必然形式，也是一个逐渐从量变到质变的过程。从部落发展成民族的过程，恩格斯曾在《家庭、私有制和国家的起源》一书中指出了具有典型意义的三种途径，即民族形成具体过程中的希腊人、罗马人、德意志人式的途径。在民族形成后的发展过程中，通过民族的分化、同化、组合而形成新的民族，即次生民族形态。

　　总之，民族是一种在历史中存在的动态的人类共同体，其产

---

① 刘芳：《西方马克思主义中的民族概念研究》，《云梦学刊》2016 年第 6 期。

生和发展与社会生产力发展水平关联密切。高级的物质生活条件和经济形态总是会更吸引人、更令人向往，而经济交流越紧密、贸易往来越频繁的民族越容易沟通并走向融合。经济的交往必然带来文化上的交流，在这种交往行为中获得自我意识，并且随着交往关系的发展，民族的意识更加明显，民族的内在稳定性也就越高。正因为民族是历史的，民族生活的内涵以及民族"排他性"认同的范围尺度是可变的。民族的"排他性"意识也应该是历经从无到有的辩证发展过程。历史上任何时期的民族形态、规模和认同纽带，都是暂时的、动态的，处于一个持续不断的、潜移默化的流变过程中。在这一过程中，作为社会共同体的民族，也处于不断地分化聚合的过程之中。无论是历史上的文化民族还是现代世界的政治民族，都有分化聚合的可能。由此可见，作为现实存在的社会实体，现代民族有其建构的成分，但是与其前身之间也有着割不断的"血脉"联系。这种与"族裔的过去"或多样性过去的联系，是至关重要的。"现代民族不是无中生有，它们在前现代社会有其前身。只有把对民族和民族主义的分析延伸到现代诞生之前，延伸到集体文化认同和前现代社会的共同体，我们才能够理解这种过去对现在施加的力量"。①

（三）民族发展及其内部结构

人是一种社会动物，自其产生之日起就是一种群体存在，因而也就有了人与人、群体与群体之间的交往行为。民族就是这种交往的产物。多民族国家中的民族发展，是与社会发展、民族关系的发展密切联系的。不断推进民族发展，实现从民族认同走向

---

① 王建娥：《族际政治：20世纪的理论与实践》，社会科学文献出版社，2011，第43页。

国家认同，对统一的多民族国家而言，意义非比寻常。历史经验表明，任何一个多民族国家都应该处理好民族发展问题。我国学界对于民族发展的理解主要有以下两种认识：作为民族过程的民族发展和作为我国少数民族发展的民族发展。较早提出和注意到"民族发展"这一问题的是金炳镐、吴金、贾晞儒等学者。1988年，金炳镐教授在《社会主义初级阶段的民族理论研究》一文中提出："民族发展是指民族的全面发展，即民族的经济、政治、文化等各方面的发展。"① 他还指出，民族发展既包括各民族的自身发展，也包括民族的共同发展。1989 年，吴金教授在《论当代民族进程和我国民族发展的多元化战略》一文中，强调"借助新技术革命的有利时机和科学技术的巨大杠杆，通过本民族社会与经济的全面改革，达到世界先进民族现代化发展的水平"。② 吴金教授站在当代世界民族发展历史进程的高度，提出民族的现代化是民族发展的重要阶段，并就我国民族现代化提出一系列构想。贾晞儒在《论民族发展》一文中提出，"在民族发展中要重视民族发展的个性特征"。同时他也强调，"特色不一定就是本民族或本地区发展中的根本性优势，不能盲目固守自己的特色"，③从而对我国民族发展的原则取向进行了一定的宏观思考。进入 21世纪以来，我国学界对于民族发展的讨论更加热烈。王希恩研究员在《科学发展是解决中国民族发展问题的必由之路》一文中指出，"少数民族和民族地区发展差距过大是当代中国民族发展中的重大问题，而最终解决这一问题，依靠的只能是以人为本，全

---

① 金炳镐：《社会主义初级阶段的民族理论研究》，《黑龙江民族丛刊》1988 年第 3 期。
② 吴金：《论当代民族进程和我国民族发展的多元化战略》，《内蒙古大学学报》（人文社会科学版）1989 年第 2 期。
③ 贾晞儒：《论民族发展》，《青海社会科学》2000 年第 1 期。

面协调可持续的科学发展之路"。① 该文将科学发展和民族发展结合起来，认为科学发展为民族发展提供了一种路径。可见，民族发展，是在民族的自身因素、自然因素、社会因素的综合作用下，民族的内部结构、整体素质、外在特征以及民族之间关系的不断调整更新、协调适应的过程，由此推动民族纵向演进和横向量的扩展，不断实现民族的自身性发展、社会性发展、人的发展，不断实现其政治、经济、文化、社会的全面发展，本质上是民族生存和演进的质和量的提高。

民族是具有自身结构的客观实体。就民族发展的内部结构来说，主要是由"民族经济发展、民族政治发展、民族文化发展、民族人口发展等诸多要素构成的"②。民族发展，这里主要是指少数民族的发展，指少数民族和民族地区经济、社会、文化、生态等各项事业的发展，因此，当代语境下的发展体系，民族发展首先是民族经济发展，它是民族其他各方面发展的基础和前提。新时代的到来，我国社会主要矛盾已经变成人民日益增长的美好生活需要和不平衡不充分的发展之间的矛盾。生产力的发展水平影响着民族的发展水平。目前，我国民族地区的产业结构不尽合理、城乡和区域发展不平衡、巩固拓展脱贫攻坚成果任务重、向高质量发展转型任务艰巨，依然制约着民族地区人民日益增长的美好生活需要的实现。其次，民族政治发展是民族发展的重要组成部分。其中民主政治发展是民族发展的重要动力，也是民族发展程度的一种标志。阿尔蒙德曾指出："民族是具有同一历史本

---

① 王希恩：《科学发展是解决中国民族发展问题的必由之路》，《民族研究》2007年第 6 期。

② 贺金瑞：《中国民族发展：概念、途径和理论体系》，社会科学文献出版社，2012，第 13 页。

源和同一历史命运感的人民组成的政治体系"①。诚然，民族是一种基于一定的文化和历史传统而形成的稳定的人群共同体。但是，民族一旦形成，它就必然与其他民族共同体发生利益关系，进行利益的争夺并在这种争夺中碰撞和角逐，试图构筑自己的权力体系，实现自身的利益。承认民族政治恰恰是承认少数民族的特殊性的突出表现。民族的政治属性与民族共始终，民族的政治发展也始终贯穿于民族政治的全过程。再次，民族的文化发展也是民族发展的重要内容。文化的显著特点就是它的民族性。各民族文化的民族性，是使一个民族区别于其他民族，自立于世界民族之林的根基。要坚持文化的民族主体性，就是在学习和汲取其他民族先进文化时，需要立足于本民族文化，与本民族文化传统相结合。也就是说，在民族文化发展中如何保持本民族的"本土化"特色，在民族文化交流中如何吸收其他民族文化的"精华"部分，在相互借鉴和交往中如何实现民族文化的通融，这是与民族的发展密切相关的、需要密切关注的现实问题。每一种文化在自己漫长的历史形成过程中，都在不断借鉴、吸纳其他文化的有益之处，并融于自己的血肉之中，同时对其他文化产生影响。最后，民族人口的发展也是民族发展的一个重要内容。在一些地区，人口多少是衡量民族利益关系的一个重要因素。一定规模的少数民族和人口素质会影响到民族权利分配、参与利益资源分割的资格，所以也是民族发展的一个重要内容。另外，民族社会、生态的发展也会制约和影响民族发展。

当今世界，发展已成为世界性的潮流，而民族问题更是一个世界性的热点和焦点问题，因此民族的发展问题对我们这个统一

---

① 阿尔蒙德、鲍威尔：《比较政治学：体系、进程和政策》，曹沛霖等译，上海译文出版社，1987，第4页。

多民族国家的重要性不言而喻。习近平同志在党的十九大报告中指出："中国特色社会主义进入了新时代，这是我国发展新的历史方位。"这一重大政治判断，清晰指明了我们的时代坐标和前进方向，有利于认清当前的世情国情党情，对把握我国社会发展的阶段性特征，适应我国社会主要矛盾变化，继续推进中国特色社会主义伟大事业，具有划时代的意义。当前，我国处于近代以来最好的发展时期，世界处于百年未有之大变局，两者同步交织、相互激荡。新时代的到来，需要我们善于观察世界的变化趋势，把握世界变化的规律，探索出一条适合自己的更高质量、更有效率、更加公平、更可持续的发展道路。众所周知，工业化、市场化、全球化、信息化构成了当今世界社会发展的四大典型特征。在全球化的今天，现代性已然成为不可逆转的时代"潮流"，亦成为我国少数民族发展所无法摆脱之新时代语境。中国是一个多民族的国家，少数民族多居住在边疆地区。由于历史、经济、地域、自然条件等多方面因素的影响，西部民族地区的许多地方集"老、少、边、穷"于一体，经济社会发展长期相对落后。国家的治理，关键还在于人心的向背。从这个意义上讲，要保持西部民族地区的稳定和团结，抵制来自各方面的影响与挑战，关键还是要大力发展经济。当前少数民族和民族地区存在的各种问题，从根本上讲大多还是由于经济落后而引发的。在现代化进程中，要重点做好自身的强基固本工作，不断提高少数民族的物质文化社会水平，满足少数民族对美好生活的追求和需要，缩小地区差距，实现共同富裕、共同发展、共同繁荣进步。用发展经济的办法解决政治性的问题，用经济文化上的共同繁荣维系和增强各民族对国家和中华民族的凝聚力和向心力。因此，在民族发展中，需要不断协调各民族之间的关系，完善民族利益协调、表达机制，提升利益补偿机制，使得各民族在经济、政治、文化、社会、生态等方面全面发展，实现由低级阶段向高级阶段发展，最后归于大同，这是民族发展的总趋势。

二　民族关系概念界定

概念是分析问题的一个有效工具。清晰、科学、准确地界定一个概念，是确保研究结论客观、正确的基本前提。民族关系的起源离不开人类社会的物质基础。马克思和恩格斯在《德意志意识形态》中，从物质生产发展的角度揭示了民族关系的起源，认为民族关系是民族生存和发展的需要，其产生是为了满足人们日益增长的物质和文化生活需要。金炳镐通过借鉴社会学、心理学及政治学等领域相关研究成果，认为民族关系是民族生存和发展的需要，是为了满足人们日益增长的物质和文化生活需要而进行的交往联系，民族差异、社会分工与社会心理是民族关系产生的一般原因；自然环境条件与经济、政治和文化因素是民族关系产生的具体原因。[①] 显然，民族关系的起源虽然存在着不同层次的动因体系，但其根本原因在于人类的本能对于物质的需求。[②]

关于民族关系的含义，学术界已多有论述。上海辞书出版社于 1984 年出版的《民族词典》中的"民族关系"是指"不同民族之间在政治、经济、文化等方面的相互联系"。《民族工作大全》中的"民族关系"条则明确说"民族关系，系民族与民族之间的交往关系"。1999 年版《辞海》中的"民族关系"词条解释如下："民族与民族之间在政治、经济、文化和社会生活交往中形成的关系。"[③] 除工具书外，不同的学者对民族关系的含义多

---

① 金炳镐、严庆、杨成：《民族关系构成方式——民族关系理论研究之一》，《黑龙江民族丛刊》2008 年第 2 期。

② 袁年兴：《试论民族关系的概念及内涵》，《满族研究》2009 年第 4 期。

③ 《辞海》（1999 年版缩印本），上海辞书出版社，2000，第 2179 页。

有论述。翁独健认为"中国各民族间的关系从本质上看，是在漫长的历史进程中，经过政治、经济、文化诸方面愈来愈密切的接触，形成一股强大的内聚力，尽管历史上各民族间有友好往来，也有兵戎相见，历史上也曾不断出现过统一或分裂的局面，但各民族间还是互相吸收、互相依存、逐步接近、共同缔造和发展了统一多民族的伟大祖国，促进了中国的发展，这才是历史上民族关系的主流"①。李红杰认为民族关系是"各民族之间传递或交换'能量'的过程"②。金炳镐则认为，"民族关系是具有特定内涵的特殊的社会关系，是民族发展过程中相关民族之间的相互交往、联系和作用、影响的关系，是双向的、动态的"③。徐黎丽认为，"民族关系是指民族内部、民族之间、多民族及跨国或跨地区民族在政治、经济、文化、社会生活等方面所表现出来的和平、战争或和平与矛盾并存的交往关系"④。张兴堂等认为，"民族关系是各民族之间的一种利益关系，是各民族之间的一种权利平衡关系。民族关系具有历史继承性和延续性、现实反映性和折射、利益平衡性和合理性等特点"⑤。柳春旭认为，"民族关系是客观、动态的互动过程，表现在时间的持续过程和空间的活动'舞台'，是各民族之间传递或交换能量的过程"⑥。

以上这些学者关于民族关系概念的思考和阐述，给我们提供了从不同的视角、不同的理论范式来认识民族关系的概念性表

---

① 翁独健：《民族关系史研究中的几个问题》，《中央民族学院学报》1981年第4期。

② 李红杰：《试论民族关系的功能》，《民族研究》1997年第2期。

③ 金炳镐：《民族关系理论通论》，中央民族大学出版社，2007，第166页。

④ 徐黎丽：《论民族关系与民族关系问题》，民族出版社，2005，第5~6页。

⑤ 张兴堂、中和：《民族关系核心问题——民族关系理论研究之四》，《黑龙江民族丛刊》2008年第3期。

⑥ 柳春旭：《民族关系发展规律——民族关系理论研究之六》，《黑龙江民族丛刊》2008年第4期。

达。可以肯定的是，民族关系内涵涉及民族生存和发展所需的经济、政治、文化和其他各领域、各方面。因此，综合以上观点，我们认为，民族关系本质上是各民族之间交往的一种特殊社会关系，即民族内部、民族之间、多民族及跨国或跨地区民族在相互交往中形成的互通有无、相互依存或在互相对抗中形成的封闭、隔绝的共生关系，是客观、动态的互动过程，且随着社会的发展变化而不断发展变化。

因此，在观察和认识民族关系时，我们一定要实事求是，既不能扩大民族矛盾、民族关系的范围，也不能有意回避或缩小，不能把本来属于民族矛盾、民族关系的问题尽可能说成其他问题。我们在认识民族关系问题时，一定要注意民族关系内涵与外延，民族整体与成员个体之间的联系和区别，既要有辩证思维，又要实事求是，特别是要注意在社会主义条件下民族关系表现形式的独特性、复杂性。

第二节　民族关系发展的内涵

民族关系作为一种具有特定内涵的特殊的社会关系，既是一种社会现象，也是一种历史现象。民族关系在本质上涉及不同民族共同体的社会地位和待遇、权力和利益、意识和情感，深刻地影响着族际关系的格局和国家（尤其是多民族国家）的稳定及发展。民族关系涉及社会生活各个领域，并随着各种社会矛盾运动而变化发展，这就需要一个健全的民族工作网络，从各个方面、各个层次有效地加以调控。因此，从本质上来看，我国统一多民族国家的民族关系发展应是建立在民族平等、团结、互助、和谐基础上的民族关系，能够使各族人民和睦相处、和衷共济、和谐发展。

一　民族关系发展的基本内涵与特点

民族关系发展是指"相关民族基于各自的差异、利益需求、社会分工及民族社会心理，在政治一体化国家的自然、历史、社会条件及国际环境等因素的制约和影响下，通过信息和能量互动而形成的一种相互联系、相互影响、相互作用的动态关系格局"①。民族关系发展在本质上是一定社会的生产力、生产关系、经济基础、上层建筑发展状况的一种反应，涉及民族利益、民族权利和民族发展的问题。具体说，民族关系发展应体现在以下几个方面。

（一）维护各民族的民族权利

民族权利是民族关系的核心问题之一，指的是法律赋予的、各民族应有的各方面的平等权利、民主权利。②

民主（democracy）这个词最早来源于希腊语，由两个希腊词 demos（人民）和 kratos（权威）组成，意思是"人民统治"。《简明不列颠百科全书》对"民主"这一概念是这样解释的：（1）由全体公民按多数裁决程序直接行使政治决定权的政府形式，通常被称为直接民主；（2）公民不是亲自而是通过由他们选举并向他们负责的代表行使政治决定权的政府形式，被称为代议制民主；（3）在以保障全体公民享有某些个人或集体权利（如言论自由或宗教信仰自由等）为目的的宪法约束范围内，行使多数人权力的政府形式（通常也是代议制民主），被称为自由民主或立宪民主；（4）任何一种旨在缩小社会经济差别（特别是由

---

① 金炳镐：《民族关系理论通论》，中央民族大学出版社，2007，第468页。
② 唐志君：《民族关系发展的内生变量及其优化》，《贵州民族研究》2011年第5期。

于私人财产分配不均而产生的社会经济差别）的政治或社会体制。可见，民主的任何一种形式，都以确保多数人的利益和政治权利为根本内容。因此，民主就是指"人民的统治"，人民享有统治国家和管理国家以及自身事务的权力。

由于在当今世界大多数国家都是多民族国家，如何对待少数民族权利的问题就成了民主政治生活中普遍面临的问题。多民族国家内的少数民族权利问题，包含着个人权利和集体权利两个层次的内容。组成现代国家的不同民族，具有各自的文化传统、社会结构和民族认同，并且要求"在共同体事务上享有一定的自主权"。当代世界多民族国家内绝大多数的族际冲突，如斯里兰卡的僧泰冲突，土耳其、伊拉克境内的库尔德人问题，以及近年来泰国主体民族和南部信奉伊斯兰教的少数民族之间的暴力冲突等，究其原因，都与国家忽视少数民族集体权利，主体民族对少数民族进行压制、排斥和强制同化有关，与国家偏袒主体民族的政治资源分配体制有关。现代世界族际互动关系的经验教训告诉我们，族际政治民主作为国家政治民主的一部分，是在多民族国家内族裔和文化多样性存在的特定环境中产生的一种特殊形式的民主政治，是多民族国家为实现各民族之间和睦相处，进而维护国家统一和社会和谐而作出的一种制度安排。①

"民主"是现代政治文明的核心价值。民主的形式多种多样，同样的民主形式在不同国家发挥的作用不同。中国特色社会主义民主追求的是"实质民主"，力图体现社会主义民主的广泛性和真实性，形成了完整的制度程序和参与实践，更加注重民主的实

---

① 王建娥：《族际政治民主化：多民族国家建设和谐社会的重要课题》，《民族研究》2006 年第 5 期。

质性，确保人民当家作主的本质属性。对于我国统一的多民族国家来说，各民族的政治民主，是中国特色社会主义民主政治的重要方面，就是以党的统一领导为"核心"政治、以民族区域自治为制度基础、以各级人民代表大会为操作平台、以宪法和各项民族问题立法为基本准绳，保证"各族人民共同当家作主"。我国宪法第四条规定"中华人民共和国各民族一律平等。国家保障各少数民族的合法的权利和利益"。《中华人民共和国全国人民代表大会和地方各级人民代表大会选举法》第十七条规定："全国少数民族应选全国人民代表大会代表……人口特少的民族，至少应有代表一人。"这种制度设计既能激发社会活力，又能凝聚社会共识，为经济社会发展创造安定团结的政治环境。另外，民族关系中的政治民主化体现在民族区域自治制度中。民族区域自治制度实际上就是在维护国家统一和民族团结的前提下，保障少数民族当家作主，形塑了各民族平等的利益主体，真正实现了各民族平等、联合和团结。

因此，在多民族国家中，民主制度模式的良性运行，其设计一定要照顾到国家内部少数民族的权利与利益的实现与维护。在坚持民族平等的基础上，有效地调节各民族的利益关系。从本国的国情出发，通过多民族国家的政治制度安排和法律设计，建立各民族意见充分沟通民主协商的政治机制。

（二）遵循各民族不分大小一律平等原则

民族平等是指一切民族的平等，各民族在事实上的平等。作为民族整体之间的民族平等，主要包括政治、经济、文化、教育、就业等方面所享有的权利和所处地位的相同性，而作为公民之间的民族平等，则主要反映在宪法和法律规定的各种社会权利在各个民族间的平等分配。平等的基本价值就在于能够保障实现公民的权利。也就是在民主制度体系下，国内各民族成员应该享有平等的身份权利，拥有平等的发展机会，过更幸福更有"尊严"的生活。平等体现在每个社会成员身上，主要表现在宪法和法律规定的公民权利。

1. 一切民族之间的平等

从国际经验教训来看，如果民族关系不和谐，各民族人民不能作为国家主人享受公民权利，不能享受平等的国民待遇，就不会将国家作为自己的国家，对国家的忠诚意识就会弱化。马克思主义认为，各民族都是所有财富的创造者，社会中每个民族不论性别、教育、年龄、宗教信仰、风俗习惯的差异，都应该完全平等地享有按照人类基本物质需要分配基本经济、政治权利的权利。每个民族都有只属于该民族而为其他民族所没有的特殊性。在这个意义上，一切民族不论大小，都处于同等的地位，每个民族都是和其他任何民族同样重要的。因此，要在发展经济和文化的基础上，保护弱小民族的权利，禁止对任何民族的歧视行为。

2. 各民族在一切权利上完全平等

马克思主义民族平等原则最初的出发点就是政治平等。各民族应该完全平等地执掌国家权力，共同决定国家的前途和命运，享有平等的选举权和被选举权，积极主动地参与国家政策的制定等各项事务，国家和政府通过制度化的体系促进这种平等权利的实现。与此同时，各民族不仅在政治上平等，而且在经济、文化、社会生活等所有领域都要体现平等。

3. 各民族公民在法律面前一律平等

各民族一律平等，不允许任何民族享有逾越法律的特权。各民族在享有权利和承担义务上处于平等的地位。经过 70 多年的不懈努力，我国已经基本形成了一个具有中国特色的保障民族平等的法律规范体系，各民族平等权利依法得到保障。具体内容包括：人身自由和人身权利不受侵犯，法律面前一律平等，平等地享有管理国家事务的权利，平等地享有宗教信仰自由，享有使用和发展本民族语言文字的权利，享有保持或改革本民族风俗习惯的自由。

总之，在我国"坚持各民族一律平等"，体现了社会主义民主政治对民族的集体社会政治人格的规定。帮助一切民族实现民族平等权利是消灭民族之间发展差距的基石，是新时代中国特色社会主义民族关系健康发展的逻辑起点。

（三）尊重文化的民族性，倡导民族文化的"交而通"

文化是民族区分的基础，是通过"象征符号、神话、传统、仪式、价值观以及态度、情感"等方式将民族成员联合起来的凝聚核心。充满活力的社会必然是多样化和异质性的社会。尤其是对于一个多民族的国家来说，只有尊重各民族文化的多样性和差异性，才是实现各民族关系协调发展的重要前提。各民族文化因其民族性而呈现有别于其他民族的文化特质，民族文化的个性化、独特性往往在一定层面上影响该民族"共同体"成员与其他民族"共同体"成员交往的态度、方式，但是，文化绝不会脱离民族的经济和政治生活而独立存在。经济生活和政治制度本身就是民族文化的重要组成部分。对于大多数处于民主化进程之中的多民族国家来说，民主化面临的主要问题，就是多元的民族文化与一体的民主政治的矛盾。因此，我们应该在国家制度设计和安排中对民族文化的差异性、多样性给予尊重和保护，既要保持中华民族大家庭中民族文化的特色，又要弘扬中华民族共同的价值取向和观念，使少数民族都能够在与其他民族平等和互惠互利的环境中共享发展的机会和成果。党的十八大以来，习近平总书记多次指出，"我国 56 个民族都是中华民族大家庭的平等一员，共同构成了你中有我、我中有你、谁也离不开谁的中华民族命运共同体"①。

总之，民族文化反映该民族历史发展的水平，体现着民族赖以生存、发展的内在心理，具有很强的凝聚力、向心力。在现代化进程中，少数民族文化发展的基本走向是在保存民族文化多样性、独特性的同时，大力发展先进的少数民族文化。② 我们要充分尊重各民族"独特性"的文化。文化的显著特征就是民族性，也就是各民族在其历史发展过程中体现出与"他族"之间"差异性、异质性"的文化属性。尊重一个民族，首要的前提必须尊重这个民族的"独特性"文化。尊重民族文化的多样性，需要正确认识和尊重该民族长期发展中所形成的体现"本我"的民族文化。每个民族的文化都有自己的异质性和存在的价值，要继承、保护和弘扬各民族优秀文化。在现代性的话语体系下，民族文化的保护与传承是文化多样性存在的根本。

（四）用法治调节民族间的矛盾和解决民族纠纷

法治是相对于人治而言的。早在公元前，人类的先哲们就提出了"法治"思想，并对其进行了阐述。在古希腊，亚里士多德就指出："法治应当优于一人之治。"③ "要想使事物合乎正义，必须有毫无偏私的权衡，法律恰恰正是这样一个合乎中道的权衡。"而且，"法治应当包括两重意义：已成立的法律获得普遍服从，而大家所服从的法律又应该本身是制定得良好的法律"④。这些可以说是法治思想的萌芽。法治的英文是 rule of law，从字面

---

① 习近平：《中华民族一家亲　同心共筑中国梦》，新华网，2015 年 9 月 30 日。
② 唐志君：《民族关系发展的内生变量及其优化》，《贵州民族研究》2011 年第5 期。
③ 亚里士多德：《政治学》，商务印书馆，1965，第 169 页。
④ 亚里士多德：《政治学》，商务印书馆，1965，第 200 页。

上看就是法律的统治。它是一种治国方法，其核心含义是法律一经制定就享有至高无上的地位，无论什么人、什么部门都必须完全接受法律的治理。法治讲的是法律在国家治理中的地位和作用，强调法律至上，主张国家要接受法律的统治而不是个人的统治，国家和政府要依法办事，公共权力要受到法律的有效遏制等。法治是以民主精神、法律至上的原则为核心的。

国家治理现代化是中国改革开放的总体性目标，而法治是国家治理体系和治理能力的重要依托。"法治兴则国家兴，法治衰则国家乱。"法治是一种治国方略，大到国家的政体，小到个人的言行，都需要在法治的框架中运行。"现代社会的政治稳定是具有高度制度化的政治稳定，这种政治稳定的基石是法律和制度。"① 进入 21 世纪，中国共产党领导人民沿着中国特色社会主义法治道路继续向前推进法治建设事业。尤其是党的十八大以来，党的十八届四中全会在我党历史上第一次以"依法治国"为主题并出台《中共中央关于全面推进依法治国若干重大问题的决定》，确立了建设中国特色社会主义法治体系、建设社会主义法治国家的总目标，形成了坚持中国共产党的领导、坚持人民主体地位、坚持法律面前人人平等、坚持依法治国和以德治国相结合、坚持从中国实际出发等重要原则。这些也都是中国特色社会主义法治建设的历史规律和宝贵经验。

法治是国家治理能力的重要依托，善于运用法治思维和法治方式处理边疆民族矛盾和民族纠纷，是推动民族事务治理体系和治理能力现代化的重要环节。因此，在边疆治理具体过程中，国家应在发挥边疆民族地区的自治权利基础上，通过法定程序完善

---

① 徐黎丽：《论民族关系与政治稳定》，《中南民族大学学报》（人文社会科学版）2003 年第 1 期。

民族区域自治制度和边疆治理的相关政策，不断推进边疆民族地区的政治发展与法治建设，实现法律对民族事务治理的指导作用，保障民族事务治理在法律范围内开展、在法治轨道上运行，进而推进国家治理体系和治理能力的现代化。因而，在边疆民族地区治理的过程中，需要在相互尊重的基础上，研究少数民族传统文化，特别是习惯法文化，整合其良性成分并将其与国家法制理论结合，使民族地区的各种事务都能通过制度的框架有序进行，从而促使民族关系逐步朝着和谐的方向发展。

今天，我们站在世界民族发展史的战略高度，理性地去观察新时代中国特色社会主义民族关系的未来趋势，根本出路就是发展，发展是民族和社会始终追求的目标。在经济全球化浪潮汹涌而至的今天，"发展是硬道理"。民族关系是民族发展过程中的必然现象，又是各民族发展中的客观环境和必要条件。民族关系协调发展是全方位、多层次、宽领域的，它包括民族政治利益协调、民族经济利益协调、民族文化利益协调、民族生态利益协调以及其他社会利益协调等民族社会生活的各个层面。我们一定要充分认识新时代我国民族关系的发展现状和特点，掌握新时代民族关系发展的基本规律，在遵循"差异性、多样性"的原则基础上，以习近平新时代中国特色社会主义思想为指导，不断巩固和发展新时代民族关系，促进民族关系和谐共处以及共同繁荣进步。

二 民族关系协调发展的运行逻辑

我国是一个多民族国家，56个民族分散在960万平方公里的土地上。少数民族地区地域辽阔，民族构成和文化特点差异很大。民族关系的和谐乃至民族团结的巩固关系到我国的社会发展和稳定。新时代的今天，我国正在致力于建设富强、民主、文明、和谐的"家园"，而民族关系作为我国社会建设中一个重要的方面，加强民族关系的协调发展也就成为新时代中国特色社会主义和谐社会建设的重要内容。习近平同志在 2017 年 10 月 18 日召开的中国共产党第十九次全国代表大会上的讲话中指出："深化民族团结进步教育，铸牢中华民族共同体意识，加强各民族交往交流交融，促进各民族像石榴籽一样紧紧抱在一起，共同团结奋斗、共同繁荣发展。"[①] 按照这一基本精神来理解民族关系协调发展的运行逻辑，应当体现以下几方面。

（一）民族平等是民族关系协调发展的基础

平等权是现代社会最基本的人权之一，源于古代的自然法思想。平等是均匀分配的原则，但是它并不意味着一致或一样。平等包含以下几个方面。（1）"根本平等"，指人类是"生而平等"的，因此每个人的生命都应该具有同等的伦理价值。（2）"形式平等"，是指个人在社会中应该享有的形式上的身份平等。这是针对权利和资格而言的，其最明显的形态就是法律平等和政治平等。（3）"机会平等"，是指每个社会成员都应该有相同的起点或相同的生活机会。（4）"结果平等"，指的是收益的平均分配。这些不同的平等观点有时互不相容，如主张机会平等的人就可能会以能人统治和激励的必要性为根据来为社会结果的不平等提供辩护。[②] 可以说，在政治实践中，平等权是实现个人其他权利的

---

① 习近平：《决胜全面建成小康社会 夺取新时代中国特色社会主义伟大胜利——在中国共产党第十九次全国代表大会上的报告》，人民出版社，2017，第 40 页。

② 安德鲁·海伍德：《政治学核心概念》，吴勇译，天津人民出版社，2008，第 158~159 页。

基础与前提，但是，我们应该做到"相同情况相同对待，不同情况区别对待"。

民族平等，作为社会主义民族关系的本质特征，指在统一多民族国家的主权范围内，各种社会权利在各个民族间的平等分配，也就是各个民族在政治、法律、经济、社会和文化诸领域享有相同的资格、地位、权利和资源。[①] 对于当代中国而言，民族平等的建构尤为重要。具体内容包括以下几个方面。一是各民族的政治地位一律平等。我国宪法规定，民族不分大小，在地位上都应该是平等的，体现对人的尊重和不同民族的认同，禁止对少数民族的任何压迫和歧视行为。二是各民族的政治权利一律平等。根据少数民族的实际，对人数相对较少民族的利益和平等权利给予特殊照顾。不仅要遵守宪法和法律上的民族平等，而且要采取措施，尽最大的努力，来帮助相对后进的民族实现平等权利。三是自主地管理地方事务及本民族内部事务。在宪法和法律的范围内，民族自治地方享有的在自治地方内管理地方事务的权力，充分行使自治权。四是党和国家保障各民族在经济、文化、教育、语言文字、风俗习惯、宗教信仰等一切社会生活领域享有平等权利。如我国各民族都有使用和发展自己语言文字的自由和权利；尊重少数民族风俗习惯；尊重和保护少数民族宗教信仰自由；等等。因此，在实际政治生活中，坚持民族平等，不是只停留在理论上，也不是某一方面的平等，而是政治、经济、文化、生态、教育和社会生活的全面的、实质上的平等。这样才能够在真正意义上促进民族关系的协调发展。中华人民共和国成立以来的实践证明，中国的民族政策是成功的，它们保障了各族人民平等团结互助和谐的社会主义民

---

① 李占荣、唐勇：《民族平等的宪法表述》，《浙江社会科学》2015 年第 9 期。

族关系的巩固和发展。

（二）民族团结是民族关系协调发展的基本保障

"民族团结是指不同民族在社会生活和交往联系中的和睦、友好和协调、联合。"① 民族团结是维系多民族国家稳定与安全的重要基础。开展民族团结进步创建是巩固发展社会主义民族关系的基础。如何使民族工作不断创新发展，如何确保实现民族团结、祖国统一、社会和谐稳定、共同团结奋斗、共同繁荣发展的目标，并不是一件容易的事情，更不是一劳永逸能够解决的问题。民族团结关系到全国各族人民的根本利益，是关系国家长治久安和中华民族繁荣昌盛的大事。没有安定团结的大局，一切将无从谈起。我国自秦汉以来就是统一的多民族国家。在中华民族的历史上，虽然不同民族之间曾经出现过矛盾冲突，分分合合，但和平交往仍是主流，并留下了昭君出塞、文成公主入藏等佳话。鸦片战争以来，西方的"坚船利炮"千方百计地破坏我国统一多民族国家的民族团结，还试图利用各种民族"矛盾"、宗教差异等所谓的民族问题，挑拨不同民族之间的关系，扰乱中国的发展和稳定，企图制造分裂中国的阴谋，但是，无论是历史还是现实，中华民族总是以通过"尊重差异、求同存异"的方式将各民族文化加以整合、重构，形成一种"你中有我，我中有你，谁也离不开谁"的命运共同体。因此，坚持各民族团结既是继承中国历史上优秀传统的时代要求，也是防范和化解西方敌对势力挑拨制造民族分裂的必然选择。

因此，进入新时代，强化民族团结，促进各民族共同繁荣，是全党、全社会和全国各族人民仍然需要面对的一个现实课题。

---

① 金炳镐：《民族理论通论》，中央民族大学出版社，1994，第381页。

2014 年 9 月的中央民族工作会议上，习近平总书记强调，"做好民族工作，最关键的是搞好民族团结，最管用的是争取人心"①。为此，我们要正确认识我国历史上民族关系发展的主流，强化中华民族共同体意识；加快少数民族和民族地区的经济社会发展，团结全国各族人民、争取人心；尊重"差异性"、包容"多样性"，加强各民族交往交流交融，尊重少数民族的宗教信仰，贯彻民族关系中的"三个离不开"思想，促进各民族像"石榴籽"一样紧紧抱在一起；创新创建新载体和方式，充分利用各种社会资源，为民族团结进步创造良好的社会氛围；要教育各族群众高举团结和法律的旗帜，用法律来保障民族团结，增强各族群众法律意识；坚决反对大汉族主义和狭隘民族主义，也要反对地方民族主义，自觉维护国家最高利益和民族团结稳定大局。只有民族团结、国家统一，经济才能发展、社会才能和谐稳定。

（三）民族互助是民族关系协调发展的动力

这是多民族国家内的各个民族在国家的倡导和政策引导下，对处于后进状况的民族进行帮扶（尤其是主体民族帮扶少数民族），以促进民族团结，实现各民族共同发展。在我国历史上，民族间"互帮互助"事例层出不穷。如"马绢互市"和"茶马贸易"就体现了游牧民族（主要为少数民族）与农业民族（多为汉族）一直发生着密切的互助联系，这种民间的互助贸易方式，大大丰富和改善了各族人民的物质生活，促进了各自的经济发展。民族间互相离不开的关系也体现在政治生活中。民族间在政治制度、政治思想上的互相学习、互相影响也贯穿整个中国历

---

① 中共中央文献研究室编《习近平关于社会主义政治建设论述摘编》，中央文献出版社，2017，第 152 页。

史。如北魏中期，孝文帝进行改革的一项重要内容就是要求鲜卑官员送子弟入太学接受儒家思想的熏陶。辽代的管制、刑律推行汉制的趋向十分明显，西夏则基本上借用了中原王朝的政治制度，并用西夏文译介了大量儒家经典和佛经等。与此同时，各民族间的互助联系也体现在文化的发展中。各民族文化在历史过程中互相吸收、共同提高、在少数民族不断接受汉文化的同时，各少数民族的服饰、习俗、器物、语言词汇等也大大丰富了汉文化。新中国成立后，少数民族与汉族地区的互助关系进一步加强。在少数民族农牧区为汉族地区提供丰富的牛羊肉、奶制品等农牧产品的同时，汉族地区也不断地以提供各种技术、培训各种专业人员及直接提供各种工业用品的方式帮助少数民族地区的发展。这种民族间的互助是在两个层面上进行的，一个是政府出面组织的各种互助行为，另一个便是民间的经济交流活动。因此，无论从哪个方面来说，各民族间的互助合作都是民族关系中不可缺少的重要因素。

无论是历史还是现实，都无可辩驳地说明，中国历史是各民族共同缔造的历史。各民族在平等团结基础上，为了中华民族共同的"家园"，取长补短，互相支持、互相帮助。近年来，特别是党的十八大以来，党和国家不仅高度重视民族平等团结，而且十分重视各民族间的互助关系。以习近平同志为核心的党中央尊重差异，包容多样，创造各族人民共居、共学、共事、共乐的社会条件，有序扩大各少数民族到中东部接受教育、就业、居住的规模，促进各族群众在共同生产生活和工作学习中加深了解、增进感情。2014 年 5 月第二次中央新疆工作座谈会上，习近平总书记提出，"要紧紧围绕各族群众安居乐业，多搞一些改善生产生活条件的项目，多办一些顺民意、惠民生的实事，多解决一些各族群众牵肠挂肚的问题，让各族群众切身感受到党的关怀和祖国大家庭的温暖"①。因此，我们要从国家统一的全局和构建和谐社会不可或缺的文化多样化、生态多样性、资源多样性等方面去认识民族团结与互助。

（四）各民族共同繁荣发展是民族关系协调发展的根本目的

各民族共同繁荣发展是中国特色社会主义本质的体现，是建设中国特色社会主义现代化的必然要求，也是中国特色社会主义民族关系协调发展的根本目标。每个民族都是祖国大家庭中的重要成员，中华民族的伟大复兴与每个民族的生存发展、繁荣进步息息相关。习近平同志指出："增强团结的核心问题，就是要积极创造条件，千方百计加快少数民族和民族地区的经济社会发展，促进各民族共同繁荣发展。"② 新中国成立以来，少数民族地区得到了很大发展，但相比较东部沿海地区，西部民族地区群众的生活水平相对较落后，必须加快发展，实现跨越式发展。

在新时代的大背景下，如何加快少数民族地区社会主义现代化建设，实现跨越式发展，促进国内各民族共同繁荣进步，是一项伟大的任务。当前是促进我国各民族共同繁荣进步的关键时期，为此，我们要紧紧围绕第二个百年奋斗目标，全面改革开放；加强基础设施、城镇化和生态文明建设，不断释放民族地区发展潜力；依托西部大开发和共建"一带一路"的历史机遇，促进全国各族群众交往交流交融；开展对口支援，必须突出重点、精准发力。把优势资源开发好、利用好，推动产业结构上水平；发挥好中央主导，发达地区与民族地区的协调发展，把政策动力

---

① 习近平：《在第二次中央新疆工作座谈会上的讲话》，中国共产党新闻网 2014 年 5 月 28 日。

② 习近平：《在参加全国政协十二届二次会议少数民族界委员联组讨论时的讲话》，中国共产党新闻网 2014 年 3 月 4 日。

和内生潜力有机结合起来，逐步缩小发展差距，实现区域协调发展。同时，继续深入开展民族团结进步活动，积极引导健康向上的促进民族团结的思想意识，反对只顾本民族利益的消极的民族意识，要鼓励各民族相互学习、相互交流，实现和谐相处、共同进步，最终实现全国各族人民的共同富裕。

总之，从社会主义的平等、团结、互助、和谐的民族关系的内在逻辑结构上看，当代中国多民族关系协调发展是以各民族共同发展、共同繁荣为"中心支点"，以民族平等为"基础"，以民族互助为"动力"，以民族团结为"基本保障"，以实现中华民族伟大复兴的"核心价值"为精神纽带所组成的"四维立体结构"的一种动态运作模式。在社会利益结构的分化和社会价值存在的多元社会中，此种模式是推动中国多民族关系协调发展的有力工具，能够有效化解民族矛盾、理顺情绪，调动一切积极因素，团结一切可以团结的力量，能够给我国民族地区治理提供巨大的政治优势和可用的政治资源，从而不断提高各族群众的生活水平。

第三节　其他国家协调民族关系的政策实践

无论是在历史上还是在现实中，无论是在单一制国家还是在联邦制国家，各国都在探索解决国内民族问题的途径，力求使国内民族关系和谐，保持社会稳定和国家统一。但是，如何实现和保证这一点，则因各自不同的国情和不同的民族政策选择而结果不同。既有从国体和制度上的革新创造，也有在政策和机制上的探索创新。其中美国、加拿大、西班牙、苏联这四国协调民族关系的政策最具典型性，不仅对本国政治产生了深刻的影响，也对其他国家处理民族关系产生了巨大影响。对于我国而言，这些政策的成与败、得与失，都有一定的借鉴和启示意义。

一　美国的民族同化政策

美国是执行同化政策最具代表性的国家，其同化政策是覆盖面最宽的民族同化政策，是针对所有民族的同化政策。民族同化具体表现为两种形式：一是转化型，即改变某一族群的生活方式，使其接受占主导地位的社会文化；二是融合型，即各种民族群体相互融合，形成新的文化。更多美国人是从第一种形式的角度来理解和使用同化概念的，认为美国是属于外来移民放弃自己的文化特性，接受以盎格鲁文化为主要渊源和内容的美国文化，因此把外来移民的同化过程称作"盎格鲁遵从"。而"民族熔炉"理论则从第二种形式的角度认为，不同民族的移民是在美国"熔炉"中熔化和一体化，从而形成了新的美国文化。

美国是一个以移民为主的国家，不同的种族、民族从世界各地汇聚到美利坚，经过不同民族的移民长期地和源源不断地汇入，美国已成为当今世界上典型的多民族国家。根据美国人口普查局 2018 年的统计结果，美国人口总数是 327362789 人，各种族人口比例是：欧美裔白人占 62.1%；西班牙裔或拉丁裔占 17.4%；非洲裔黑人占 13.2%；印第安人和阿拉斯加原住民占 0.9%；亚洲人占 3.6%；其他占 2.8%。在美国的民族关系史上，美国原为印第安人的聚居地，在四万多年前，印第安人的祖先经由亚洲到达北美洲，再到中美洲和南美洲。当哥伦布到达他认为的新大陆时，居住在美洲的印第安人，约有 3000 万。这就是美国最早的本土居民，除土著民族印第安人和因纽特人外，其他民族都是由外部移入的，17 世纪最早来到北美的移民绝大多数是英格兰人，来自荷兰、瑞典、德国、法国、西班牙、意大利、葡萄牙的非英移民不到人口的 1/10。在 18 世纪，德国人和苏格兰裔爱尔兰人开始增多，成为殖民地时期最大的非英裔白人民族集团。后来英格兰人与其他西、北欧移民，如德国人、苏格兰裔爱尔兰人、荷兰人以及斯堪的纳维亚人经过长期融合，形成盎格鲁血统的美国人，形成美国北欧日耳曼血统（Nordic）的主流社会。到 19 世纪 90 年代，来自英国和其他北欧国家的移民减少，而来自意大利、奥匈帝国和俄国的"新移民"增加。如在 1860～1920 年，就有将近 3000 万来自中欧和东、南欧的意大利、波兰、俄国和巴尔干国家的新移民入美。这些新移民在民族、语言、宗教信仰方面与老移民和土生美国人有很大的不同，难以同化，但是社会的开放性使他们最终并没有被排斥于社会主流之外，许多"新移民"也取得了成功，跻身于中、上层社会。[1] 所以这些迁移来的民族并非是在美国这块土地上长期生息繁衍的稳定人群共同体，其民族的完整性和整体性都不强。

针对不同时期的民族情况和国情，美国的民族理念和政策并不是一成不变的，基本上可以分为三个阶段：第一个阶段是从建国到 20 世纪初，美国处于"盎格鲁化"时期；第二个阶段是从 20 世纪初到五六十年代，即"熔炉政策时期"；第三个阶段就是"多元文化主义"时期，也是对前两个时期民族政策的调整时期。20 世纪 60 年代以后的新近移民给美国带来了空前的族群异质性。移民群体重新唤起了民族意识，维护民族群体利益的呼声日渐高涨，从而打破了构建国族意义上的"美利坚民族"的同化主义取向，民族"大熔炉"的美梦破碎，促进了民族"多元主义"理

---

① 参见美国驻中国大使馆文化处编译《美国历史简介》（中文版），香港，1982，第 6～7 页。

论的兴起。尤其是在 20 世纪 60 年代，美国的民权运动，社会普遍强烈抨击美国的"盎格鲁化"和"熔炉论"政策体系。"盎格鲁化"和"熔炉论"政策体系是强制地或至少制度化地倡导移民各民族放弃自己"根深蒂固"的民族性而成为主导民族中的"新成员"的文化同化政策。美国政府在外部和内部巨大舆论抨击和压力下，对"熔炉"政策进行了调整和完善，使其民族政策从最早的"白人至上"的"盎格鲁遵从"到"熔炉论"政策，再到"一体"与"多元"平衡的多元文化主义政策。美国多元文化政策主要体现在"多元、多样、平等、差异"的原则下，强调各民族文化在美国制度文化框架下独立存在，"美利坚文化"则是这些所有民族文化的"结合体"。为了化解冲突、重构认同、凝聚人心、稳定社会，联邦政府在教育、就业、社会保障等领域实施促进少数族裔等弱势群体发展的政策措施，如肯定性行动、双语制等。这些举措的实施尽管没有冠以"多元文化政策"之名，但有鲜明的"文化多元主义"的色彩，对美国少数族裔经济、政治及社会地位的改善发挥了重要作用，并在客观上促进了种族平等和多元文化的共存与发展。

　　总体来看，美国的民族理念和政策调整的过程就是强化"美国化"的过程，即加强"美利坚民族"的认同。美国的国家认同强调的是极具弹性和张力的信念和思想，通过以公民教育为核心的公民意识的培养来强化这种认同。美国的民族认同实践和模式有着诸多的启示，对民族国家的认同是建立在国民高度的公民意识及其自觉之上的，而意识是经由后天的培养形成的，基于此，美国长期致力于公民意识的培养和教育。可以说，美国的公民意识教育在世界上独树一帜，正是国家和社会不遗余力的、系统化的公民意识教育，使美国这样一个以移民为主体民族、结构多元的国家实现了较高的国家认同和社会秩序。① 尽管其各阶段的民族政策均是在特定的背景下，试图建构美国社会的"文化规则"和特点来塑造后来移民的行为和心理认同，达到族际政治整合的目的，企图促进多民族国家的"和谐"发展。但是，从现实的发展状况来看，在族际关系整合的每一个阶段，各族裔群体的差异性及冲突始终存在。尤其民族"同化政策"的实施，充斥着"种族灭绝"的历史印记，以及种族歧视和扩张政策，给美利坚的民族关系协调发展增添了内在的"不和谐"因素。因此，美国要想避免不同文化背景的移民由于种族差异导致的"坚不可摧"的美国社会"土崩瓦解"，最为关键的是要处理好"一"和"多"的关系，形成对移民的族群"政治承认"观念和"文化平等"理念，保持"多样性"和"多元性"的动态平衡。从这个角度来看，美国民族政策为美国的民族关系协调提供了一定的支撑，有效地维系了美国多民族关系的稳定。当然，当前的美国民族关系发展模式并没有从根本上解决美国的民族问题，仍然受到很多人的质疑。例如，种族歧视仍客观存在。根据皮尤研究中心2019 年的一项调查显示，超过 1/4 的人表示，该国在种族平等问题上没有取得足够的进展，并且有一些人怀疑，特别是在黑人中，黑人与白人没有平等的权利。关于当前种族关系状况的看法以及对时任总统唐纳德·特朗普处理这个问题的看法也是消极的。大约一半以上的美国人（58%）表示美国的种族关系很糟糕，其中很少有人认为有所改善。约56%的人认为总统使种族关系恶化，只有15%的人表示他已经改善了种族关系，另有13%的人表示他已经尝试但未能在这个问题上取得进展。此外，大约

① 路宪民：《美国的民族认同模式及其启示》，《西北师大学报》（社会科学版）2014 年第 2 期。

2/3 的人表示，自特朗普担任总统以后，人们更多地表达种族主义观点。黑人对该国的种族平等特别悲观。4/5 以上的黑人成年人表示，奴隶制的遗毒影响了今天美国黑人的地位，其中 59% 的人认为这对黑人影响很大。大约 78% 的黑人表示，在为黑人提供与白人平等的权利方面，这个国家还远远不够，而且有一半以上的人说这个国家不太可能最终实现种族平等。① 看来打破民族界限、实现彻底的民族平等与融合，并非一件轻而易举的事情。近几年美国白人警察开枪打死多名黑人事件引发的抗议升级就是明显例证。

二　加拿大的多元文化主义政策

多元文化主义（multiculturalism）是 20 世纪 50~60 年代出现的一个新术语。多元文化主义（multiculturalism）一词来源于"文化多元"（cultural diversity）这一概念。多元文化主义既是一股强劲的理论思潮，又是一场声势浩大的社会运动。20 世纪 90 年代以来，多元文化主义一词已被频频地使用。尽管对于"多元文化主义"的讨论已经持续了多年，但学界对"多元文化主义"的定义仍没有定论。加拿大女王大学哲学教授威尔·金里卡是最早关注多元文化主义政治理论的学者之一。他的代表作《自由主义、社群与文化》（1989）和《多元文化的公民身份》（1995）等书都被认为是多元文化主义政治理论的经典之作。他在《多元文化的公民权》一文中认为"多元文化主义"是一个容易被混淆的词语。"多元"可以被理解为多元民族（multination），这是先前划分为不同的自治区、后来国家领土集中合并的结果；也可

---

① 美国皮尤研究中心：《2019 年美国种族》，https：//www.pewsocialtrends.org/，2019 年 4 月 9 日。

以理解为"多种族群",这是跨国移民的结果,移民愿意将自己整合到新的社会中。① 另外,根据《牛津英语词典》,多元文化主义有三层意思:一是指不同民族,不同文化的并存;二是多元文化社会里各民族、各文化相互尊重;三是政府对多元文化社会采取相应政策。

加拿大是实行多元文化主义政策最早的国家。加拿大采取"多元文化主义政策"是有其一定的背景和独特的历史因素的。加拿大是当今世界上一个典型的移民国家,其民族群体以及复杂的民族关系都是在长期的移民过程中形成的。自17世纪初期起,加拿大先后遭到法国和英国的殖民入侵,带来了法国和英国的大量移民,同时也造成了这两大民族之间长期的政治和文化冲突。加拿大的民族关系协调就是在这样的民族关系环境中构建和运行的。在历史上,各民族为其民族的生存而做了不懈的斗争,土著民族在英法殖民主义者和联邦政府统治期间,艰难保留了他们的文化,维护了他们民族的生存。法兰西民族通过1774年的魁北克法案维护了他们的文化,因为这项法案承认了多元主义。1867年不列颠北美法案又清楚地承认加拿大的双重文化,即盎格鲁文化和法兰西文化。这样在单一国家之下盎格鲁文化和法兰西文化在彼此斗争中各自发展了,尽管法兰西文化一直处于劣势,但法兰西民族的内聚力和反抗同化使他们的文化保留下来。由于英裔加拿大人、法裔加拿大人在加拿大的人口中占有多数,在加拿大的民族关系和政治生活中具有特殊的地位。所以加拿大政府对印第安人的同化政策,实际上由英裔加拿大人和法裔加拿大人共同掌握着。其文化政策是从长期实行"盎格鲁-撒克逊化"的一元

① Will Kymlicka, *Multicultural Citizenship: A Liberal Theory of Minority Rights*, Oxford: Oxford University Press, 1995, pp. 14-17.

文化主义政策到"盎格鲁-撒克逊化"和"法兰西文化"的这种"二元"文化主义政策的转变,很显然,这种转变是这两大民族长期斗争的结果。

从19世纪后期起其他民族的移民多定居在西部,而盎格鲁-撒克逊人大都居住在东部。而且在1900~1920年,有大量非英裔和非法裔移民移居西部地区。第二次世界大战后,又有大量来自拉丁美洲、亚洲、非洲的50多个国家的300多万移民纷纷进入加拿大,这是加拿大历史上的最大移民浪潮,使本来就多元化的加拿大社会更加丰富多彩。数量众多的新移民的到来,从根本上改变了加拿大的民族结构,非英裔和非法裔的居民1945年以后迅速增长,特别是近20年,亚裔人口大量进入,对加拿大社会产生了一定影响。随着这些民族尤其是少数民族的民族意识的不断增强,各个民族争取文化权利的呼声日益高涨,1967年,加拿大政府最终取消了种族歧视政策,宣布英、法裔加拿大人同为建国民族,英语和法语同为加拿大的官方语言。1971年,加拿大宣布实行一项新的国家政策——多元文化主义政策。这项政策的核心内容包括:帮助各民族保留和发展自己的文化,承认国内其他民族文化的客观存在,尊重民族文化的多样性;承认所有民族在国家的发展过程中的历史性贡献,都是国家的重要成员;反对民族歧视,倡导国内各民族应一律平等;在以上基础上,克服文化障碍,提倡做一个加拿大人。1972年,加拿大政府设立多元文化部,专门负责多元文化政策的执行与管理,并且还设立加拿大多元文化协商委员会,组织和协调多元文化事务。1982年多元文化主义原则被写入加拿大宪法。1988年《加拿大多元文化法》的颁布,标志着多元文化主义成为加拿大民族关系中的主流意识形态。同时,为了提高土著居民的社会和文化地位,允许分散于全国各地的同一族体的成员成立全国性或地方性的机构,这种机构的基本职能是反映本民族的意愿和要求，促进本民族的发展。这些措施就实行的效果来看，加拿大政府力图通过这样的政府制度设计，为不同种族、不同民族、不同社区的加拿大人之间的认同提供政策上的支持，保护各民族文化的共存，鼓励不同民族文化间的相互交流，使不同民族及其文化在加强相互接触中增进了解、实现和解、消除误解，从而在很大程度上提高了各民族参与社会活动的积极性，维护了各族群之间和谐相处的局面。多元文化主义民族政策在化解民族矛盾、解决民族冲突等国内民族关系协调方面，应该是目前世界上比较典型的一种运行模式。其理论核心在于将民族问题视为文化问题，不承认国内民族政治的存在和合理性，以建立"兼容并蓄"式的民族文化处理方式，改变了以往那种以主体民族文化整合少数民族文化的做法，减少了民族冲突与对抗的可能性，为解决民族问题提供新的路径选择。针对加拿大的民族成分和民族文化的多样性，多元文化政策在教育、语言文字、服饰、音乐、舞蹈、手工艺等方面体现出文化上的平等与包容的"自由主义"倾向，给予多民族社会的民族文化权利的实现。再如加拿大宪法规定英语与法语是官方语言，但是在民族聚居街或聚居地方，民族语言更通用。

多元文化主义在加拿大的政策实践取得的成果，首先体现在社会生活的许多领域。如吸收不同民族成分的成员参加"文化委员会"，民族语言文字、风俗习惯受到尊重，提出维护印第安人的语言和文化，建立多元文化环境的学校等，在文化不同的社会里，民族间的交往体现出和谐共处，促进了了解和相互尊重，加快了文化间的协调。其次，多元文化主义政策的实施，在国家制度和法律上给予各个民族平等的法律地位和法律权利。再次，政府在具体领域也给予少数民族一定的优惠政策，比如在因纽特人居住地设立自治区，在社区建设和教育发展等方面向土著人提供多种财政补贴。加拿大的经验表明，多元社会的制度法律和价值体系，对多元文化主义政策的实施以及实际实施效果具有重要影响。加拿大最初的多元文化主义只侧重于民族关系和少数民族权利方面，虽然取得了一些成效，但是随着多元文化主义政策作用的转向，大众不再信服多元文化主义理论，对理论本身存在的问题提出质疑，为了缓和身份认同问题带来的矛盾，开始转向"融合性的多元主义"。因此多元文化主义模式无论是其理论，还是实践都存在诸多亟须反思之处，如多元主义的普遍性问题，多元文化主义并"不能解决传统的同化主义取向政策带来的问题，而且严重地侵蚀了传统的价值观，进而还会对国家认同以及建立在此基础上的国家统一构成威胁"。[①] 加拿大的多元文化主义政策不断受到质疑，也遇到阻力和社会偏见，加拿大甚至还有种族主义残存势力，比如魁北克问题一直是加拿大政府头疼的事情。

三　西班牙的民族区域自治政策

自治模式作为预防与解决民族冲突的机制，成为世界上许多多民族国家解决民族问题的一种制度和政策安排。西班牙是一个多民族国家，少数民族问题比较严重。作为一个民主宪政国家，西班牙形成了一个较为完善的处理民族问题的政策框架，那就是一元化国家框架下以分权为特征的非均衡性民族区域自治制度。这种制度建立的主要依据是 1978 年通过的西班牙新宪法和 1979 年通过的《区域自治法》，将全国 50 个省置于 17 个自治区的管辖之下，其中包括三个少数民族自治区（加泰罗尼亚、加利西亚、巴斯克）。而自治区的设立依据则是独特的文化特征或历史上曾经是一个地区单位。

---

① 周平：《多民族国家的族际政治整合》，中央编译出版社，2012，第 94 页。

梳理西班牙自治过程的历史，我们不难看出，实行这样的制度，既有其深刻的历史渊源，又是各少数民族地区与中央政府之间权力博弈的结果。从历史上来看，西班牙领土上居住着许多具有自己独特语言和文化，并且曾经建立过独立王国的地域性民族群体。在19世纪西欧民族主义浪潮中，无论是经济发达的加泰罗尼亚人和巴斯克人，还是相对落后的加利西亚人都兴起过民族复兴运动。从19世纪80年代起，加泰罗尼亚人在政治上提出了自治的主张，要求恢复加泰罗自治政府机构。巴斯克地区同加泰罗尼亚地区一样，巴斯克人建立自治政府的愿望也十分强烈。20世纪30年代，第二共和国宪法曾经承认了加泰罗尼亚、巴斯克、加利西亚三个地区的自治地位。二战期间，佛朗哥法西斯统治在文化上采取了高压政策，取消了加泰罗尼亚、巴斯克、加利西亚的自治并且禁止了巴斯克语，从而激化了民族矛盾，巴斯克的民族主义组织"埃塔"就是在佛朗哥统治时建立的。1975年，随着佛朗哥的去世，西班牙结束了长达40年之久的独裁政权，开始走向了民主化。并于1978年通过了新的《西班牙王国宪法》。巴斯克、加泰罗尼亚、加利西亚这三个在第二共和国时代曾拥有过自治权力、制定过自治条例的地方，在新宪法的感召下，最早建立起自治共同体。紧随这三个自治共同体之后，其他地方也都建立起自治共同体。① 但是由于这三个地区保留了各自民族的差异性，带有区域民族集聚的独特性特征，并且有浓厚的民族认同意识。因此根据宪法，加泰罗尼亚、巴斯克和加利西亚三个自治共同体，享有比其他自治区更大的自治权，尤其是巴斯克地区，其在历史上享有的一些特殊权力得到国家承认，并被写入宪法。

① 王建娥：《一元化国家框架下非均衡性区域自治制度探索》，《西北师大学报》（社会科学版）2017年第4期。

从总体上来看，经过四十多年的实践，这一政策很好地维护了西班牙国家的统一和政治的稳定，解决了西班牙国家转型期所出现的重大问题——整合与民主的矛盾。但是随着全球民族主义浪潮的席卷，西班牙国内政治经济环境的变化尤其是民族区域自治制度没有得到及时完善，近年来发生了一些民族问题，比如2017年爆发的加泰罗尼亚"独立公投"事件，巴斯克地区的民族分离主义倾向仍然存在，极端的恐怖主义活动"络绎不绝"等，也暴露出了该政策的一些亟待解决的问题。

比如行政区划问题，西班牙的大区划分是按照历史上遗留下来的行政单位的边界进行的，1978年宪法中没有把同样聚居大量巴斯克人的纳瓦拉地区纳入巴斯克地区，这成为一直困扰巴斯克人的问题，为西班牙民族团结埋下了隐患，也是巴斯克地区政党一直以来的政治诉求。再比如民族自治制度中的民族性特征不明显，过度强调"国家民族"，从民主化进程开始到如今，这一制度运行过程中通过其政治制度设计，强调的是地方集体权利，而不是民族个体权利，忽视民族地区的特殊情况和不同需求，虽然也考虑到了加泰罗尼亚、巴斯克、加利西亚等民族的民族性因素，但没有将民族性纳入整个国家权力安排体制之中。1978年宪法提到了组成西班牙王国的各民族和各地区的自治权利及其团结，但是没有明确少数民族的民族身份，这是加泰罗尼亚、巴斯克、加利西亚民族运动的一大诉求，也是加泰罗尼亚"独立公投"的一大诱因。加泰罗尼亚"独立公投"的另一大诱因则是"地区平衡机制"，说到底这仍然是地区集体性权利与国家利益的博弈，西班牙只考虑到了国家整体的地区平衡问题，忽视了民族个体权利。还有国家与各自治区的关系，各自治区之间以及大区内部各政府之间协调方面都存在一定的问题。

四 苏联的"民族自决—联邦制"政策

曾经的苏联是一个疆域辽阔、民族众多的多民族国家，也是一个历史隔阂沉重、语言文化异质、民族矛盾盘根错节的多民族国家，民族构成和民族关系异常复杂。对于如何面对复杂的民族关系，如何解决棘手的民族问题，苏联采取了民族自决和联邦制的政策。

自决（Self-determination）一词是由"自由"的观念演绎而来的。民族自决权思想最早可追溯到公元前 5 世纪希腊城邦的自治观念以及古希腊人对政治自由或自主的崇尚。近代西方对民族自决权的政治诉求，是在资产阶级争取建立民族独立国家过程中产生的。马克思和恩格斯从支持资产阶级民主革命，争取社会主义的利益出发，赞成和提出民族自决权原则。19 世纪中期，马克思和恩格斯批判地继承和发展了"民族自决"思想，创立了马克思主义的"民族自决"理论。1865 年，马克思在国际工人协会伦敦代表会议上，明确提出了"民族自决权"原则，认为"必须在运用民族自决权原则的基础上，并通过在民主和社会主义基础上恢复波兰的办法，来消除俄国佬在欧洲的影响"。① 1892 年 2 月，恩格斯再次强调，"欧洲各民族的真诚的国际合作，只有当每个民族自己完全当家作主的时候才能实现"。② 后来，马克思和恩格斯在论及波兰、爱尔兰等国家民族问题时，都多次谈到了被压迫民族没有任何地位可言，应该摆脱"大民族"或"异民族"的阶级压迫，行使成立独立的民族国家的权利。"不恢复每个民族的独立和统一，那就既不可能有无产阶级的国际联合，也不可

---

① 《马克思恩格斯全集》（第 19 卷），人民出版社，1963，第 164 页。
② 《马克思恩格斯选集》（第 1 卷），人民出版社，2012，第 395 页。

能有各民族为达到共同目的而必须实行的和睦的与自觉的合作。"① 马克思提出"民族自决"原则，恢复各民族的独立自主权利，是为了更好地从本国资产阶级统治、从欧洲封建统治者及其同盟的解放下争取的"民族自决"，完成推翻资本主义并最终建立起社会主义的伟大使命。

在 1917 年"十月革命"以前，沙俄帝国是通过征服周围 100 多个弱小民族及其政权，以殖民主义方式扩张领土建立起来的一个农奴制军事封建帝国。沙皇政府实行以俄罗斯民族为中心的民族政策，认为俄罗斯民族高于一切，其他民族理应受它支配。为此，竭力使俄罗斯民族享有特权，对其他民族进行歧视、压迫和蹂躏，从而深深埋下民族仇恨的种子。面对这种情况，革命的领导者列宁对法国大革命后在欧洲兴起的"民族自决"理论加以新的解释，以此动员俄国境内各民族劳动人民支持反对沙皇专制统治的革命斗争，于是消灭民族压迫和民族歧视，实现各民族平等便成为革命的重要任务之一。

民族自决思想是列宁在处理民族问题时一贯坚持的原则。第一次世界大战和俄国十月革命时期，列宁从当时世界殖民地问题及沙皇俄国民族矛盾尖锐的现实状况出发，在一系列著作中有针对性地系统阐述了民族自决权理论，使之由一般资产阶级民主主义的口号发展为马克思主义关于民族问题的一个完整理论。在早期，列宁在其论述中虽然隐含地表达了民族自决主要是指殖民统治下的被压迫民族应有的政治自决权，但真正给民族自决予以确切含义则是到了 1912 年工人运动高潮后，在驳斥"民族文化自治"的错误观点之后提出来的。列宁说："所谓民族自决，就是

① 《马克思恩格斯选集》（第 1 卷），人民出版社，2012，第 397 页。

民族脱离异族集合体的国家分离,就是成立独立的民族国家。"①
十月革命胜利后,列宁鉴于苏维埃共和国境内各民族的相互关系
的现状,对民族自决的含义又做了进一步的论述,概括起来其民
族自决含义包括两个方面。(1)各民族有权决定建立自主独立的
国家。(2)各民族苏维埃共和国都有加入或退出苏维埃社会主义
联盟的自由。

列宁在《我们纲领中的民族问题》中说道:"无条件地承
认争取民族自决的自由的斗争,这丝毫也不意味着我们必须支
持任何民族自决的要求。社会民主党作为无产阶级的政党,其
真正的主要的任务不是促进各民族的自决,而是促进每个民族
中的无产阶级的自决。我们应当永远无条件地努力使各民族的
无产阶级最紧密地联合起来。"② 可见,列宁关于民族自决权的
思想主要包括三个方面的基本内容:一是各被压迫民族有摆脱压
迫民族统治的政治独立自主权,即建立自己民族国家的权力;二
是在社会主义制度下,实行民族区域自治也是民族自决权的一种
表现形式;三是承认各民族有决策和管理本民族事务的平等权利
和民主权利。③

但是,在晚年,列宁对民族自决权的思考发生了一定的变
化。例如 1917 年的《论修改党纲》曾指出:"'自决'一词曾多
次引起了曲解,因此我改用了一个十分确切的概念:'自由分离
的权利'……我们夺得政权之后,会无条件地立刻承认芬兰、乌
克兰、亚美尼亚以及任何一个受沙皇制度(和大俄罗斯资产阶
级)压迫的民族都享有这种权利。但是从我们方面来说,我们决

---

① 《列宁选集》(第 2 卷),人民出版社,2012,第 371 页。
② 《列宁选集》(第 1 卷),人民出版社,2012,第 459 页。
③ 青觉、栗献忠:《苏联民族政策的多维审视》,中央民族大学出版社,2009,
第 31 页。

不希望分离。"① 这里，列宁把"民族自决权"改为"自由分离权"。斯大林也在 1919 年说，"我们同这一口号（指民族自决权）告别已经两年，我们再不会把这一口号放在党纲中了"。② 从上不难看出，在列宁时代晚期和斯大林时期，"民族自决权"这一提法基本上被放弃了。1922 年、1936 年和 1977 年的苏联中央都将"自由退出"苏联的权利写入了宪法。至于"退出苏联"的权利最后为苏联解体提供了法律依据，这是列宁当时没有想到的，也不是列宁的本意。

在国家结构形式问题的思考上，苏联经历了从"民主集中制"向"联邦制"的思想转变。十月革命胜利后，那些长期受到沙皇专制制度以及大俄罗斯民族奴役和压迫的民族对大俄罗斯人充满敌意，对苏维埃俄国能否真正保证他们享有充分的民主与平等存有疑虑。为了消除对这些民族政策的顾虑，避免原来那些被压迫民族或依附于沙皇帝国的弱小国家在十月革命后的俄国内战中独立，列宁接受了联邦制作为解决国内民族问题的国家形式。伟大的革命导师马克思和恩格斯，一贯主张建立单一而不可分的民主共和国。如 1851 年马克思在总结法国大革命经验教训时谈道："每个政党都按自己的观点去解释共和国。手持武器夺得了共和国的无产阶级，在共和国上面盖上了自己的印记，并把它宣布为社会共和国。"③ 1892 年 2 月 6 日，恩格斯在答复意大利政治活动家卓万尼·博维奥的信中说："马克思和我在四十年间反复不断地说过，在我们看来，民主共和国是唯一的这样的政

① 《列宁全集》（第 32 卷），人民出版社，2017，第 369~370 页。
② 中国现代国际关系研究所民族与宗教研究中心：《全球民族问题大聚焦》，时事出版社，2000，第 84 页。
③ 《马克思恩格斯选集》（第 1 卷），人民出版社，2012，第 675 页。

治形式……"① 列宁最初也是继承了马克思和恩格斯的这一思想。"我们在原则上反对联邦制，因为它削弱经济联系，它对一个国家来说是不合适的形式。"② 但是二月革命后，俄国许多民族实际上已经处于完全分离和彼此不相往来的隔绝状态，与此同时，国际上错综复杂的形势，内外因素迫使列宁改变了原先的认识。在1918年1月，列宁指出，"俄罗斯苏维埃共和国是建立在自由民族的自由联盟基础上的各苏维埃民族共和国联邦"，③ 这是他第一次明确肯定了联邦制原则。在1918年3月，列宁更加明确地指出，联邦制只要是在合理的范围内实行，只要是以真正需要某种程度的国家独立性的重大民族差别为基础，那么它就跟民主集中制丝毫不抵触。在1919年3月，俄共（布）第八次代表大会把建立联邦制国家的基本原则写入了党纲，同时提出按照各苏维埃民族共和国联合方式组建统一的联邦制国家。苏联联邦制独特的特点表现在以下几个方面。第一，按照"民族区域原则"划分各级地方行政单位。具体有4个层次：加盟共和国—自治共和国—自治州—自治专区。加盟共和国是由苏联境内较大的一些民族为主体组成的民族国家，它们均以共和国主导民族命名。各加盟共和国内部又由复杂的民族组成，按"民族区域原则"又划分为自治共和国、自治州和自治专区。第二，确立"双重主权"的原则。在1922年12月的苏联成立宣言和苏联成立条约中，以及1924年的苏联第一部宪法中，都对苏联联邦制国家体制运行的基本原则作出了规定，指出各加盟共和国享有主权国家地位，主权受到苏联宪法的保护；各加盟共和国的疆域，非经各该共和国同

---

① 《马克思恩格斯全集》（第22卷），人民出版社，1965，第327页。
② 《列宁全集》（第46卷），人民出版社，2017，第387页。
③ 《列宁全集》（第33卷），人民出版社，2017，第228页。

意不得变更；各加盟共和国均有自己的国家宪法；各加盟共和国享有自由退出联盟的权利；除外交、国防、对外贸易、交通和邮电方面的权力归联盟中央行使外，其他方面的国家管理权力均归各加盟共和国独立行使。1936 年的宪法进一步增加了各加盟共和国在外交和建立军队等方面的权力。但在 1977 年的苏联宪法中，又取消了各加盟共和国建立自己军队的权力，并否决了关于"要求取消加盟共和国和自治共和国、或者严格限制加盟共和国主权，剥夺它们退出苏联的权力和同外界交往的权力"的动议。因此，"民族区域原则"和"双重主权原则"实际上不是在强化统一的国家认同和整体功能意识，而是在强化各共和国的民族认同和局部功能意识。这种客观上的强化作用为国家分裂埋下了的巨大隐患。

正如著名思想家托克维尔在一百多年前所指出的，"我们把视线转向美国，并不是为了亦步亦趋地仿效它所建立的制度，而是为了更好地学习适用于我们的东西；更不是为了照搬它的教育之类的制度，我们所要引以为鉴的是其法制的原则，而非其法制的细则"。[①] 通过梳理以上几种民族政策的演进和民族关系的现状，我们认为：各个国家的民族政策是由其国情决定的，基于其发展和价值观念，其政策效果各有不足，政策模式也并不统一。美、加等国的政策并不是普遍的，它们只是一种具有国别特点的民族政策，并非处理民族问题的完美样板。冷战结束后，欧洲、亚洲一些国家学习所谓"西方经验"，处理民族问题导致的惨痛教训我们必须引以为戒。中国特色社会主义的发展绝不排斥和反对学习国外的成功经验，但在对国际经验的借鉴和吸收中必须要

---

① 托克维尔：《论美国的民主》（上卷），董果良译，商务印书馆，1995，第 3 页。

有独立的思考，要从本国实际出发，不能照搬照抄他人的模式。中国和美国、加拿大等西方国家在基本国情、民族关系目标和民族政策原则等方面存在着本质差异，因此，我们应从本国的实际出发，兼收并蓄古今中外的优秀智慧成果，进一步发挥道路、理论和制度优势，坚持和完善中国特色的民族政策。

第二章　中国民族关系协调发展的理论渊源

民族关系是人类社会出现民族以后普遍存在的社会现象，是多民族国家现存社会关系的重要组成部分。民族关系是民族生存和发展过程中相关民族之间的相互交往、联系以及作用、影响的关系。民族关系是民族理论研究的重要领域。民族关系理论是民族理论体系的重要组成部分。

第一节　马克思主义民族关系理论

马克思主义民族理论是根据马克思主义关于民族问题的一般原理和基本原则，是在苏联、东欧及我国解决民族问题的长期实践过程中逐渐创立、丰富和发展起来的理论体系，是马克思主义认识人类社会民族现象、把握民族过程发展规律和解决民族问题的科学思想体系。马克思主义民族理论是我国民族关系理论研究的主流范式和主导意识形态，它为我国民族政策的制定、和谐民族关系的建立起到了不可替代的作用。所以，它也不可否认地成为民族关系研究的经典理论。

一　马克思恩格斯民族关系理论

马克思和恩格斯从 19 世纪 40 年代开始就对民族问题有了初步的探索，最早提出马克思主义的民族观和马克思主义的民族关系理论。马克思在 1843 年发表的《论犹太人问题》中首次提到了民族问题。他在文中指出："作为德国人，你们应该为德国的政治解放奋斗；作为人，你们应该为人类解放奋斗。而你们所受的特种压迫和耻辱，不应该看成通则的例外，相反地，应该看成通则的证实。"① 1847 年，马克思和恩格斯在合著的《论波兰》一文中，揭示了民族问题产生的根源和实质，指出"现存的所有制关系是造成一些民族剥削另一些民族的原因"。同时，他们指出"无产阶级对资产阶级的胜利，就是一切被压迫民族获得解放的信号"，把被压迫民族的解放运动和无产阶级革命联系起来。② 1848 年 2 月发表的《共产党宣言》，标志着马克思主义的诞生，也标志着马克思主义民族理论的确立。《共产党宣言》中提出："人对人的剥削一消灭，民族对民族的剥削就会随之消灭。"③ 这一著名论断，揭示了民族问题的根源和实质，民族问题与阶级问题、社会革命问题的关系，指明了解决民族问题的根本途径。

马克思当时所在的那个年代，是 19 世纪的德国社会，正是很多犹太人遭受不公的时期，面对这样的社会现实，他和恩格斯在 1844 年共同合作完成了《神圣家族，或对批判的批判所做的批判》。在文中，他们一方面批判了德国的社会现实情况，另一方面又批判了鲍威尔在此问题上的错误观点，批判鲍威尔将民族问题看成纯粹的宗教问题的看法，又进一步批判了德国当时各民族之间存在的不平等现象以及犹太人的不公正遭遇和受压迫的现状，并对鲍威尔的观点做了批判，从而提出了他们自己的独特观点与看法，"古往今来每个民族都在某些方面优越于其他民族。如果批判的预言正确无误，那末任何一个民族都永远不会优越于

① 《马克思恩格斯全集》（第 1 卷），人民出版社，1956，第 419 页。
② 《马克思恩格斯全集》（第 4 卷），人民出版社，1958，第 409~410 页。
③ 《马克思恩格斯选集》（第 1 卷），人民出版社，2012，第 419 页。

其他民族"①。从而第一次提出了民族平等的思想。他们还进一步指出民族平等和民族团结的关系，恩格斯在致卡尔·考斯基的一封信里指出："国际合作只有在平等者之间才有可能，甚至平等者中间居首位者也只有在直接行动的条件下才是需要的。"② 要使各民族真正联合起来，各民族就必须有一致的利益。要使各民族利益一致，就必须消灭私有制，消灭阶级剥削和阶级剥削制度。只有这样，才能使各压迫民族得到真正的解放，从而实现各民族真正的平等和团结。

马克思还指出，影响和制约民族关系的因素有很多，其中生产力水平就是其因素之一。马克思在《德意志意识形态》一文中就指出："各民族之间的相互关系取决于每一个民族的生产力、分工和内部交往的发展程度。这个原理是公认的。然而不仅一个民族与其他民族的关系，而且一个民族本身的整个内部结构都取决于它的生产以及内部和外部的交往的发展程度。"③ 马克思和恩格斯认为，近代工业革命以前，民族间的交往方式较为单一，交往内容较为简单，交往程度较为低下。但随着资本主义大工业的兴起，生产力的极大发展使"过去那种地方的和民族的自给自足和闭关自守状态，被各民族的各方面的互相往来和各方面的互相依赖所代替了……民族的片面性和局限性日益成为不可能"。④ 从中我们可以看出，在他们看来生产力的发展水平是民族关系的最终决定因素，民族间的交往方式也因生产力水平的提高而多样化、复杂化。恩格斯在《致大不列颠工人阶级》中写道："无论在英国或是在法国，从来没有一个工人把我当做外国人看待。我

---

① 《马克思恩格斯全集》（第 2 卷），人民出版社，1957，第 194～195 页。
② 《马克思恩格斯全集》（第 35 卷），人民出版社，1971，第 261 页。
③ 《马克思恩格斯全集》（第 3 卷），人民出版社，1960，第 24 页。
④ 《马克思恩格斯选集》（第 1 卷），人民出版社，2012，第 404 页。

极其满意地看到你们已经摆脱了民族偏见和民族优越感。这些极端有害的东西归根到底只是大规模的利己主义而已。我看到你们同情每一个为人类进步而真诚地献出自己力量的人,不管他是不是英国人;我看到你们仰慕一切伟大的美好的事物,不论它是不是在你们祖国的土地上产生的。我确信,你们并不仅仅是普通的英国人,不仅仅是一个孤立的民族的成员;你们是意识到自己的利益和全人类的利益相一致的人,是一个伟大的大家庭中的成员。"① 从这段话中我们可以看出,民族利益对民族关系的影响,狭隘的民族利益观是一种利己主义,会影响到民族关系的融合与和谐,只有认识到各个民族利益中的一致性,才能建立良好的民族关系。

二 列宁斯大林民族关系理论

列宁和斯大林是马克思主义民族理论的继承者和捍卫者。他们在无产阶级革命斗争实践中,在建立和建设苏联的斗争中,发展了马克思主义民族学说,形成了马列主义民族理论。

1. 列宁关于民族关系理论的论述

在马克思主义经典作家中,列宁写有大量关于民族和民族问题的理论著作。列宁的民族理论著述主要包括俄国十月革命前的《关于民族问题的批判意见》《论民族自决权》《关于自决问题的争论总结》和十月革命后的《民族和殖民地问题提纲初稿》《关于民族或"自治化"问题》,等等。列宁是世界上第一个社会主义国家的创立者,他在实践的过程中,始终坚持马克思主义的理论指导。他在马克思主义民族关系理论方面有着独特的重要贡献,他的贡献具有实质性和关键性,从而实现了马克思主义民族

---

① 《马克思恩格斯全集》(第2卷),人民出版社,1957,第274~277页。

观由理论向实践的重要转变。用马克思主义民族理论作为指导方针，来解决具体的民族工作中出现的问题，来协调现实社会中的民族关系，是一次马克思主义民族理论上的重要飞跃。列宁对于民族关系的阐述，主要分为以下几点。第一，关于民族的划分：压迫民族和被压迫民族。列宁曾经提出，在帝国主义时代，全世界已经划分为两部分，一部分是为数众多的被压迫民族；另一部分是少数几个拥有巨量财富和强大军事实力的压迫民族。① 与此同时，列宁又指出民族解放应该是一种相互的关系，不是单个方面的，如果压迫民族总是压迫其他的民族，那么该压迫民族终将得不到解放。第二，关于民族平等，列宁认为"国内各民族无条件一律平等"。这一观点与马克思的观点一致，他们都主张民族平等，一致认为民族关系中最重要的原则就是民族平等。在列宁看来，是否坚持民族平等，是区分真假马克思主义者，甚至是真假民主主义者的分水岭。正如他在《关于民族问题的批评意见》中指出的那样，"谁不承认和不维护民族平等和语言平等，不同一切民族压迫或不平等现象作斗争，谁就不是马克思主义者，甚至也不是民主主义者"②。列宁不仅认为各民族要实现形式上的平等，更应该实现事实上的平等。1919 年 3 月，列宁在《俄共（布）纲领草案》中提出："在民族问题上，夺得国家政权的无产阶级的政策与资产阶级民主制在形式上宣布民族平等不同"，"不仅要帮助以前受压迫的民族的劳动群众达到事实上的平等，而且要帮助他们发展语言和图书报刊"。③ 第三，关于民族团结，列宁认为要把各民族团结起来。不仅强调无产阶级不分民族的团结和联合，而且十分强调世界各国无产阶级和一切被压迫民族的

① 《列宁选集》（第 4 卷），人民出版社，2012，第 275 页。
② 《列宁选集》（第 2 卷），人民出版社，2012，第 340~341 页。
③ 《列宁选集》（第 3 卷），人民出版社，2012，第 739 页。

团结。维护民族团结，还要支持对民族团结有益的行为与活动。"我们要完成的是各民族工人共同的事业，也就是使各民族工人为了统一的共同的工作而团结起来，打成一片。"①

2. 斯大林关于民族关系理论的论述

斯大林对于马克思主义民族关系理论的丰富与贡献是值得肯定的，也是值得我们探究的。他的著作《马克思主义和民族问题》和《再论民族问题》，体现了他对于民族关系的看法及观点。

关于斯大林对民族关系的阐述，主要有以下几个方面。第一，关于民族的定义。早期的马克思主义经典作家都对"民族"这一概念下过定义，其中，斯大林是第一个全面阐述"民族"这一概念的。他认为，"民族是人们在历史上形成的一个有共同语言、共同地域、共同经济生活以及表现在共同文化上的共同心理素质的稳定的共同体"②。斯大林的民族定义超脱了鲍威尔等人的唯心主义立场，用马克思主义唯物史观来观察和解释民族现象，在对民族现象的认识上具有重要的意义。第二，关于民族政策，他提出民族区域自治。斯大林在1913年写的《马克思主义和民族问题》一文中进一步论述了区域自治的优点，主要有三点，"首先在于实行的时候所遇到的不是没有地域的空中楼阁，而是居住于一定地域上的一定居民。其次，区域自治不是把人们按民族划分的，不是巩固民族壁垒的……最后，它使大家不必等待总的中央机关的决议而能最适当地利用本地区的天然富源并发展生产力"。③ 因此斯大林提出区域自治可以缓解当时的民族矛盾，解

① 《列宁全集》（第25卷），人民出版社，1988，第376页。
② 中国社会科学院民族研究所：《斯大林论民族问题》，民族出版社，1990，第28~29页。
③ 《斯大林全集》（第2卷），人民出版社，1953，第353页。

决民族问题。这是民族理论的一个重要原则，这一原则在后来的马克思主义民族理论中具有十分重要的理论价值和实践价值。第三，关于民族之间的平等问题。强调在国家层面一切民族享有同等政治权利和法律地位，各民族在社会、经济、文化等方面都要实现事实上的平等。他认为当时社会上存在着各种各样的不平等现象。他客观、公正地分析了存在不平等的原因，就是指事实上的不平等，造成这种不平等存在的原因是历史遗留的问题，所以在短时间内很难铲除。因此，消除事实上的不平等现象是社会主义阶段的长期历史任务，社会主义国家和先进民族的工人阶级必须给经济落后的各民族以长期有效的帮助。第四，关于各民族的团结问题。它强调工人的国际主义团结原则是解决民族问题的一个重要基础。革命取得胜利后，革命政党仍然要坚持和实现被压迫民族的工人之间无条件的大团结。各民族的无产阶级应该抛弃民族差异性，团结到统一的无产阶级阵营里去。

第二节 中国化马克思主义民族关系理论

马克思列宁主义及其民族理论在中国的传播是从 20 世纪初开始的。但是，大量地、自觉地传播是在俄国十月革命以后，特别是在中国共产党成立以后。随着越来越多的马克思列宁主义及其民族理论的著作在中国翻译出版，马克思列宁主义民族理论的传播，影响了早期的中国共产党人，如李大钊、毛泽东、瞿秋白等，中国报刊也陆续发表了不少宣传民族理论、研究民族问题方面的文章，如瞿秋白的《共产主义之人间化》一文就被称为中国共产党民族理论政策形成、发展史上的一个重要文献。正是在这种长期的传播、影响、实践过程中，逐渐形成了具有中国特色的民族理论，逐步实现了马克思主义民族理论的中国化。在社会主义革命、建设、改革开放的伟大实践中，中国共产党人结合新形势下民族关系的新情况、新问题，继承和发展了马列主义社会主义民族关系理论，形成了一系列新观点、新论断、新思想。

一　毛泽东思想体系中的民族关系理论

毛泽东作为中国共产党和中华人民共和国的缔造者，是党的第一代领导集体的核心。毛泽东在领导中国革命和建设的过程中是非常重视民族问题和民族关系的处理的，主要反映在毛泽东的《论新阶段》《中国革命和中国共产党》《论联合政府》《论十大关系》《关于正确处理人民内部矛盾的问题》等著作以及党的若干文件中。周恩来作为党的第一代领导集体的主要成员，其民族政策思想是毛泽东民族理论的重要组成部分，集中体现在周恩来的《关于我国民族政策的几个问题》中。因此毛泽东思想民族理论是毛泽东思想的重要组成部分，而有关民族关系的论述也是毛泽东思想民族理论重要的内容之一。

1. 高度重视少数民族和民族关系问题

在革命早期，针对国民党不承认少数民族的政策，1939 年毛泽东在《中国革命和中国共产党》一文中就指出："在这四亿五千万人口中，十分之九以上为汉人。此外，还有蒙人、回人、藏人、维吾尔人、苗人、彝人、壮人、仲家人、朝鲜人等，共有数十种少数民族，虽然文化发展的程度不同，但是都已有长久的历史。中国是一个由多数民族结合而成的拥有广大人口的国家。"①1953 年，中共中央讨论《关于过去几年内党在少数民族中进行工作的主要经验总结》，当有人提出"部族"问题时，毛泽东指

---

① 《毛泽东选集》（第 2 卷），人民出版社，1991，第 622 页。

出：科学的分析是可以的，但政治上不要去区分哪个是民族，哪个是部族或部落。① 1956 年毛泽东在《论十大关系》一文中更是将汉族和少数民族的关系作为十大关系之一进行了专门论述和分析，指出："我们着重反对大汉族主义。地方民族主义也要反对……我们要诚心诚意地积极帮助少数民族发展经济建设和文化建设。……我们必须搞好汉族和少数民族的关系，巩固各民族的团结，来共同努力于建设伟大的社会主义祖国。"② 这些思想理论都是正确理解中国民族关系的重要理论前提。

2. 关于民族平等和民族团结的理论

民族平等和民族团结是马克思主义处理民族问题的根本原则，也是中国共产党民族政策的总政策。毛泽东根据中国"少数民族过去与现在生活的实质"，提出了民族平等理论和政策，其主要内容包括四个方面：一是"对内求国内各民族之间的平等"，"允许蒙、回、藏、苗、瑶、夷、番各少数民族与汉族有平等权利"；二是"承认中国境内各少数民族有平等自治的权利"；三是各民族在语言文字、风俗习惯、宗教信仰等方面都有平等权利；四是在一切工作中要坚持民族政策。③

毛泽东的民族团结理论是各民族人民"平等的联合"的理论。它包括三个层次的内容：中华民族整体的团结，即"全民族团结"；中华各民族之间的团结，即"国内各民族的团结"；中华民族"联合世界上一切以平等待我之民族"。毛泽东在《在庆祝签订和平解放西藏办法协议宴会上的讲话》一文中指出："几百年来，中国各民族之间是不团结的"，"这是反动的清朝政府和

---

① 金炳镐：《毛泽东对马克思主义民族理论的伟大贡献》，《毛泽东百周年纪念——全国毛泽东生平和思想研讨会论文集（中）》，1993 年 12 月 26 日。

② 《毛泽东文集》（第 7 卷），人民出版社，1999，第 33、34 页。

③ 图道多吉：《中国民族理论与实践》，山西教育出版社，2004，第 39~40 页。

蒋介石政府统治的结果，也是帝国主义挑拨离间的结果"，现在，达赖喇嘛①所领导的力量与班禅额尔德尼所领导的力量与中央人民政府之间，都团结起来了。"这是中国人民打倒了帝国主义及国内反动统治之后才达到的。这种团结是兄弟般的团结，不是一方面压迫另一方面。这种团结是各方面共同努力的结果"，"在这一团结基础之上，我们各民族之间，将在各方面，将在政治、经济、文化等一切方面，得到发展和进步"。② 毛泽东在《接见西藏国庆观礼团、参观团代表的谈话》时又强调，"我们要和各民族讲团结，不论大的民族、小的民族都要团结"，"只要是中国人，不分民族，凡是反对帝国主义、主张爱国和团结的，我们都要和他们团结"。③ 毛泽东还强调了党是民族团结的核心力量，"只有经过共产党的团结，才能达到全阶级和全民族的团结"。④他又指出，在中国，要搞好民族团结，中心是搞好汉族和少数民族的团结。

毛泽东特别重视和强调搞好对少数民族的统一战线工作，把它作为加强各民族团结的一个重要途径。始终注意和重视发挥少数民族上层在民族团结方面的作用。这又是毛泽东民族理论中的一大特点，也是中国民族团结的一条基本经验。

3. 关于民族区域自治的理论

民族区域自治，是毛泽东和中国共产党把马克思主义民族理论运用到中国民族问题实际的史无前例的创举，是解决中国民族问题的基本形式和重要制度。几十年的实践经验证明，民族区域

① 达赖喇嘛，即达赖喇嘛·丹增嘉措，当时是西藏地方宗教和政治领袖之一。
② 中共中央文献研究室、中共西藏自治区委员会编《西藏工作文献选编（一九四九——二〇〇五）》，中央文献出版社，2005，第48页。
③ 中共中央文献研究室、中共西藏自治区委员会编《西藏工作文献选编（一九四九——二〇〇五）》，中央文献出版社，2005，第102页。
④ 《毛泽东选集》（第1卷），人民出版社，1991，第278页。

自治是解决中国民族问题的成功道路。毛泽东和我们党从 20 世纪 30 年代起就明确提出让少数民族建立自己的自治区域的主张，1938 年在中共六届六中全会的政治报告《论新阶段中》中，毛泽东明确提出："允许蒙、回、藏、苗、瑶、夷、番各少数民族与汉族有平等权利，在共同对日原则之下，有自己管理自己事务之权，同时与汉族联合建立统一的国家。"① 且又指出 "对国内各民族，给予平等权利，而且在自愿原则下建立统一的政府"②。1947 年又指出，"承认中国境内各少数民族有平等自治的权利"③，并且先后在陕甘宁边区等革命根据地建立了一批回族和蒙古族的自治区、乡，为在我国全面实施民族区域自治制度提供了宝贵经验。新中国成立以后，中央正式确定中国实行单一制下的民族区域自治制度。"推行民族区域自治，让少数民族人民当家作主，关键在于培养造就大批少数民族干部。"毛泽东一贯重视培养少数民族干部的工作。④ 在多民族的社会主义国家中，怎样才能既保证国家的集中统一，又保证少数民族的平等地位和平等权利呢？马克思主义认为，最好的解决办法就是民主集中制原则下的民族区域自治，这是无产阶级政党解决民族问题时应遵循的一项基本政策。以毛泽东同志为主要代表的中国共产党人在长期的革命斗争中，经过不断深化认识和实践，把马列主义民族理论与中国的实际相结合，最终确定了民族区域自治是解决我国民族问题的一项基本政治制度。

---

① 中共中央统战部编《民族问题文献汇编（一九二一·七——一九四九·九）》，中共中央党校出版社，1991，第 595 页。
② 中共中央统战部编《民族问题文献汇编（一九二一·七——一九四九·九）》，中共中央党校出版社，1991，第 597 页。
③ 中共中央统战部编《民族问题文献汇编（一九二一·七——一九四九·九）》，中共中央党校出版社，1991，第 1113 页。
④ 青觉：《马克思主义民族观的形成与发展》，民族出版社，2004，第 367 页。

4. 关于少数民族发展的理论

毛泽东关于少数民族发展的理论是非常广泛的、丰富的，毛泽东关于少数民族发展的理论和政策的核心，是"让各少数民族得到发展和进步"，并把这看成"是整个国家的利益"，而"方针是团结进步，更加发展"。他认为，少数民族的发展，一是这些地区社会改革必须进行；二是国家和汉族人民要诚心诚意地积极帮助少数民族发展；三是少数民族的政治、经济、文化等要全面发展，特别是经济要发展。毛泽东的这些光辉思想是他为马克思主义民族理论宝库增添的新贡献。中国少数民族发展的理论和经验，对当今世界各民族，特别是少数民族的发展具有重要的理论和现实意义。①

二　中国特色社会主义民族关系理论

在改革开放和社会主义现代化进程中，党的几代中央领导集体坚持并丰富和发展马克思主义、毛泽东思想的民族关系理论，对民族关系作出了一系列重要的科学论述，以邓小平同志为核心的党的第二代中央领导集体在解决中国社会主义建设过程中民族问题的实践中，彻底否定了"民族问题的实质是阶级问题"的错误理论，系统完整地提出了"两个离不开"的思想。以江泽民同志为核心的党的第三代中央领导集体，面对新的世情国情党情，深刻总结了其他国家民族问题方面的经验教训和我国新时期民族工作实践中的经验，提出了"三个离不开"的思想。以胡锦涛同志为总书记的党中央在民族工作中创造性地提出构建和谐的社会主义民族关系等一系列新思想。以习近平同志为核心的党中央非常重视民族工作，强调民族工作关乎大局，坚定不移地贯彻党的

---

① 青觉：《马克思主义民族观的形成与发展》，民族出版社，2004，第 367 页。

民族政策，坚持中国特色社会主义处理民族问题的正确道路，对我国的民族关系作出了重要的理论创新，提出了一系列关于推动民族关系协调发展的新思想、新理念，从而不断形成了中国特色的社会主义民族关系理论。

（一）邓小平民族关系理论

邓小平同志是党的第一代领导集体的重要成员，是第二代中央领导集体的核心。邓小平非常重视民族问题和民族工作，在民族工作的拨乱反正和开启改革开放及社会主义现代化建设的实践中，坚持并丰富和发展了马克思主义民族关系理论，开创了中国特色社会主义民族关系理论。

1. 关于民族关系性质的理论

邓小平同志在 1979 年全国政协五届二次会议的开幕词中，对于我国的民族关系做了明确论述，指出："我国各兄弟民族经过民主改革和社会主义改造，早已陆续走上社会主义道路，结成了社会主义的团结友爱、互助合作的新型民族关系。"[1] 这就从理论上否定了"民族问题实质是阶级问题"的错误说法，为加快民族工作思想的拨乱反正提供了理论基础。1980 年 4 月，中共中央批转《西藏工作座谈纪要》，进一步指出："在我国各民族都已实行了社会主义改造的今天，各民族间的关系都是劳动人民间的关系。"[2] 同年 7 月，《人民日报》发表题为《评所谓"民族问题的实质是阶级问题"》的特约评论员文章，强调"民族问题与阶级问题是两个不同性质的问题，绝不能混为一谈"[3]。1981 年 6

---

① 《邓小平文选》（第 2 卷），人民出版社，1994，第 186 页。
② 国家民族事务委员会、中共中央文献研究室编《新时期民族工作文献选编》，中央文献出版社，1990，第 34 页。
③ 《评所谓"民族问题的实质是阶级问题"》，《人民日报》1980 年 7 月 15 日。

月，党的十一届六中全会通过了《关于建国以来党的若干问题的历史决议》，再次强调指出："必须明确认识，现在我国的民族关系基本上是各族劳动人民的关系。"1982 年 12 月，五届全国人大五次会议审议通过新宪法，明确规定"平等、团结、互助的社会主义民族关系已经确立，并将继续加强"。从法律上正式确认了我国社会主义民族关系的性质和内容。[①] 至此，党和国家实现了民族工作指导思想上的拨乱反正，第一次对社会主义民族关系的性质有了完整、统一的表述，平等、团结、互助的社会主义新型民族关系有了最高的权威性和法律依据，社会主义民族关系在正确的道路上发展。

2. 关于民族平等、团结的理论

民族平等，是邓小平民族理论的立足点。邓小平明确指出，我们的民族平等是实实在在的，是"真正的民族平等"[②]。他强调指出："在政治上，中国境内各民族是真正平等的"[③]，"中华人民共和国没有民族歧视，我们对西藏的政策是真正立足于民族平等"[④]。"我们的民族政策是正确的，是真正的民族平等。我们十分注意照顾少数民族的利益。"[⑤] 从以上论述可以看出，邓小平强调民族平等既指政治上的各民族真正平等，也指我们解决民族问题的立足点是民族平等，要把真正的民族平等落到实处，就是要切实帮助少数民族发展，改善他们的生活。民族平等不是权宜之计，而是对待和处理我国社会主义民族问题的基本立场和出发点。

---

① 何群龙等：《民族关系与社会主义和谐社会建设的历史考察》，人民出版社，2015，第 184 页。

② 《邓小平文选》（第 3 卷），人民出版社，1993，第 362 页。

③ 《邓小平文选》（第 1 卷），人民出版社，1994，第 162 页。

④ 《邓小平文选》（第 3 卷），人民出版社，1993，第 246 页。

⑤ 《邓小平文选》（第 3 卷），人民出版社，1993，第 362 页。

邓小平同志也非常重视民族团结，他多次提出："我们要争取整个中华民族的大团结。"① 早在 1950 年，邓小平就在《关于西南少数民族问题》一文中指出："历史上的反动统治实行的是大民族主义的政策，只能加深民族隔阂，而今天我们政协共同纲领所规定的民族政策，一定能够消除这种隔阂，实现各民族的大团结。"② "我们不能首先要求少数民族取消狭隘民族主义，而是应当首先老老实实取消大民族主义。两个主义一取消，团结就出现了。"③ 1978 年 12 月，邓小平在《解放思想，实事求是，团结一致向前看》中指出：党的团结，特别是党的领导核心的团结是实现民族大团结的前提。中共十一届三中全会以后，以邓小平同志为核心的党的第二代领导集体将民族团结作为改革开放和社会主义现代化建设的力量源泉，指出："在实现四个现代化进程中，各民族的社会主义一致性将更加发展，各民族的大团结将更加巩固。"④

在邓小平的民族团结思想中，把坚持四项基本原则作为民族团结的政治基础，邓小平指出："只要我们坚持在四项基本原则的基础上，加强全国各族人民的大团结，不断发展和壮大革命的爱国的统一战线，任何困难都挡不住我们前进，任何阻力都将被我们打破。"⑤ 把共同富裕作为民族团结的经济基础，1978 年邓小平在谈到经济政策时提出："我认为要允许一部分地区、一部分企业、一部分工人农民，由于辛勤努力成绩大而收入先多一些，生活先好起来。一部分生活先好起来，就必然产生极大的示

① 《邓小平文选》（第 3 卷），人民出版社，1993，第 161 页。
② 《邓小平文选》（第 1 卷），人民出版社，1994，第 162 页。
③ 《邓小平文选》（第 1 卷），人民出版社，1994，第 163 页。
④ 《邓小平文选》（第 2 卷），人民出版社，1994，第 186 页。
⑤ 《邓小平文选》（第 2 卷），人民出版社，1994，第 206 页。

范力量，影响左邻右舍，带动其他地区、其他单位的人们向他们学习。这样，就会使整个国民经济不断地波浪式地向前发展，使全国各族人民都能比较快地富裕起来。当然，在西北、西南和其他一些地区，那里的生产和群众生活还很困难，国家应当从各方面给以帮助，特别要从物质上给以有力的支持。这是一个大政策，一个能够影响和带动整个国民经济的政策，建议同志们认真加以考虑和研究。"[①] 他把反对大汉族主义和地方民族主义作为加强民族团结的重要先决条件。邓小平在 1979 年 9 月 1 日听取第十四次全国统一战线工作会议情况汇报时指出："民族工作确有很多问题要提起注意。当前是如何加强民族团结，反对大汉族主义和地方民族主义，重点是反对大汉族主义。有些少数民族中也有大民族主义。"[②] 要树立汉族和少数民族"两个离不开"的民族团结观念。

3. 关于民族区域自治的理论

民族区域自治制度是党和国家解决民族问题的重要政治制度。邓小平在总结我国社会主义革命和建设经验时进一步指出："解决民族问题，中国采取的不是民族共和国联邦的制度，而是民族区域自治的制度。我们认为这个制度比较好，适合中国的情况。"[③] 然而民族区域自治制度在"文化大革命"时期遭到了严重破坏，邓小平在拨乱反正的过程中，使民族区域自治制度重新得到落实，尤其强调要"真正实行民族区域自治"，一是通过加强社会主义民主和完善民族区域自治法治建设，保障民族自治地方的自治机关充分行使法定的自治权。"要使我们的宪法更加完

---

① 《邓小平文选》（第 2 卷），人民出版社，1994，第 152 页。
② 中共中央统一战线工作部、中共中央文献研究室编《邓小平论统一战线》，中央文献出版社，1991，第 161 页。
③ 《邓小平文选》（第 3 卷），人民出版社，1993，第 257 页。

备、周密、准确，能够切实保证人民真正享有管理国家各级组织和各项企业事业的权力，享有充分的公民权利，要使各少数民族聚居的地方真正实行民族区域自治。"① 1984 年 5 月《中华人民共和国民族区域自治法》（以下简称《民族区域自治法》）的颁布实施，是我国民族区域自治步入法治化轨道的一个重要标志，也是邓小平同志在推进民族关系协调制度化中的伟大贡献。二是要诚心诚意地积极帮助少数民族进行经济建设和文化建设。"实行民族区域自治，不把经济搞好，那个自治就是空的。少数民族是想在区域自治里面得到些好处，一系列的经济问题不解决，就会出乱子。"② "要在少数民族地区研究出另外一套政策，诚心诚意地为少数民族服务。"③ 三是强调干部问题具有极端重要性，少数民族地区工作能不能搞好，关键是干部问题。早在 1950 年邓小平就指出：我们派往少数民族地区的干部要少而精，不在数量而在质量。他们要懂得民族政策，真正想把少数民族工作做好。1981 年 8 月 16 日邓小平与时任新疆维吾尔自治区党委第二书记、中国人民解放军乌鲁木齐军区政治委员谷景生谈话时指出：对思想作风正派，坚决维护祖国统一和民族团结，又有突出工作表现和一定资历的同志要大胆提拔上来，甚至放到很高的领导位置上。

4. 关于民族发展和共同繁荣的理论

邓小平民族理论的中心内容就是发展民族地区经济，促进各民族人民共同繁荣。邓小平把实现各民族共同富裕和繁荣看成是社会主义的本质要求。"加速现代化建设，促进各民族共同繁荣"，是邓小平民族理论的一个重要观点。邓小平指出发展才是

---

① 《邓小平文选》（第 2 卷），人民出版社，1994，第 339 页。
② 《邓小平文选》（第 1 卷），人民出版社，1994，第 167 页。
③ 《邓小平文选》（第 1 卷），人民出版社，1994，第 167 页。

硬道理，判断改革成败的"三个有利于"的标准中的第一个标准就是生产力标准，把这些运用到民族地区，邓小平提出了用生产力发展与否来衡量民族地区发展的"两个怎么样"标准。"西藏是人口很稀少的地区，地方大得很，单靠二百万藏族同胞去建设是不够的，汉人去帮助他们没有什么坏处。如果以在西藏有多少汉人来判断中国的民族政策和西藏问题，不会得出正确的结论。关键是看怎样对西藏人民有利，怎样才能使西藏很快发展起来。"① 这"两个怎么样"就是指出发展是衡量民族地区工作得失成败的客观标准，看待这样的问题要着重于实质，而不在于形式。不是看那个地区哪个民族人口多少，主要是看那个地方能不能发展起来，人民是否幸福。邓小平关于民族发展思想，把民族发展与实现少数民族地区现代化，实现各民族共同繁荣联系起来，开创了新时期民族工作的新局面。此外，邓小平还强调了少数民族干部的重要性，"团结各民族于祖国大家庭的中心关键，是在于各民族都有一批热爱祖国，并能联系群众的干部"②。

总体来看，邓小平从当时的中国民族实际出发，实事求是地提出了一套行之有效的解决中国民族问题的理论与政策，形成了具有鲜明时代特色的邓小平民族关系理论，为我们做好新时期的民族工作，促进各民族共同繁荣发展指明了方向，为中国特色社会主义民族关系理论奠定了坚实的理论基础。

（二）以江泽民同志为核心的中国共产党第三代领导集体的民族关系理论

20世纪90年代，面对的世情国情党情，党的第三代领导集

---

① 《邓小平文选》（第3卷），人民出版社，1994，第246~247页。
② 张汉城主编《西南民族学院院史》，四川民族出版社，1991，第14页。

体带领全国各族人民共同奋斗，结合中国民族关系发展的现实，在继承和发展马克思主义、毛泽东思想、邓小平理论的民族关系理论的基础上，开展了一系列的致力于民族平等、民族团结、各民族共同繁荣发展的工作，形成了一套系统完整的适应新时期的民族关系理论。

1."三个离不开"的思想

党的第三代领导集体高度重视民族问题，江泽民同志在1992年1月中央民族工作会议上的重要讲话中指出，"处理好民族问题，做好民族工作，是涉及全局的大问题。从中央到地方，各级党委和政府，都要把民族工作切实管起来"①。在深入民族地区考察调研的基础上，依据中国民族关系的历史与现状提出了"三个离不开"思想，即"汉族离不开少数民族，少数民族离不开汉族，各少数民族之间也相互离不开"，从中我们可以看出包括两层含义，一方面汉族与少数民族互相离不开；另一方面各少数民族之间，谁也离不开谁。

"三个离不开"的思想是对党的"两个离不开"思想的丰富和发展。毛泽东在《论十大关系》一文中最初提出了"两个离不开"的思想，"对于汉族与少数民族的关系，我们的政策是比较稳当的"，"我们必须搞好汉族和少数民族的关系，巩固各民族的团结，来共同努力于建设伟大的社会主义祖国"②。1981年7月16日，在中共中央关于转发《中央书记处讨论新疆工作问题的纪要》的通知中指出："在处理汉族同少数民族及各少数民族之间的关系问题时，一定要非常慎重。新疆的汉族干部要确立这样一个正确观点，即离开了少数民族干部，新疆各项工作搞不

① 《江泽民文选》（第1卷），人民出版社，2006，第192页。
② 《毛泽东选集》（第5卷），人民出版社，1977，第277~278页。

好；新疆的少数民族干部也要确立这样一个正确观点，即离开了汉族干部，新疆各项工作也搞不好。"① 同年 10 月中央领导进一步指出："我们中央书记处最近讨论新疆民族问题，有一个观点：汉族和少数民族的关系是，汉族离开少数民族不行，少数民族离开汉族也不行。这个关系是相互依存、相互帮助的关系，谁也离不开谁。"② 这是中央领导集体较早对"两个离不开"的系统论述。

党的第三代领导集体丰富和发展了"两个离不开"思想，提出了"三个离不开"的思想。1990 年 9 月，江泽民同志在新疆考察工作时明确指出："我们伟大的中华民族，是由五十六个民族构成的，在我们祖国的大家庭里，各民族之间的关系是社会主义的新型民族关系，汉族离不开少数民族，少数民族离不开汉族，少数民族之间也相互离不开。"③ 1994 年 7 月，他在第三次西藏工作座谈会上又指出："随着商品生产的发展和社会主义市场经济体制的建立，藏族内部、藏族同汉族及其他民族之间的交流和合作必然越来越多。藏汉民族以及与其他民族相互帮助、相互依存、共同进步，谁也离不开谁的关系必然日益增强。这是经济社会发展和民族进步的客观需要和必然趋势，我们应该欢迎并促进这种趋势。"④ 在 1999 年 9 月召开的中央民族工作会议上，江泽民同志明确要求，坚持在全社会开展民族团结进步的宣传教育，使广大人民群众牢固树立汉族离不开少数民族，少数民族离不开汉族，各少数民族之间也相互离不开的思想。尤其要注意在

① 国家民族事务委员会、中共中央文献研究室编《新时期民族工作文献选编》，中央文献出版社，1990，第 148～149 页。

② 董立人：《"三个离不开"思想是民族团结之本》，《中国民族报》2009 年 7 月 24 日。

③ 《中国共产党主要领导人论民族问题》，民族出版社，1994，第 237～238 页。

④ 《江泽民文选》（第 1 卷），人民出版社，2006，第 396 页。

各族青少年中开展这方面的教育工作，让我国各民族大团结的优良传统代代相传。"三个离不开"的思想是对民族关系的新概括，对于促进民族团结、维护祖国统一、协调民族关系，都有着极其重要的现实意义。

2. 坚持和维护民族平等和民族团结，实施各民族共同繁荣的战略

中国共产党第三代领导集体一贯坚持民族平等的原则，高举民族团结的旗帜，丰富和发展了马克思主义民族平等和民族团结理论。江泽民同志在 1990 年新疆考察期间，谈到马克思主义民族观时指出："第一，各民族不分大小、历史长短、发育阶段高低，都应该一律平等，包括政治上的平等权利，发展经济文化的平等权利，语言文字的平等地位。还包括尊重各民族的宗教信仰和风俗习惯等。坚决反对任何民族歧视，反对大民族主义和狭隘民族主义。第二，各民族没有高低优劣之分，每个民族所以能够作为一个民族而长期生息繁衍，都有自己生存发展的能力、优点和特点。"[1] 这段话精辟地概括了民族平等的核心，深刻指出了民族平等的根本缘由，明确指出了实现民族平等的基本前提，从而丰富了马克思主义民族平等的基本含义。

面对 20 世纪 90 年代初复杂的国内国际形势，中国共产党第三代领导集体把民族团结工作摆在了更加重要的位置，把民族关系提高到社会稳定、国家统一、边疆巩固等高度来认识，突出强调民族团结的重要性。江泽民同志指出："要维护社会稳定，就要增强民族团结和各个方面的团结。团结就是力量，团结才能胜利。不团结，就会涣散内耗，容易被国外敌对势力所利用，造成严重后果……按照党的民族政策和《民族区域自治法》，正确处理好民族关系，不断增强民族团结，是任何时

① 《中国共产党主要领导人论民族问题》，民族出版社，1994，第 238 页。

候都必须高度重视的大问题，不可丝毫的松懈和忽视。"① 为了加强民族工作，促进民族平等团结的发展，在中国共产党第三代领导集体的领导下，1992 年、1999 年分别召开了中央民族工作会议，1994 年、1999 年分别召开了国务院全国民族团结进步表彰大会，都强调民族团结与共同繁荣，维护祖国统一和社会稳定的重要性。正如江泽民同志在庆祝建党 80 周年大会上的讲话中指出的那样："我们彻底结束了旧中国一盘散沙的局面，实现了国家的高度统一和各民族的空前团结。我们废除了西方列强强加的不平等条约和帝国主义在中国的一切特权。封建式的割据局面在中国大地上也一去不复返了。五十六个民族同呼吸、共命运、心连心，形成了平等、团结、互助的社会主义民族关系。各政党各人民团体团结一心、同舟共济。全体社会主义劳动者，拥护社会主义的爱国者和拥护祖国统一的爱国者，为了祖国的统一和繁荣结成最广泛的爱国统一战线。香港、澳门胜利回归祖国，实现了全民族的夙愿。"②

3. 坚持和完善民族区域自治制度

在改革开放和现代化建设的重要历史时期，面对复杂的国际国内形势，中国共产党第三代领导集体在毛泽东、邓小平关于民族区域自治制度的理论基础上，进一步赋予了其新的内涵。1997年，在中国共产党第十五次全国代表大会上的报告中，江泽民同志首次把民族区域自治制度与人民代表大会制度和中国共产党领导的多党合作和政治协商制度一起确立为我国的三项基本政治制度，突出了民族区域自治制度在国家政治体制中的重要地位，体现了理论和制度的创新。2001 年修订的《中华人民共和国民族

① 《中国共产党主要领导人论民族问题》，民族出版社，1994，第 237 页。
② 《江泽民文选》（第 3 卷），人民出版社，2006，第 268 页。

区域自治法》，再次以法律形式确定了民族区域自治制度在国家政治体制中的重要地位和作用。以江泽民同志为核心的党中央十分关心和重视少数民族干部的培养选拔工作，将其视为发展和完善民族区域自治制度，促进少数民族和民族地区经济社会发展，正确解决我国民族问题的关键。1992年，江泽民同志在中央民族工作会议上着重指出："完善民族区域自治制度、全面贯彻落实民族区域自治法，关键在于大力培养少数民族干部，加强民族地区的干部队伍建设。"① 在1999年召开的中央民族工作会议上，江泽民同志再次强调了坚持和完善民族区域自治制度，大力培养少数民族干部的问题，指出：民族区域自治，是我国的一项基本政治制度，它把国家的集中统一领导与少数民族聚居区的区域自治紧密结合起来，具有强大的政治生命力，我们要始终不渝地坚持并不断加以完善。要进一步加强对少数民族干部的培养。各级党委和政府要满腔热情地关心少数民族干部队伍的建设，按照干部队伍的"四化"方针和德才兼备的原则，制订培养计划，积极选拔优秀中青年少数民族干部进入各级领导班子，尤其要重视高、中级领导干部的培养和选拔。②

4. 加快民族地区的经济发展和社会进步

加快少数民族地区经济发展和社会进步，对于增强民族团结，促进全国的现代化建设，具有极为重要的意义。民族地区存在的矛盾和问题，归根到底要靠发展经济来解决。中国共产党第三代领导集体高度重视少数民族和民族地区的经济发展，始终把它放在民族工作的核心地位。1992年1月14日，江泽民同志在中央民族工作会议上讲话时指出："少数民族和民族地区的经济

---

① 《江泽民文选》（第1卷），人民出版社，2006，第188页。
② 江泽民：《在中央民族工作会议暨国务院第三次全国民族团结进步表彰大会上的讲话》，《人民日报》1999年9月30日。

社会发展，直接关系到我国整个现代化建设目标的顺利实现。民族地区的现代化同全国其他地区的现代化，少数民族的振兴同整个中华民族的振兴，是密不可分、互相促进的。推动各民族发展进步和共同繁荣不仅是个经济问题，而且是个政治问题。"① 在新的历史时期，搞好民族工作，增强民族团结的核心问题，就是要积极创造条件，加快发展少数民族和民族地区的经济文化等各项事业，促进各民族的共同繁荣。这既是少数民族和民族地区人民群众的迫切要求，也是我们社会主义民族政策的根本原则。因此，"努力缩小历史遗留的这种差距，在社会主义现代化建设的过程中逐步实现各民族的共同富裕和共同繁荣"②。牢牢把握住改革、发展、稳定这个决定少数民族和民族地区能否实现现代化建设目标的大局，在西部大开发进程中，促进少数民族地区全面协调跨越式发展。"实施西部大开发战略，关系全国发展的大局，关系民族团结和边疆稳定。要打好基础，扎实推进，重点抓好基础设施和生态环境建设，争取十年内取得突破性进展。"③

（三）以胡锦涛同志为总书记的党中央领导集体的民族关系理论

党的十六大以来，以胡锦涛同志为总书记的党中央领导集体高度重视党的民族工作和社会主义新型民族关系的构建，尤其是在全面树立科学发展观、构建社会主义和谐社会的大战略下，发展了中国共产党的民族关系理论，形成了新时期的社会主义民族关系思想。

---

① 《中国共产党主要领导人论民族问题》，民族出版社，1994，第250页。
② 国家民族事务委员会、中共中央文献研究室编《新时期民族工作文献选编》，中央文献出版社，1990，第443页。
③ 《江泽民文选》（第3卷），人民出版社，2006，第547页。

1. 巩固和发展社会主义民族关系

2005 年胡锦涛同志在中央民族工作会议上讲话指出："民族问题始终是我们建设中国特色社会主义必须处理好的一个重大问题"，"民族工作始终是关系党和人民事业发展全局的一项重大工作"。"今天，我国各民族平等、团结、互助、和谐的社会主义民族关系不断巩固，各族人民共同当家作主、管理国家事务"。① 这是以胡锦涛同志为总书记的党中央首次明确将我国社会主义民族关系概括为"平等、团结、互助、和谐"八个大字。在 2006 年10 月 11 日党的十六届中央委员会第六次全体会议上通过的《中共中央关于构建社会主义和谐社会若干重大问题的决定》中，进一步指出要构建社会主义和谐社会就必须"认真贯彻落实党的民族政策，牢牢把握各民族共同团结奋斗、共同繁荣发展的主题，广泛开展民族团结进步活动，巩固和发展平等、团结、互助、和谐的社会主义民族关系，使各族人民和睦相处、和衷共济、和谐发展"②。在平等、团结、互助、和谐的社会主义民族关系的内涵中，平等是社会主义民族关系的基石，团结是社会主义民族关系的主线，互助是社会主义民族关系的保障，和谐是社会主义民族关系的本质，为我国民族关系的发展指明了方向。

2. 牢牢把握各民族共同团结奋斗、共同繁荣发展的主题

2003 年 3 月，胡锦涛同志在参加全国政协十届一次会议少数民族界委员联组讨论会时发表重要讲话，明确指出："共同团结奋斗，共同繁荣发展，这就是我们新世纪新阶段民族工作的主

①　本书编写组编著《指导新时期民族工作的纲领性文献——深入学习胡锦涛同志在中央民族工作会议上的重要讲话》，人民出版社，2005，第 2 页。

②　《中共中央关于构建社会主义和谐社会若干重大问题的决定》，人民出版社，2006，第 33 页。

题。"① 2005 年在中央民族工作会议暨国务院第四次全国民族团结进步表彰大会上，胡锦涛同志再次强调，新世纪新阶段的民族工作必须把各民族团结奋斗、共同繁荣发展作为主题。明确指出："正确认识和把握新形势下的民族问题，切实做好民族工作，加快少数民族和民族地区经济发展，促进各民族共同繁荣发展，是全面建设小康社会、加快推进社会主义现代化的必然要求，是巩固和发展全国各族人民的大团结、确保党和国家长治久安的必然要求。"② "祖国统一是各族人民的最高利益，民族团结是祖国统一的重要保证。历史和现实都表明：国家统一、民族团结，则政通人和、百业兴旺；国家分裂、民族纷争，则丧权辱国、人民遭殃。我们必须进一步巩固全国各族人民的大团结，增强中华民族的凝聚力，为全面建设小康社会、实现国家长治久安提供强有力的保证。"③ 胡锦涛同志在第五次全国民族团结进步表彰大会上，将维护民族团结、维护社会稳定、维护祖国统一作为新时期民族工作的重要任务，并动员一切力量为实现这一目标自觉行动。妥善处理影响民族团结的问题是一项政治性、政策性很强的工作，必须高度重视、慎重对待。

这一主题体现了我国社会主义制度的优越性，反映了全国各族人民的共同意志，符合全国各族人民的利益。深刻揭示了全面建设小康社会和民族工作的内在联系，明确提出了做好民族工作的总体要求。共同团结奋斗，就是要把全国各族人民的智慧和力

---

① 国家民族事务委员会、中共中央文献研究室编《民族工作文献选编（二〇〇三——二〇〇九年）》，中央文献出版社，2010，第 2~3 页。

② 国家民族事务委员会、中共中央文献研究室编《民族工作文献选编（二〇〇三——二〇〇九年）》，中央文献出版社，2010，第 70 页。

③ 国家民族事务委员会、中共中央文献研究室编《民族工作文献选编（二〇〇三——二〇〇九年）》，中央文献出版社，2010，第 79~80 页。

量凝聚到全面建设小康社会上来，凝聚到建设中国特色社会主义事业上来，凝聚到中华民族伟大复兴上来。共同繁荣发展，就是要牢固树立和全面落实科学发展观，切实抓好发展这个党执政兴国的第一要务，千方百计加快少数民族和民族地区社会发展，不断提高各族群众的生活水平。二者的关系在于，共同团结奋斗是各族人民共同繁荣的强大动力和条件，而共同繁荣则反过来促进民族团结。只要我们牢牢把握和落实这个主题，对做好新时期民族工作，开创民族团结进步事业，全面建设小康社会，实现中华民族伟大复兴，将具有重要的指导意义。

3. 坚持和完善民族区域自治制度

在我国，要完成全面建设小康社会的历史任务，应对复杂多变的国际局势，就必须坚持和完善民族区域自治制度。胡锦涛同志在 2005 年中央民族工作会议上指出："在国家统一领导下实行民族区域自治，体现了国家尊重和保障少数民族自主管理本民族内部事务的权利，体现了民族平等、民族团结、各民族共同繁荣发展的原则，体现了民族因素与区域因素、政治因素与经济因素、历史因素与现实因素的统一。实践证明，这一制度符合我国国情和各族人民的根本利益，具有强大的生命力。民族区域自治，作为党解决我国民族问题的一条基本经验不容置疑，作为我国的一项基本政治制度不容动摇，作为我国社会主义的一大政治优势不容削弱。"①"三个不容"充分表明了我们党坚持和完善民族区域自治制度的鲜明态度和坚定决心。为了进一步坚持和完善民族区域自治制度，2005 年 5 月，国务院第 89 次常务会议通过并公布了《国务院实施〈中华人民共和国民族区域自治法〉若

---

① 本书编写组编著《指导新时期民族工作的纲领性文献——深入学习胡锦涛同志在中央民族工作会议上的重要讲话》，人民出版社，2005，第 16~17 页。

干规定》，这是《民族区域自治法》颁布以来，国务院制定的第一个配套行政法规，是坚持和完善民族区域自治制度的重大举措。要求必须大力加强《民族区域自治法》的学习、宣传、教育，巩固社会主义民族关系。同时，还要花大力气继续抓好民族地区人力资源开发和少数民族干部队伍建设，为坚持和完善民族区域自治制度不断培育和增加新的有生力量。

4. 以科学发展观为统领，加快少数民族和民族地区经济社会发展

胡锦涛同志指出：发展是党执政兴国的第一要务，是解决中国所有问题的关键，也是解决民族地区困难和问题的关键。加快少数民族和民族地区经济社会发展，是各族群众的迫切要求，也是现阶段解决民族问题的根本途径。在 2005 年的中央民族工作会议上，胡锦涛强调："加快少数民族和民族地区经济社会发展，关键要坚持以科学发展观统领经济社会发展全局，科学确定发展思路和发展目标。"① 要抓住民族地区发展的重要战略机遇期，实现民族地区跨越式发展，必须全面树立科学发展观，贯彻"五个统筹"的要求，即要按照统筹城乡发展、统筹区域发展、统筹经济社会发展、统筹人与自然和谐发展、统筹国内发展和对外开放的要求，推进民族地区经济社会的全面协调可持续发展。贯彻"五个统筹"的总体要求是，要坚持因地制宜，从少数民族和民族地区的实际出发，走出一条具有本地特色的加快发展的新路子，努力实现生产发展、生活富裕、生态良好。要实现这个目标，胡锦涛同志认为：第一，要重视农村基础设施的改善，推动民族地区经济结构调整和经济增长方式转变，发展特色经济和优势产业；第二，要深化改革，扩大开放，培养新的经济

---

① 《胡锦涛文选》（第 2 卷），人民出版社，2016，第 317 页。

增长点；第三，大力支持民族地区的教育、科技、文化事业，提高各族群众的思想道德素质和科学文化素质；第四，加大对公共卫生和医疗服务体系的支持；第五，突出抓好民族地区扶贫开发工作，坚持开发式扶贫；第六，加强生态建设和环境保护，搞好综合治理。

5. 加强和改善党对民族工作的领导

胡锦涛同志在《中央民族工作会议暨国务院第四次全国民族团结进步表彰大会上的讲话》的第三部分指出："党的领导是做好民族工作的根本保证。正确处理民族问题，切实做好民族工作，是加强党的执政能力建设的重要内容。各级党委都要按照中央的要求，进一步加强和改善对民族工作的领导。"在这次讲话中，他还进一步提到了加强和改善党的领导的具体措施。第一，加强领导，落实责任。要全面贯彻落实党的民族政策，要建立健全民族工作领导体制和工作机制，形成党委统一领导，有关部门各司其职、密切配合、通力协作的工作格局。第二，加强学习，深入调研。各级领导干部要认真学习马克思主义民族理论，认真学习贯彻党的民族理论和民族政策，认真学习和遵守国家民族法律法规，不断提高驾驭民族问题、解决民族问题的能力。还要针对遇到的新情况新问题，深入开展调查研究。第三，夯实基础，健全组织。大力加强民族地区党的建设，尤其是基层组织的建设，基层组织是党和国家全部工作的基础，必须落实到加强基层组织建设上来。第四，转变作风，狠抓落实。做好民族工作，加快少数民族地区的发展，关键是各级干部要大力弘扬求真务实精神，埋头苦干，真正做到为民、务实、清廉。

（四）习近平总书记关于新时代民族关系的理论

党的十八大以来，以习近平同志为核心的党中央非常重视民族工作，强调民族工作关乎大局，坚定不移地贯彻党的民族政策，坚持中国特色社会主义处理民族问题的正确道路，对我国的民族关系作出了重要的理论创新，提出了一系列关于推动民族关系协调发展的新思想、新理念，大大促进了民族团结和民族平等，从而形成了习近平总书记关于新时代民族关系的重要理论。

1. 关于中华民族的重要论述

中国共产党的中华民族观是祖国统一的多民族国家建构的理论前提，是中国共产党制定和实施民族政策、增强团结意识、促进祖国统一、带领全国人民实现中华民族伟大复兴的思想基础。习近平总书记继承党的理论创新的优良传统，对中华民族进行了全面系统的阐述，提出了一系列新思想、新观点、新论断，形成了完整的"中华民族"理论体系。

中华人民共和国是全国各族人民共同缔造的统一的多民族国家，这是我国宪法对基本国情的概括。2014年9月习近平总书记在中央民族工作会议上对这一国情进行了深刻阐述。首次提出"多民族是我国的一大特色，也是我国发展的一大有利因素"[1]，还分别从经济维度、生态维度、文化维度、政治维度、社会维度对中华民族大家庭的"家底"进行了全新概括："民族地区是我国的资源富集区、水系源头区、生态屏障区、文化特色区、边疆地区、贫困地区。"[2] 这一"盘点"，既阐述了民族工作的重要性和民族地区的发展优势，也指明了民族地区工作的难点和着力点。而且进一步指出："中华民族和各民族的关系，形象地说，是一个大家庭和家庭成员的关系，各民族的关系是一个大家庭里不同成员的关系。强调各个民族是多元，中华民族是一体；一体

---

[1] 《习近平谈治国理政》（第2卷），外文出版社，2017，第299页。

[2] 国家民族事务委员会编《中央民族工作会议精神学习辅导读本》（增订版），民族出版社，2019，第18页。

包含多元，多元组成一体；一体离不开多元，多元也离不开一体；一体是主线和方向，多元是要素和动力。"① 各民族共同开拓了祖国的锦绣河山、广袤疆域，共同书写了悠久的中国历史，共同创造了灿烂的中国文化，共同培育了伟大的民族精神。"我国历史演进的这个特点，造就了我国各民族在分布上的交错杂居、文化上的兼收并蓄、经济上的相互依存、情感上的相互亲近，形成了你中有我、我中有你，谁也离不开谁的多元一体格局。"②

这些全新的阐释，为中华民族发展进步指明了方向，也是我们研究新时代民族关系协调发展的重要理论前提。

2. 坚持和完善民族区域自治要做到"两个结合"

习近平总书记在中央民族工作会议上高度评价了民族区域自治制度的历史地位和作用，坚定地重申了坚持民族区域自治制度不动摇，并提出了坚持和完善民族区域自治制度，要着重坚持两个"结合"，即坚持统一和自治相结合、民族因素与区域因素相结合。坚持统一和自治相结合，强调了团结统一是国家最高利益，是各族人民的共同利益，是实行民族区域自治的前提和基础。没有国家的团结统一，就谈不上民族区域自治。坚持民族因素和区域因素相结合，就是说一方面是我国交错杂居的民族分布格局，另一方面是一个民族不仅可以在一个地方实行自治，成立自治区，而且可以分别在多个地方实行自治，成立自治州、自治县以及民族乡。因此，做到坚持"两个结合"，核心要义是把维护国家统一、民族团结放在第一位，将其视为民族区域自治实行的初衷、坚持的依据、完善的目标。

---

① 国家民族事务委员会编《中央民族工作会议精神学习辅导读本》（增订版），民族出版社，2019，第 247 页。

② 国家民族事务委员会编《中央民族工作会议精神学习辅导读本》（增订版），民族出版社，2019，第 22 页。

3. 加强中华民族大团结，促进各民族和睦相处、和衷共济、和谐发展

民族团结是关乎国家长治久安、社会稳定、繁荣发展的重要保证，是我国各族人民的生命线。这是习近平总书记在 2014年中央民族工作会议上从总体上对民族团结的新论断。同时，他还具体地从多方面对民族团结提出了许多新理念、新认识。一是"三和"是我国民族关系的主流。"三和"是指和睦相处、和衷共济、和谐发展。"三和"的首次提出是在 2005 年中央民族工作会议上，后来被多次写入党代会报告等中央重要文献，而将"三和"定为民族关系的主流，这还是第一次，为我们认清民族关系的历史和现实，把握未来形势的动态和方向提供了行动指南。二是做好民族工作，最关键的是搞好民族团结，最管用的是争取人心。民族工作说到底，就是做人的工作。民族团结的主体是各族群众，说到底是人与人之间的团结。抓不住人心，就搞不好民族团结、做不好民族工作。做好民族团结工作，要重在交心，将心比心、以心换心，落实到具体工作就是要把各族群众满意不满意、高兴不高兴、答应不答应作为民族工作的出发点和落脚点。① 三是促进"三交"，有利于加强民族团结。"三交"就是各民族交往交流交融。促进各民族交往交流交融，关键是正确认识交融、切实尊重差异、逐步缩小差距。同时还要反对两种倾向，即反对"同化论"和"固化论"；还要把网络建成各民族交往交流交融的新平台。四是全面深入持久地开展民族团结进步创建活动。开展民族团结进步创建活动是加强民族团结、巩固和发展社会主义民族关系的好形式。团

---

① 国家民族事务委员会编《中央民族工作会议精神学习辅导读本》（增订版），民族出版社，2019，第 81~82 页。

结的民族关系不是与生俱来的，必须积极建设、积极促进，团结的民族关系也不是一劳永逸的，必须不断巩固和发展。① 五是搞好民族团结宣传教育，注重人文化、大众化、实体化。引导各族群众牢固树立正确的祖国观、历史观、民族观，牢固树立国家意识、公民意识、中华民族共同体意识，像爱护自己的眼睛一样爱护民族团结，像珍视自己的生命一样珍视民族团结，坚决反对一切不利于民族团结的言行。六是要用法律来保障民族团结。利用法治巩固平等、团结、互助、和谐的社会主义民族关系，推进民族团结进步事业不断繁荣发展。七是要坚决反对大汉族主义和狭隘民族主义。它们都是民族团结的大敌。②

4. 构筑中华民族共有精神家园，铸牢中华民族共同体意识

习近平总书记指出：推动民族工作的有序开展，既要依靠物质力量，也要依靠精神力量；解决好民族问题，既要解决好物质方面的问题，也要解决好精神方面的问题。哪一方面的问题解决不好都会出问题。在当前的发展阶段，坚持推进"五个认同"教育，即对伟大祖国、中华民族、中华文化、中国共产党、中国特色社会主义的认同，这是解决精神方面问题的一项关键工作。"五个认同"的基础，是增强对中华文化的认同。文化认同是最深层次的认同，文化认同问题解决了，对伟大祖国、对中华民族、对中国共产党、对中国特色社会主义的认同才能巩固。而文化认同的基础是社会主义核心价值观，决定着我们建设中华民族共有精神家园的内涵与方向。讲文化认同，最核心、最关键的就是要增进各族群众对社会主义核心价值观的认同；讲构筑中华民

① 国家民族事务委员会编《中央民族工作会议精神学习辅导读本》（增订版），民族出版社，2019，第88~89页。
② 国家民族事务委员会编《中央民族工作会议精神学习辅导读本》（增订版），民族出版社，2019，第91~92页。

族共有精神家园，最根本、最重要的是建设社会主义核心价值体系。因此"五个认同"是维护国家统一的重要思想基础，也是铸牢所有公民中华民族共同体意识的前提条件。要树立牢固的中华民族共同体意识，就必须加强公民意识和国家意识的建设，坚持推进"五个认同"教育。只有这样，才能更加巩固和加深中华民族共同体意识，让中华民族共同体意识根植于每一个人、每一个民族的骨髓之中。也只有铸牢中华民族共同体意识，才能增进各民族对中华民族的自觉认同，夯实我国民族关系发展的思想基础。

5. 加强民族地区发展，促进各民族共同繁荣

积极创造条件，千方百计加快少数民族和民族地区经济发展，促进各民族共同奋斗、共同繁荣发展，这是中央坚定不移的方针。逐步扭转民族地区发展差距扩大的趋势，不仅是重大的经济问题，也是重大的政治问题。如果民族地区发展差距持续拉大的趋势长期得不到根本扭转，就会造成心理失衡，乃至民族关系、地区关系失衡。加快民族地区发展是我国实现平衡发展、可持续发展的重要基础和保障。因此，必须充分认识加快民族地区发展的极端重要性，把发展的着力点和落脚点放在促进民族团结、改善民生上，落实到增进团结上，实现以人为本、全面协调可持续发展，推动民族地区参与式、包容式、融合式发展。通过经济社会发展促进民族团结、改善民生，更多地关注就业、教育、环境保护、扶贫开发、基础设施建设等问题，解决好各民族群众最关心、最直接、最现实的生存生活问题，让各族群众共享改革发展成果。

6. 做好民族工作关键在党

做好民族工作关键在党、关键在人。民族工作能不能做好，最根本的一条是党的领导是不是坚强有力。只要我们牢牢坚持中国共产党的领导，就没有任何政治势力可以挑拨我们的民族关

系，我们的民族团结统一在政治上就有充分保障。① 在新的历史条件下，必须加强和改善党对民族工作的领导。一是要从政治上把握民族关系，看待民族问题，把握好民族工作中的政治方向和政策尺度。二是要用好干部，要建设一支政治上强、能力上强、作风上强的高素质干部队伍，突出政治过硬、对党忠诚，在大是大非面前立场特别清醒，维护民族团结立场特别坚定，热爱各族群众感情特别真诚。要大力选拔对党忠诚、关键时刻敢于发声亮剑、有较强群众工作能力和应对突发事件、驾驭复杂局面能力的干部。大力培养、大胆选拔、充分信任，放手使用少数民族干部。三是要加强民族地区基层党组织建设。要抓基层、打基础，努力把基层党组织建设成为服务群众、维护稳定、反对分裂的坚强战斗堡垒，让党的旗帜在每一个基层阵地上都高高飘扬起来。四是要完善党委领导下的多方参与的民族工作格局。

① 国家民族事务委员会编《中央民族工作会议精神学习辅导读本》（增订版），民族出版社，2019，第229页。

第三章　中国民族关系协调发展的历史与现实基础

民族关系在中国历史上占有十分重要的地位，任何一个有作为的政治家都十分注重和妥善处理民族关系，在处理民族问题过程中积累了丰富的实践经验，每一个后来的执政者都可以从其中汲取营养，这对我们正确处理当今的民族关系仍有一定的借鉴和启示意义。

第一节　历史基础：传统民族关系的调控与变迁

从中国古代历史来看，许多政治家和思想家都对历史和现实的民族关系做过深入思考与深刻阐述，留下了许多值得我们重视和借鉴的经验或教训。我们对历史上大量的、复杂的民族关系问题进行全面的分析和梳理，是十分必要的。中国历史上的民族关系是一幅波澜壮阔的"美景"，汉族与少数民族生息在共同的地域中，并在历史岁月中不断地彼此融合，这是中国自古以来逐渐形成的民族关系格局。

一　王朝国家协调民族关系的主要方式

中国作为一个多民族国家，历代王朝对少数民族的政策早已有之。"羁縻"政策、怀柔政策、戍疆政策、因俗而治等，很大程度上是中央王朝针对多民族国家的状况而实行的有效管辖政策。民族治理的政策在中国古代、近代和现当代不是完全断裂的。根据少数民族的存在状况实行特殊的管辖制度，其主要目的在于国家统一和地方秩序的维护。"多民族"，在中国疆域发展的每一个时期都有不同的具体内容，今天是指我国的 56 个民族，但是在中国历史上则包括北部以游牧业为生活主业的草原民族。在古代民族关系动态协调的漫长过程中，历代封建王朝按照"因俗而治"的原则，通过政治上的"羁縻"政策、土司制度、土流合治等，经济上的"互市"或"贡纳与赏赐"等，文化上的"和亲"等政策来协调各民族之间的关系。"我国各民族之间既有矛盾斗争，又相互联系和日益接近；既有各自的民族特点，又日益形成着它们间在经济、政治、文化上的共同点；既分别存在和建立过不同的国家政权，又日益趋向于政治的统一和建立统一的国家。"[1] 总体来看，中国古代协调民族关系的方式，主要有以下几个方面。[2]

（一）制定"羁縻"政策协调各民族关系

历代王朝为了维护和巩固其统治地位，都制定了相应的民族政策。如夏商周三代的要服荒服政策，春秋战国时期的攘夷政策，两汉时期的属国制，汉唐时期的羁縻府州制，唐宋时期的"五管"制，元明时的土官土司制，明清时的改土归流制，等等。这些政策名目尽管繁多，但基本上脱离不了羁縻统治的底色，可以用"民族羁縻统治政策"来统称。[3]

---

① 翁独健：《中国民族关系史纲要》（上），中国社会科学出版社，2005，第3~4页。
② 周竞红：《中国古代民族关系调整管窥》，《中央民族大学学报》（哲学社会科学版）2003年第6期。
③ 杨永俊：《我国古代民族羁縻统治政策的变迁及其原因探究》，《西北史地》1999年第2期。

《史记·司马相如传》中对"羁縻"有所解释,"羁"是马的笼头,"縻"是系牛的缰绳,其含义"言制四夷如牛马之受羁縻也"。以少数民族所在地划分地域,设立特殊的行政单位,任用少数民族首领"土管土吏",除了在政治上隶属中央王朝,经济上有朝贡的义务外,其余一切民族事务由少数民族首领自己管理。中国古代羁縻政策几乎贯穿于先秦、汉唐、元、明、清整个历史。主要体现在以下两个方面:一方面边疆各少数民族接受中央的册封,并定期向中央政权进贡;另一方面中央政权不直接参与各少数民族内部事务,承认各少数民族在政治上的自治权。具体来看,首先,先秦时期实行的是以要服与荒服为内容的民族政策,其突出特点是羁縻统治特点,这时期羁縻政策的两个基本点即"因其故俗而治之"的原则与民族一统原则;其次,秦汉在少数民族聚居的一些地区设置了"道"和"属国"二级的特殊行政单位,还在少数民族地区设置边郡边县,这些地区的少数民族获得了一定的自治权;再次,唐朝设置羁縻府州,即在不破坏国家统一的前提下,保持或基本保持少数民族地区的政治机构,承认其首领的政治地位和统治本民族的权力;最后,元、明、清三代在南方所实行的土官土司制与改土归流政策,已昭示着中国奴隶社会与封建社会所执行的民族羁縻统治的衰落。主要包括三个层次。(1)中央皇朝通过贡赐、互市、和亲、通使等措施保持与边疆少数民族的关系。这些民族间的经济、文化等互相交流的制度性设计,有利于加强中央王朝与边疆民族地区的联系。(2)以夷制夷与以治制夷。这是中央王朝对少数民族地区实行"因俗而治"的核心体现,它将少数民族地区视为"特殊区域",允许少数民族有限度自治,承认其首领的政治地位和统治本民族的权力。(3)土司制度。土司制度是统治者对西南少数民族地区所采取的一种特殊民族治理政策,是属国、羁縻州等特殊民族行政建置在元、明、清时期的一种延续。它的基本意思是任命边疆民族地区的本地人为"土官"或"土吏",朝廷委派的官员为"流官"。与羁縻政策相比,在土司制度下,中央对土司的控制力有所增强。土司由中央批准任命,大小不等,职务世袭,在领地内拥有高度的自治权力。当然,土司权力也受到制约。这种政策实质上是在政治上利用少数民族的首领进行统治,在经济上允许旧生产方式的存在,中央王朝满足于征收贡赋。

此外,清朝还在西藏实行政教合一制度,在蒙古族地区实行盟旗、王公制度,在新疆地区实行伯克制度,在景颇族地区实行"山官制度",等等,这些政策在一定程度上巩固了边疆统一。几乎历代中原王朝统治者都能从战略和国家长治久安的高度充分认识"羁縻之道"的重要意义。可见,以"因俗而治"为主要特征的传统羁縻政策,在中国古代几千年的历史发展过程中,对维护边疆的稳定和国家的统一与中央政权的巩固起了一定的作用。但是羁縻政策往往规定中央政权不参与少数民族的内部事务,结果使这些地区的经济文化得不到发展,长期处于停滞落后的状况。从长远来看,是不利于多民族国家民族关系的协调和发展的。

(二) 加强各民族间的交流与合作发展民族关系

历史上的中国,尽管中央王朝和边疆民族存在矛盾与冲突,但是无论是和平相处还是矛盾冲突,都没有阻断中央王朝和边疆民族地区之间的密切来往,各民族之间不仅在政治方面联系密切,而且在经济、文化上的交流和合作也日益频繁和密切。从中央王朝层面来看,有移民实边和屯垦、茶马互市等经济贸易往来。(1)移民实边和屯垦。移民实边政策可追溯到先秦。如战国初期的楚国,曾迁移贵族到边境开荒,发展边境经济,加强国防力量。秦始皇三十三年（公元前 214）曾"发诸尝逋亡人、赘婿、贾人略取陆梁地，为桂林、象郡、南海，以适遣戍"①。汉武帝时，为加强北方边防，公元前 119 年，一次就移民 70 余万口，充实北方诸郡，实行兵农结合，既减轻了国家的兵饷负担，又保证了边境的安全。由于采取了移民实边和屯田戍边的措施，汉代西北边境一带的经济文化得到了迅速发展。（2）茶马贸易。随着统一多民族国家的形成，这一特点集中体现在关市、纳贡等交往行为中。关市又称为边市或马市，起于秦汉，是中原民族与周边民族的贸易市场，主要以中原所产的金、钱、米、酒等交换匈奴的牛马等。到唐宋以后，茶马贸易成为一种制度。对汉族运输畜力的提供、养畜技术的提高以及茶叶等农产品的生产产生过重要的影响。与此同时，对周边民族而言同样满足了其对中原农产品和手工业产品的需求，并促进了其社会经济、文化的发展。

从民间的民族交往来看，各民族在日常生活中的互助、互惠、互利民间贸易等也是"剪不断"的。这是汉族与各民族人民经济联系的纽带，也是各族间相互依存彼此融合的重要经济基础。此外，民族之间精神文化方面的交流与合作也日益频繁，如自南北朝以后，儒、道、佛相互辩论的情况在唐朝便逐渐协调共存。隋唐以后，胡歌、胡乐、胡舞等流行于北方，对汉族的文学艺术影响颇大。音乐总是和舞蹈相联系的，汉族在接受周边民族音乐影响的同时，也接受了他们的民族舞蹈。隋唐以后汉族的宫廷音乐中就有很多周边民族的乐舞。在美术方面，且不说佛教对汉民族雕塑造型艺术的影响，单是绘画技法影响也很大。唐代著名画家吴道子、李思训就受到周边民族画风的影响。除此之外，在医药、天文历算等方面各民族文化相互之间也进一步加强交流

① 司马迁：《史记》卷 6《秦始皇本纪第六》，第47页。

与交融。总之，汉族与周边民族经济的互补和文化上的互动，促进了各民族之间的联系，这种联系是在经济发展和文化社会深度交流基础上全面互动的结果。

（三）民族自然交融不断协调民族关系

民族的交融是多民族国家的普遍现象，是历史发展的必然趋势。我国是一个统一的多民族国家，民族交融贯穿于中华民族几千年的历史当中。无论是大一统王朝还是分裂割据时期，各民族之间的交融没有中断过。

民族的自然交融是民族间经济、文化以及生活习惯密切联系的结果，是一个互渗的过程，在我国历史大量存在，且有两种具体的表现形式。一是落后民族在先进民族经济文化的强烈影响下，逐渐融合于先进民族，如我国匈奴族从后汉至南北朝的汉化，鲜卑族在南北朝时期的汉化，契丹、女真在辽、金、元时的汉化。二是先进民族的部分成员，由于某种原因置于落后民族群体中而融合于落后民族，如夏时的淳维，秦汉时的赵佗，南北朝时的桓诞，北齐时的高欢等。多民族交融主要通过以下方式。

首先，通过民族迁徙。在中国境内由于多民族的存在，找寻适合本民族生存条件的地方或因为环境的改变，民族迁徙即成为常态。如秦朝在征服越族后，迁徙 50 万中原人到珠江流域，与越族杂居。东汉初年，南匈奴迁到陕西、山西北部一带，与汉人杂居。魏晋以后，匈奴、鲜卑、羯、氐、羌等族大批内迁，他们在北方各地和汉族人民杂居相处。唐末，北方人民为避战乱，许多人迁到东北地区与契丹族杂居相处。元朝统一后，许多汉族人迁到边疆地区；边疆各族大批迁入中原和江南地区同汉族杂居。这一切都为民族交融创造了条件。

其次，通过战争。从历史上看，民族大融合时期多是历史上的战乱时期，战争规模越大，融合的规模和程度也就越大。在中国统一多民族国家建立过程中，民族之间的战争并不少见。以这种方式调整民族关系最大的特点就是破坏性强、破坏范围大，遗留问题多，对地缘性民族关系有根本的影响。

再次，通过各民族杂居、通婚。四五千年前，中华民族的人文始祖姜姓的炎帝族和姬姓的黄帝族就是两个世代通婚的近亲部落。姬姜两族通婚不仅在四五千年前化解了矛盾，实现了炎黄联合，统一了黄河流域，而且繁衍出了在中国古代历史上起了重大作用的创建了周代的周族。西汉时期的昭君出塞，唐代的文成公主进藏，是大家听熟知的历史上著名的和亲事件。中国古代的和亲政策发展到明清时期，特别是清代，主要表现为满蒙联姻。

此外，通过文化、政权之间的和好、联合斗争等形式也在一定程度上实现民族融合。中华各民族相互交融的类型主要有三种类型：（1）少数民族融入汉族。（2）汉族融入少数民族。（3）少数民族之间相互交融。① 三种类型的交融又可分为多种形式。事实上，无论是哪一个民族，其血缘和文化的来源都是多元的。汉族有少数民族的血缘和基因，少数民族也有汉族的血缘和基因，各少数民族间血缘和基因也相互渗透。中华民族是各民族血缘和基因的融合体。可见，无论从理论上讲，还是从现实需要上来讲，民族交融都是一种正面的概念和积极的因素。任何固化民族界限的主张和行为都是有违自然规律的，也是不利于各民族发展进步的。

二　近代我国民族关系发展的主线

1840 年的鸦片战争拉开了中国近代史的序幕。近代中国社会

---

① 何星亮：《中国历史上民族融合的特点和类型》，《中南民族大学学报》（人文社会科学版）2010 年第 2 期。

性质的蜕变，改变了中国传统的社会关系，产生了新的阶级关系和社会矛盾。民族关系作为整个社会关系的组成部分，也必然随着社会关系的变化而发生变化。从鸦片战争爆发到中华人民共和国成立的一百多年波澜壮阔的历史，是中国各族人民进行反帝反封建和反对官僚资本主义的斗争历史。同时，伴随着西方文化的不断冲击，中国社会的方方面面都受到影响，中国民族关系的发展也呈现出新的情况。

（一）民族危机驱动下的各民族空前团结

近代以来，随着清王朝的没落，西方列强侵略的加深，中国这个经过数千年发展形成的统一的多民族国家遭受到前所未有的危机和挑战。外国列强以武力或以武力相威胁，先后强迫中国签订了一系列不平等条约，割占了中国大片领土并强租强占海港，划分势力范围，使中国面临一次又一次的边疆危机和领土危机。同时，外国列强对中国发动了多次大规模的侵略战争。由于帝国主义对中国的侵略，帝国主义和中华民族之间的矛盾成为社会最主要的矛盾，尤其是边疆少数民族与帝国主义侵略者的矛盾更为直接和尖锐。面对从未有过的灾难，我国各族人民的利益空前一致，共同的命运促使各族人民紧密地团结在一起，共同抵御封建主义的压迫和帝国主义的侵略，特别是汉族和少数民族人民在历史上建立起的联系，空前地加强和密切了。这表明各民族之间不再局限于经济、文化等方面的联系，而是升华为更加广泛的政治联系，并突出地处于主导地位。因此，各族人民共同的奋斗目标就是反对帝国主义的侵略、封建主义的剥削和官僚资本主义的压迫，实现民族的解放和国家的统一。

近代百年间，为了民族生存，中国人民进行了多次不屈不挠的反抗外来侵略的斗争。共同的命运，促使各族人民空前地团结起来，共同反对帝国主义侵略，维护国家统一和主权领土完整，构成了中国近代民族关系的坚实基础。各少数民族在与汉族并肩战斗的基础上，自觉体认到自己是中华民族的一员。"中华民族"意识在近代的觉醒和空前强化，反帝爱国的共同目标与共同意愿，使中华民族凝聚力得到升华。

（二）孙中山的民族主义思想

我国伟大的民主革命先行者孙中山，在其所从事的民主革命过程中，从中国当时的国情出发，十分重视少数民族问题。他所创建的三民主义中，民族主义摆在首位，也是最早萌发的。在辛亥革命前，他所提倡的"三大革命"，即民族革命、政治革命、社会革命，也是将民族革命置于其余两项革命之上的。辛亥革命后，直到其晚年，对民族主义的真谛又不断地修正和完善，特别是自 1923 年 11 月改组中国国民党后，逐渐接受了中国共产党人在民族问题上的正确主张，摒弃了旧三民主义的民族主义中的大汉族主义成分，从理论到实践，对民族主义做了精辟的论述。

1. 维护多民族国家的统一，反对民族分裂

在辛亥革命之前，中国的一大批反清志士以及先知先觉者们，接受西方资产阶级民主思想，竭力反对旧民族主义者的盲目排满的行为，如提出"夫排满，则私矣"。孙中山在辛亥革命前，为了追求民族解放和民族平等，为推翻清朝帝制，一方面筹集进行革命的资金，积累力量，到处进行理论宣传，也发动过几次武装起义，进行推翻清朝封建统治的大胆尝试；另一方面则到西方国家学习考察，学习西方资产阶级建国和处理民族问题的经验。在此基础上，结合近代中国的社会性质和社会民族结构，提出了关于建立统一多民族国家的政治主张。如在 1893 年，孙中山提出了"驱除鞑虏，恢复中华"的口号，也就是说孙中山建立革命

组织的最终目的，不单单是恢复汉族在国家政权中的主要统治地位，更重要的是推翻清朝封建帝制。辛亥革命后，孙中山正式就任中华民国第一任临时大总统，我国第一个资产阶级共和国的成立，宣告在中国延续了 2000 多年的封建君主专制制度的结束。他就任临时大总统时，发表了《中华民国临时大总统宣言书》，提出了民族、领土、军政、内治、财政的五个统一。这些说明了一个领土完整的、主权独立的、统一的多民族国家的重要意义。

2. 坚持民族平等，鼓励各少数民族参加国家公共事务的管理

在中国近代民族发展史上，为了促进国家建构与社会整合，其首要前提就是要承认各民族之间一律平等，化解各民族之间的矛盾与冲突。孙中山深刻地认识到这一点，1912 年，他提出了著名的"五族共和"思想。他的民族平等思想主要体现在他的"五族共和"民族平等思想中。孙中山提倡各民族间的平等地位，在他主持制定的《中华民国临时约法》中明确写道："中华民国人民一律平等无种族、阶级、宗教之区别。"在 1912 年 9 月 3 日于北京五族共和合进会西北协定会上讲演时，他指出，辛亥革命"是种族革命，亦是政治革命。何则？汉、满、蒙、回、藏五大民族中，满族独占优胜之地位，握无上之权力，以压制其他四族。满洲为主人，而他四族皆奴隶。其种族之不平等，达于极点。种族不平等，自然政治亦不能平等，是以有革命。""今者五族一家，立于平等地位，种族不平等之问题解决、政治不平等之问题亦同时解决。"① 也就是说，孙中山强调，"中华"乃是平等的中国各民族人民组成的政治"共同体"。在倡导各民族"一律平等"原则的同时，孙中山也提到民族团结的问题，主张用"益增睦谊"原则去处理各种民族隔阂，划清了和民族复仇主义的界

① 《孙中山全集》（第 1 卷），中华书局，1981，第 296 页。

限。如他在《临时大总统就职宣言书》中，明确宣布中华民国不是汉族一族的国家，而是中国境内各民族所共有的。在 1923 年 1 月 1 日通过的《中国国民党宣言》中，他再次宣布国民党"所持之民族主义，消极的为除去民族间之不平等，积极的为团结国内各民族完成一大中华民族"。由此可见，孙中山殷切期望在推翻清朝封建专制、结束占满族人口中极少数的统治者对各族人民的压迫统治后，能尽快地出现一个各族人民大团结的政治局面，共同携手建设一个新的国家。①

3. 关注边疆民族地区的经济社会的发展

孙中山还十分关注边疆民族地区的发展，在他的多民族国家建构中占有极其重要的地位。他的边疆民族地区的经济社会发展的具体实践，主要体现在修建边疆民族地区的铁路交通，以及主体民族移民到边疆，并支援边疆落后地区的建设。早在 1894 年中日甲午战争，代表国家主权出战的北洋水师在西方国家的"坚船利炮"下被打得"一败涂地"。为此，孙中山深刻地剖析战败的原因，总结出没落清政府政治上的腐败以及与西方相比经济发展上的严重落后是导致战争失败的主要原因。为此，他向当时以"中学为体、西学为用"为核心思想的洋务派领袖之一、北洋水师的创始人李鸿章提出富国强民、摆脱困境的中肯建议，而要做到这些，"多轮船铁道之载运也"。可见，他已经充分认识到，发达的交通系统是国家发展的必要条件。后来，孙中山在《实业计划（物质建设）》中，对中国建筑铁路进行了详细的阐述，尤其关注边疆民族地区铁路交通发展。如构想建立西北铁路系统、西南铁路系统、东南铁路系统、东北铁路系统，等等。孙中山在四处奔波与复杂的革命斗争中，花费如此大的精力去设计中国的

---

① 田继周等：《中国历代民族政策研究》，青海人民出版社，1993，第 369 页。

实业建设，重点又放在发展边疆民族地区的交通，说明他渴望打通沿海地区、大江南北经济发展区域同边疆的联系，开发内陆资源，发展经济，建设一个繁荣昌盛的中国。

（三）中华民国时期处理民族关系的相关政策

中华民国时期的民族政策是中国传统民族主义与西方民族主义"双重"作用的产物。1911 年辛亥革命推翻清朝政府建立中华民国，一直到 1949 年中华人民共和国成立的 38 年间，作为统治中国的中央政权，主要有两个势力集团：一是以北洋军阀为首的民国政府，另一个是以蒋介石为首的国民政府。他们在"民族平等"的旗帜下，实行民族压迫，并没有给少数民族以"自治"的权利。

1. 民国政府时期的民族政策

1912 年 3 月，袁世凯从孙中山手中窃取辛亥革命的胜利果实后，中国经历了军阀混战和割据的局面，北京民国政府根本没有能力对边疆民族地区实行有效的治理。北京民国政府建政之初，在处理国内外大事时，是以辛亥革命初期制定的一些临时性法规和南京政府公布的《中华民国临时约法》为依据的，如袁世凯在 1912 年 7 月 22 日下达的总统令中，重申了孙中山主持颁布的《中华民国临时约法》的原则，"现在五族共和，凡蒙、藏、回疆各地方，同为我中华民国领土，则，凡蒙、藏、回疆各民族，即同为我中华民国国民，自不能如帝制时代有藩属名称。……在地方制度未经划一规定以前，蒙、藏、回疆应办事宜，均各仍照向例办理"①。遵照袁世凯的指令，在政府的内务部设立蒙藏事务处，后又改为蒙藏事务局。1914 年 5 月 1 日，袁世凯利用手中的

---

① 《中国大事记》，《东方杂志》第 8 卷第 12 号。

权力，废弃了《临时约法》，颁布了《中华民国约法》，其有关民族问题的规定与《临时约法》没有太大变化。袁世凯在位期间，北京政府对西藏问题和内外蒙古问题也十分关注。在国际斗争中，北京民国政府始终坚持中国政府对西藏的主权，坚持西藏是中国领土不可分割的一部分的立场。如 1913~1914 年，在英国政府一手操纵下召开了意在控制、侵略西藏，分裂我国西藏的西姆拉会议，民国政府指示参加会议的代表陈贻范不得在有损中国主权的"西姆拉条约"上签字，使帝国主义的阴谋始终没有得逞。另外，民国初期，为了加强对内外蒙古的管理，1912 年 8 月 19 日，北京政府颁布了优待蒙古条例，稳定当地民族上层人士。同年 9 月 20 日，又颁布了《加进实赞共和之蒙古各札萨克王公封爵》令，对蒙古的王公、贵族等上层统治者大加封赏晋爵，希望其诚心归顺民国，拥护共和，不与民国政府闹"独立"。通过一系列的安抚活动，内蒙古地区的政治局面得到稳定。但是，外蒙古的形势不容乐观，外蒙古在沙俄的干涉下，几经反复、曲折的政治变乱，逐步走向脱离中华民族大家庭的道路。

北京民国政府实操权柄的都是封建军阀，他们虽然在处理关系到国家根本利益所在的蒙、藏、回疆等民族问题上，迫于全国人民的关注和压力，不敢草率行之。尽管表面上高喊"共和""民族平等"，但其骨子里是封建主义，是军阀。所以，民国政府不可能解决我国的民族问题，各族人民没有得到民主、自由和平等，他们依然生活在被压迫、被歧视和被剥削的社会里。

2. 国民政府时期的民族政策

1927 年 4 月 12 日，以蒋介石为首的国民党新右派在上海发动反对国民党左派和共产党的武装政变，篡夺了北伐革命的胜利果实，此后的中国现代史进入了南京国民政府时期。蒋介石执政后，也面临着一系列民族问题。从中国国民党历次代表大会和中华民国宪法有关民族问题和边疆问题的条文、论述，可以看出其在民族问题上的思想是因循孙中山的主张，一是中国民族自求解放；二是中国境内各民族一律平等。在组织上，中央成立部级的蒙藏委员会，管理蒙、藏、回疆等地的民族事务。此外，国民政府为了沟通中央与地方关系和监督政策的实施，还设置了中央主管边政的机关，党务有中央组织部边疆事务处；军事有军令部二厅五处；教育部有蒙藏教育司等。其他有关边疆的交通、经济、农林、畜牧、卫生等各种事宜，则由各有关部门办理。蒙藏委员会在地方也设有监督指导机关，如驻藏办事处、察哈尔蒙旗特派员公署、北平蒙藏学校等。但是，国民政府是以蒋介石为首的国民党一党专政的政府，虽表面上声称要继承"国父遗教"，遵守《总理遗嘱》，提倡国内各民族一律平等，而在实际上却是推行民族压迫、民族歧视的政策。如在1932年，广西三江县地方政府成立了"改良风俗委员会"，制订了强迫民族同化的"规划"，规定侗族人民"应一律改用汉服"，剥夺侗族人民保持自己的风俗习惯和民族文化的权利。另外，国民政府在民族地区沿袭了历代封建统治阶级对少数民族实行"分而治之""以夷制夷"的办法，进行间接或直接的统治。如在新疆，1944年国民政府从原地方军阀手中接管过权力，对各少数民族进行直接统治。他们向新疆派出近10万军队驻守，对维吾尔族、哈萨克族等实行史无前例的高压政策，等等。

总之，无论是民国政府，还是南京国民政府，他们制定有关民族政策时，虽口头上一再声称要遵守《总理遗嘱》，贯彻民族平等，但是在实践中却没有真正地实行民族平等的政策，给予各少数民族享受民族平等的权利。探究其根本原因就是，他们的政府不是代表我国各族人民利益的政府，因此，民族平等和民族真正解放也就无从谈起。

（四）近代边疆地区的帝国主义渗透与分裂活动

自近代以来，我国边疆地区由于特殊的地理位置和丰富的自然资源，首当其冲成为帝国主义侵略和争夺的焦点。外国势力为了达到瓜分中国的目的，或以宗教为掩护，打入地方上层，进行渗透和间谍活动；或直接插手内部事务，挑动叛乱，阴谋分裂，妄图达到把我边疆分裂出去的目的。

19 世纪末 20 世纪初，西方列强直接侵略或派遣一些反动分子披着宗教外衣，去接近和拉拢边疆上层统治者，从事种种破坏民族关系的分裂活动。如 1911 年沙俄派军侵驻库伦，成立叛乱集团并宣布成立"大蒙古帝国"。内蒙古呼伦贝尔地区的一小撮反动封建王公在俄军和外蒙古军的支持下，先后占领海拉尔、满洲里，宣布"独立"，成立"自治政府"。[①] 这个时期，英帝国为达到从政治上控制、经济上掠夺、领土上割裂西藏的目的，越过中国清王朝和民国政府，直接逼迫、诱使西藏上层统治者同意英国人在西藏开设商埠、割让土地，获取种种的殖民特权，并提出"西藏独立"一词。后来还唆使西藏一部分上层贵族发动叛乱，导致了"驱汉事件"的发生。并把十三世达赖从印度送回拉萨，利用他充当英国侵藏活动的工具。还向北京政府送致一份"节略"，赤裸裸地干涉中国内政，妄图使西藏脱离祖国，完全置于英国的控制之下。[②] 总之，从 19 世纪 40 年代开始，先是英国东印度公司秉承其英国主子的旨意而发动的侵犯西藏阿里的森巴战争，1885 年又指使尼泊尔派兵入侵西藏阿里地区，再到 20 世纪

---

① 魏延秋：《近代外国势力对我边疆地区分裂活动浅析》，《鲁东大学学报》（哲学社会科学版）2010 年第 3 期。

② 魏延秋：《近代外国势力对我边疆地区分裂活动浅析》，《鲁东大学学报》（哲学社会科学版）2010 年第 3 期。

初的两次侵略西藏的战争，英帝国主义直接或间接发动了对中国西藏的五次武装侵略。[①]

随着 20 世纪初我国国内和国际形势的风云变幻，帝国主义为了破坏我国的民族民主解放运动，挑拨我国穆斯林和非穆斯林的关系，进而达到分裂和宰割我国的目的，加紧向我国新疆地区进行思想文化侵略和宗教渗透。泛伊斯兰主义正是他们利用的得力思想武器。"东突"势力在新疆的滋生，源于境外泛突厥主义、泛伊斯兰主义思潮的渗透。土耳其人艾买提·卡马尔和从土耳其留学归来的维吾尔族知识分子麦斯武德，是宣传这种思潮的代表，他们鼓噪所有操突厥语和信奉伊斯兰教的民族联合起来，妄图组成一个"政教合一"的国家，否认中国各民族共同缔造伟大祖国的历史，叫嚣"要反对突厥民族以外的一切民族"，消灭"异教徒"。甚至在 1933 年 11 月中旬，在喀什公然宣布成立以和加尼亚孜为"总统"、萨比提大毛拉为"总理"的"东突厥斯坦伊斯兰共和国"。但这个英帝国主义卵翼下的傀儡政权得不到人民的支持，仅几个月便垮台了。整个 40 年代，泛突厥主义分子在新疆政治舞台上异常活跃。新疆的老牌泛突厥分子麦斯武德、伊敏、艾沙等到处宣称："我们的祖国是东突厥斯坦，我们的民族是突厥，我们的宗教是伊斯兰。"[②] 可见，20 世纪三四十年代新疆出现的两个"东突厥斯坦共和国"是泛伊斯兰主义、泛突厥主义和西方的"民族自决"思潮孕育出的怪胎。[③]

---

① 陈崇凯：《简论西藏近代反分裂斗争的内涵和历史特点》，《西藏民族学院学报》（哲学社会科学版）2002 年第 3 期。

② 潘志平：《"东突"恐怖主义透视》，《新疆社会科学》2002 年第 1 期。

③ 参见周玉琴、宋鑫华《论多民族国家政治秩序的运行与维持——从乌鲁木齐"7·5"事件谈起》，《求实》2010 年第 2 期。

三　新中国成立之前我国民族关系主要调控政策评析

自秦朝建立了中央集权制的多民族国家后的历代王朝，一直努力从理论上和实践上探索如何把多民族整合在统一的国家政治共同体之中。从 2000 多年的历史长河来看，在不同时期，民族关系的调适方式和特点不尽相同，但是总体上都是遵循一种"求同"的价值取向，这种价值取向无论从理论上，还是在实践中，都在一定程度上有利于增强中华民族的凝聚力和向心力，有着巩固中华民族共性的巨大作用。因此，我们有必要对历史上协调民族关系的理论与实践进行进一步的思考，以此对新时代中国特色社会主义民族关系协调与发展提供有益的借鉴和启示。

（一）"大一统"思想有利于历代中央王朝维系多民族国家的合法性

中国先秦时期就有"普天之下，莫非王土，四海之内，莫非王臣"的说法。就中国传统的民族观而言，其核心内容实际上就是夷夏观，但这种民族观经历了从华夷有别到华夷一体的发展变化。华夷有别最典型的观点则为"非我族类，其心必异"①。传统的华夷有别的观念在先秦到魏晋南北朝时期，由模糊走向明朗化甚至有些强化。但是自汉朝以后，华夷一家、夷夏一体的观念也随着各民族的不断交往以及儒家"大一统"思想的传播逐渐在一些人中产生了影响。② 如在司马迁的《史记》中对匈奴的描述，没有歧视污蔑之词。从隋唐开始，唐代李世民的夷夏观最能

① 《春秋左传·成公》，转自徐晓萍、金鑫《中国民族问题报告》，中国社会科学出版社，2008，第 28 页。
② 刘闻、吕永红：《我国民族理论研究范式的竞存与创新》，《新疆大学学报》（哲学·人文社会科学版）2010 年第 6 期。

代表这一时期民族观的变化。他说："夷狄亦人耳，其性与中夏不殊。人主盖德泽不加，不必猜忌异类。盖德泽洽，则四夷可使如一家。"[①] 中国历史在经历了隋唐的繁荣之后，开始走下坡路。从五代十国的分裂动乱到宋、辽、金、夏王朝并存的局面，使唐朝形成的大一统局面七零八落，民族关系十分紧张，也出现排斥异族的狭隘民族意识。夷夏之防又被置于首要位置。元亡明兴，汉族人重建自己的政权，恢复了昔日的"正统"地位，夷夏有别的观念再次被强化。此后满族凭借军事强力入主中原，摧毁了一向以正统自居的明朝政权，建立了清政权。这种夷夏移位的事实强烈地冲击着夷夏对立的观念。清朝以中央王朝的当然继承者自居，这时的"中华""华夏"的内涵已发生了巨大的变化，中华各民族大一统思想的进一步发展，出现了对自古以来的以汉族为中心的夷夏论的猛烈抨击。[②] 此后，随着满族人逐渐接受汉文化，汉人逐渐剃发易服，在各民族的密切交往与交融中，不分内外、夷夏一家的民族观已上升为主流意识。

可见，"羁縻""怀柔"成为推广"礼制"思想意识的最佳治理方式。以氏族宗教为特征的中国封建国家意识，导致了"夏夷"之争，出现了"重夏轻夷"，产生了"尊王攘夷"，才有了"夷夏更迭"到"中华一体"的大一统思想。自秦统一中国后，历代君王（尤其是开国君主）尤以一统天下、安定万邦为其最高的政治理想，而且这也成为历代史家评说君主功绩的主要标准之一。大一统思想必然要求政治上的大一统，而这在很大程度上又体现了华夷一统的观念。随着大一统思想亦被迁入中原、建立政权的少数民族统治者所效仿和奉行，华夷一统的观念更深入人

---

① 《资治通鉴》卷197，贞观十八年十二月，转自徐晓萍、金鑫《中国民族问题报告》，中国社会科学出版社，2008，第29页。
② 彭建英：《论我国古代民族观的演变》，《西北民族学院学报》1996年第3期。

心。所以，今天来看，华夷一体或夷夏一家的观念由于和中国大一统思想的吻合及其自身的进步性，最终为人们所接受，沉淀于中华民族传统文化之中，在增强中华民族整体凝聚力和向心力乃至维护国家统一和民族团结方面都起到了不可低估的作用。

（二）历史上的民族政策都有其局限性，很难从根本上解决中国的民族问题

在秦朝以后的王朝国家制度框架中，关于如何处理民族关系的不和谐，具体方式、方法、机制可谓名目繁多，但基本上归为羁縻制度、土司制度和改土归流这三种形式。羁縻制度主要体现在行政管理上，就是在中央政府设立管理少数民族事务的专门机构，在民族地区设立羁縻统治机构，以保障少数民族自主管理本地区事务的制度设置。这一制度设计最明显的特征是"因俗而治""以夷制夷"。它开始于秦汉时期，即对边疆少数民族聚居区设置别于内地郡县的行政组织。到了汉代，除了在部分边疆地区设郡县管辖外，还设置属国"掌蛮夷降者"。此外，两汉还增设了都护、中郎将、校尉、西域长史等官制。后来的魏晋南北朝时期沿袭该种做法。在某些少数民族地区设左郡左县、俚郡俚县等。到了唐朝时期，唐太宗在地方建立了比较完备的羁縻府州，羁縻府州一般归边州的都督或都护统辖。羁縻制度进一步规范化和制度化，在边疆民族地区设置了大量的羁縻府、州、县。宋代仍然沿袭该制度。元朝在民族地区也设路、府、州、县的建制，任用少数民族首领为世袭，也称为"土官"，这也属于土司制度的范畴。明朝在地方继承了元朝的土官制度并加以完善。实际上，土司制度也是一种羁縻制度。明代开始，在一些土司统治区开始实行"改土归流"，即革除土官的统治，废除土司政权，以流官代替土官，将土府县改为一般的府、州、县。清代大规模

推行"改土归流"，并采取"一刀切"的方式，但仍然保留了一定数量的土司政权。清朝在地方上从雍正时开始对大部分地区实行改土归流。

无论是羁縻政策、土司政策，还是改土归流都加深了边疆民族地区与中央政府的政治联系，保持了民族地区的相对安定，对于多民族国家由分散走向统一起到了重要的作用。但是，这些民族政策体现的"分而治之""以夷制夷"，也不可避免地造成民族之间、民族内部的一些分裂和割据，为民族之间的冲突乃至战争留下了制度隐患。这些政策的制定，在客观上承认了土酋、王公统治的合法性，但从制度上维护了落后的社会基础，尤其是民族首领，为了维护自身的利益，千方百计地维护、延续原有的制度，已经形成了自我封闭和事实上的割据状态，并阻碍新制度的产生。另外，近代中国的民国政府、南京国民政府时期，在制定有关民族政策时，虽口头上一再声称要实行三民主义，贯彻民族平等，但是在实践中都没有真正地实行民族平等的政策，使我国各少数民族享受平等的权利，这些政府也不可能是代表我国各族人民利益的"民主"政府，因此，不可能从根本上解决我国的民族问题，民族平等和民族真正解放也就无从谈起。

（三）民族平等观念逐渐形成

在古代中国，"天下观"是民族观的核心内容，它主要包括华夏文化中心地理观和华夏文化优越观。鸦片战争前夕，随着西方殖民者的侵略和扩张，中国的海疆和边疆出现了新的情况，面临着严重的危机。这时，中国的一些有识之士开始对西方国家进行了解和探索，中国传统的"天下观"也开始受到挑战。林则徐、魏源等人掀起了研究世界史地的热潮，并且提出了"师夷长技以制夷"的主张，这时的"夷"已不是指我国的少数民族，而是指外国侵略者。鸦片战争爆发后，中国人民为反对外来侵略和封建主义的压迫进行了不屈不挠的斗争。维新派鼓吹变法救国，介绍了不少西方的政治思想到中国来，起到了巨大的启蒙作用。他们大胆地揭露了华夏文化的落后，并且深刻地认识到：中国必须抛弃"夷夏之辨"，以平等的心态与他国进行交流。有中国学者指出"人无弃材不如夷，地无遗利不如夷，君民不隔不如夷，名实必符不如夷"。① 另外，甲午战争败给"弹丸"之地的日本，引起强烈震动，使一批士大夫警醒，发出了"救亡"的呼号，国内民族意识普遍高涨，西方民族主义思潮蜂拥而至。康有为、梁启超等人开始审视国内的民族关系，提出了"满汉不分"的主张，民族平等观念最终形成。在民族危亡存乎一线的紧要关头，在西方近代民族主义理论的启示下，中国的先进士人清楚地意识到这一点：中国的独立富强必须依赖全国各族人民的共同奋斗。为了实现各族人民共同一心的目标，首先必须解决国内的民族压迫和民族剥削问题，必须树立正确的民族观。②

辛亥革命，从深度上看，把摆脱外来侵略的民族独立与推翻君主专制的民主革命以及建立富强的近代化国家紧密地结合起来，扣住了 20 世纪的历史主题，使中国第一次跳出了改朝换代、王朝轮替的历史怪圈，为振兴民族大业的继承者确立了新起点。孙中山认为中华民国是"合五族而成"，汉、满、蒙、回、藏都是国家的主人，五大民族在民族平等基础上建立民主共和国，五大民族在民主共和的政体下享有政治上的平等权利。这就体现出了民族平等的思想。这样，经过几代人的不懈努力，以民族平

---

① 冯桂芬：《校邠庐抗议·制洋器议》，中州古籍出版社，1997，第 197 页。
② 汤志钧：《康有为政论集》（上册），中华书局，1981，第 341~342 页。参阅陈吉荣《近代中国民族关系新发展论略》，《中南民族学院学报》（人文社会科学版）2002 年第 2 期。

等、民族团结为核心的新型民族观终于在中国确立。

（四）"中华民族"意识的觉醒

"'中华民族'一词的出现是在近代帝国主义列强侵略中国的大前提下出现的，在其出现之时即是一个包括众多民族在内的称呼。"① 中国各民族在反抗帝国主义列强的侵略和压迫过程中，逐渐认识到中国各民族是不可分割的整体，各民族的根本利益一致、命运休戚与共，"中华民族"已经成为一种客观存在，作为一种激励中国各民族团结奋斗的信念被提了出来。有的学者指出，从狭义上讲，历史上的中国应是一个内在联系的政治、经济、文化和地域相结合的实体概念。中国历史上形成了以汉族及其前身华夏族（其实也是多民族的融合体）为主体的多民族相结合的实体，这个实体包括了在中原杂居以及分布在周边的各族，他们与汉族形成了在政治、经济、文化上不可分割的关系，这个总体就是历史上的"中华民族"。②

纵观历史，自秦以后的 2000 余年间，尽管战乱频仍，但各民族都心向祖国，为祖国的统一进行了长期的奋斗。历史事实说明，我们祖国的统一是由各民族共同缔造、共同完成的。面对一切残暴、腐朽的统治和民族压迫，历代爆发的农民起义，不管是哪个民族的人首先发难，都能得到各民族人民的热烈响应。像东汉末年的黄巾起义、唐末黄巢起义、元末农民起义、明末农民起义、太平天国起义，等等，都有各民族人民参加。正是由于各民族人民的并肩战斗，一次又一次地推翻一切反动统治，我国才波浪式地而且规模一次比一次大地实现了全国性的空前大统一。在

---

① 金炳镐：《民族关系理论通论》，中央民族大学出版社，2007，第 482 页。
② 黄烈：《魏晋南北朝民族关系的几个理论问题》，《历史研究》1985 年第 3 期。

封建社会后期，面对西方列强的疯狂侵略，各族人民莫不同仇敌忾，奋起反抗，以维护祖国大家庭的安全，这是中华各族人民凝聚力不可动摇的又一体现。再到辛亥革命推翻了清王朝的统治，建立起中华民国，直至 1949 年中华人民共和国成立。在漫长的历史进程中，中华各族人民经过政治、经济、文化诸方面的接触愈益密切，彼此相互吸引、相互依存、逐步融洽，形成了中华民族特有的强大的凝聚力，创造出光辉灿烂的中华文明，共同缔造和发展了统一多民族的伟大祖国，不断把祖国的历史推向前进。

第二节　现实基础：中华民族"多元一体"格局形成

一　统一的多民族国家

认清国情，是认清一切革命问题的根本。要解决我国现代化建设中的民族问题，也必须认清当代中国统一的多民族国家的国情。

当代的民族国家，也就是近代意义的民族国家，是在一个长期的历史过程中逐步构建起来的，而不是一蹴而就的。在民族国家出现以前，国家与民族属于完全不同的范畴。早期民族是历史的和文化的范畴，是一种"对他而自觉为我"的社会分群形式，是各种利益的实际载体。国家是政治的和领土的范畴，是一个"法律的与政治的组织"，其主要特质是权威的特殊性。民族国家的本质特征是它的主权。民族国家对其主权范围内的领土实施统一的行政管理，拥有合法使用自然权力、实施法律或秩序、进行法律制裁的垄断权。民族国家是民族意志和利益的代表，是民族尊严的体现，是国内政治与法的主体。现代国家，从其政治内涵上说，都是民族国家。但是，国家疆域内的居民也很少在族裔和文化方面都称得上是同质的。所谓的民族国家，实质上是包容了许多历史文化不同的人口集团而形成的"现代民族"国家，这就引起了一系列新的问题和新的概念，即"多民族国家"。多民族国家是现代世界的普遍现象。在民族国家时代，绝大多数国家都生活着不止一个民族。在多民族国家中，民族结构普遍较为复杂，而且不同国家的民族结构又各具特色。因为多民族国家的本质规定便是其国家政权由多个民族共同执掌，而这一本质规定形成的前提就是在国家的范围内居住着多个民族。多个民族的同时存在，及其对国家政权的执掌，使得多民族国家有着比单个民族的国家更为多样化的民族结构，并因此形成了更为复杂的民族关系。

对于一个多民族国家来说，采取何种国家政治体系常常是一个十分重大的问题。任何一个多民族国家，都必须根据国内民族结构和民族关系的实际情况，十分慎重地选择国家政治运作的具体形式。多民族国家在选择国家政治运作形式的时候，民族因素是十分重要的影响因素。如国内的民族构成、民族分布，各个民族的族体规模、民族关系、民族意识、民族居住地的区位特点等。除此以外，还有历史传统、国际环境等，都影响着国家具体的政治运作形式的选择。从当前世界各多民族国家的情况来看，国家的整体性政治运作结构有两种代表性的类型：单一制和复合制（如联邦制）。在单一制的多民族国家中，由于国家政治权力配置的重心在中央，地方政权隶属于中央政权，因此，各个民族参与国家政权的方式主要有两种：一是在中央政权中通过分配给各个民族一定的职位，并对少数民族给予适当的照顾；二是给予各个民族尤其是少数民族在中央政府的统辖之下实行自治的权利。中国就是这方面的典型代表。中国在历史上就是一个统一的长期实行中央集权制的国家，虽然民族的种类很多，但各个民族联系紧密，呈现"大杂居、小聚居、交错居"的格局，在近代抗击帝国主义入侵的斗争中又结成了不可分割的血肉联系。中国历史发展所提供的这样一种客观条件决定了中国只能选择单一制而不能选择联邦制。新中国成立后，国家为了保障各民族平等地参与国家事务，真正行使当家作主的权力，一方面在全国人民代表大会中使每个少数民族都有适当的代表；另一方面实行民族区域自治。这项制度是最能体现和保障少数民族平等政治权利的一种民族政治运作模式。

同所有屹立于国际民族之林代表多民族国家构成民族的民族一样，中华民族的一体性也是历史形成的。中国自古就是一个统一的多民族国家，大一统是中国传统思想的重要组成部分，早在夏商时期，中国人就在思想上形成了统一华夏的传统。统一的多民族的中国，是经过一个漫长而曲折的发展过程后形成的。在国家的发展进程中，不仅汉族起到了重要作用，边疆少数民族的作用也是举足轻重的。既有以汉族为主体完成的汉、唐、宋、明等王朝的局部和全国范围的统一，也有以少数民族为主体实现了局部和全国范围统一的辽、金、元、清等王朝。因此，"中国的辽阔疆域是中华各民族并不是由哪一个民族单独创造的，而是各民族，包括已经消失的民族在发展相互关系的过程中共同缔造的。"① 先秦是统一多民族国家起源与孕育的阶段，秦、汉是统一多民族国家形成的肇端时期，隋、唐是统一多民族国家的发展时期，元、明、清是统一多民族国家确立的时期。在数千年中，各民族共同缔造统一多民族国家，是中国民族关系的主流，统一是中国历史发展的主流。"根本利益的一致性和相互不可分割的联

---

① 金炳镐：《民族关系理论通论》，中央民族大学出版社，2007，第481页。

系，促进了中国的统一，并且是中国历史发展主流，统一不断扩大和得到巩固，各民族越来越紧密地结合在统一的中国内和平相处，各自得到了发展。"①

我国有五千多年的文明发展史，在这片辽阔的土地上，曾经有众多的民族登上历史的舞台。这些民族经过不断交融，最终形成了今天的 56 个民族。今天的各民族，共同开拓了祖国的疆域，共同发展了祖国的经济，共同创造了祖国的灿烂文化、悠久历史。2014 年中央民族工作会议指出，"全党要牢记我国是统一的多民族国家这一基本国情，坚持把维护民族团结和国家统一作为各民族最高利益，把各族人民智慧和力量最大限度地凝聚起来，同心同德为实现'两个一百年'奋斗目标、实现中华民族伟大复兴的中国梦而奋斗。"② 因此，统一的多民族国家是我国一个最基本最主要的国情，正如习近平总书记指出的那样："多民族是我国的一大特色，也是我国发展的一大有利因素。"③ 弄清楚这个基本国情，是我们研究民族关系协调发展的重要的国情依据。

二 中华民族多元一体格局的形成

中华民族多元一体格局是我国统一多民族国家的产物。中华民族是一个多元统一体。中华民族从多元走向一体，是中国民族和民族关系发展的大趋势。随着生产的发展、生活的变迁和人类自身的发展，在中国境内逐渐形成了各个民族。在中国境内的各个民族由于长期的生产和生活逐渐形成了多元一体格局。费孝通1989 年在香港中文大学关于《中华民族多元一体格局》的讲演

① 费孝通：《中华民族多元一体格局》，中央民族大学出版社，2018，第 118 页。
② 国家民族事务委员会编《中央民族工作会议精神学习辅导读本》（增订版），民族出版社，2019，第 31 页。
③ 《习近平谈治国理政》（第 2 卷），外文出版社，2017，第 299 页。

中指出中华民族是 56 个民族的多元形成的一体，是高一层次认同的民族实体。主要论点如下。（1）中华民族是包括中国境内56 个民族的民族实体，并不是把 56 个民族加在一起的总称，因为这些加在一起的 56 个民族已经结合成互相依存的、统一而不能分割的整体，在这个民族实体里所有归属的成分都已具有更高层次的民族认同感，即共休戚、共存亡、共荣辱、共命运的感情和道义。多元一体格局中，56 个民族是基层，中华民族是高层。（2）形成多元一体格局有一个从分散的多元结合成一体的过程，在这个过程中必须有一个凝聚的核心。汉族就是多元基层中的一元，由于它发挥凝聚作用把多元结合成一体，这一体不再是汉族而成了中华民族，一个高层次认同的民族。（3）高层次的认同并不一定取代或排斥低层次的认同，不同层次可以并存不悖，甚至可以在不同层次的认同的基础上各自发展原有的特点，形成多语言多文化的整体。所以高层次的民族实质上是个既一体又多元的复合体，其间存在着相对立的内部矛盾，是差异的一致，通过消长变化以适应于多变不息的内外条件，而获得这共同体的生存和发展。① 费孝通认为："中华民族作为一个自觉的民族实体，是在近百年来中国和西方列强对抗中出现的，但作为一个自在的民族实体则是几千年的历史过程所形成的。它的主流是由许许多多分散孤立存在的民族单位，经过接触、混杂、联结和融合，同时也有分裂和消亡，形成一个你来我去、我来你去，我中有你、你中有我，而又各具个性的多元统一体。"②

　　中华民族从多元走向一体是一个总的系统过程，是一个相对完整的过程。作为中华文明，在上下 5000 年里形成了一整套系

---

① 费孝通：《中华民族多元一体格局》，中央民族大学出版社，2018，第 11 页。
② 费孝通：《中华民族多元一体格局》，中央民族大学出版社，2018，第 17 页。

统的儒家世界观，其核心是"天下观"。"天下"概念实际上包括两点。一是地。在地理学意义上，地是指天下的所有土地，或者指人类居住的整个世界，这是古代中国人的一种想象空间。二是人。它不仅包括居住在天下的华夏和四夷，而且包括"民心"，如"得民心者得天下"的说法。在这种观念的影响下，华夏子民看待世界的眼光，既有"华夷之辨"式的文明中心论，也有"大一统"式的民族共同体认同。在中华民族繁衍生息的传统疆域内，人类起源是多点的而非一点的。此后，经新石器文化阶段，黄河与长江流域的民族与文化融合构成了凝聚核心汉族的出现，奠定了多元一体格局的基础，使各民族在长期的互相交往中，有了一体性凝聚的核心力量。"秦汉、隋唐、元朝、清朝这四次大统一，以及其间难以尽数的王朝和政权，都是'五方之民'及其后裔互动交融的历史记录，也都是统一的多民族国家形成和发展的历史过程。""'五方之民'及其后裔共同建立了统一的多民族国家。"① 在汉代以后的民族交流史中，民族大杂居、小聚居、交错居，在相互依存的经济关系中，以农业为主的汉族和以牧业为主的少数民族在经济贸易的推动下相互交叉，汉族人大量深入少数民族聚居区，形成了一个点线结合，东密西疏的民族关系网，这就是"多元一体格局"的基本构架。中华民族发展到近代，中国各民族都面临着亡国亡族的危险，外国帝国主义疯狂侵略、野蛮屠杀，企图使边疆少数民族脱离中华民族大家庭，打乱了中国原有的政治疆域、经济体系和民族格局，中国民族统一体面临新危机。在中国共产党的领导下中华民族重新统一起来，同仇敌忾，共御外侮，加深了祸福与共、休戚相关的思想意识，

---

① 郝时远：《中国特色解决民族问题之路》，中国社会科学出版社，2016，第46页。

形成了政治上团结一致和抵御外敌的共同行动，并最终赢得中华民族解放战争的伟大胜利，结束了近代以来中国内忧外患、积贫积弱的悲惨命运，建立了新中国，实现了国家的高度统一和各民族的空前团结，开辟了历史的新纪元，中华民族从自在转变为一个自觉的民族，宣告了中华民族从多元正式走向一体。新中国成立以后，立足于多民族的基本国情，承认少数民族的群体权利，确立了解决民族问题的中国特色的民族区域自治制度，形成了多元一体的"同呼吸、共命运"的"中华民族"强大凝聚力，使得中华民族不断发展壮大，并在新时代迅速崛起。正如习近平总书记指出的那样：中国五千多年文明发展的历史，就是中国境内各民族孕育、形成、发展、交融、共生的历史，就是各民族追求平等团结并走向自觉，并且凝聚力、向心力日益增强的历史。长期的历史演进造就了中华民族的结构特征，即"在分布上交错杂居、文化上兼收并蓄、经济上相互依存、情感上相互亲近，形成了你中有我、我中有你，谁也离不开谁的多元一体格局"。[1] "我们讲中华民族多元一体格局，一体包含多元，多元组成一体，一体离不开多元，多元也离不开一体，一体是主线和方向，多元是要素和动力，两者辩证统一。中华民族和各民族的关系，形象地说，是一个大家庭和家庭成员的关系，各民族的关系是一个大家庭里不同成员的关系。"[2] 这是我们研究民族关系协调发展的现实基础，也是我们研究民族关系协调发展的指导思想。

---

[1] 中共中央宣传部编《习近平新时代中国特色社会主义思想学习纲要》，学习出版社、人民出版社，2019，第132页。

[2] 中共中央文献研究室编《习近平关于社会主义政治建设论述摘编》，中央文献出版社，2017，第150页。

第四章 中国民族关系协调发展的
演进过程与经验总结

中国共产党诞生于民族危机日益加深的历史条件下，是中国先进的无产阶级知识分子在不断地探索过程中找到了马克思主义理论，并在这一理论指导下组织起来的结果。中国共产党自诞生的那一天起，就对解决中国民族问题、调整国内民族关系进行了逐步深入的了解和探索，走出了一条符合中国国情的处理民族关系的道路。

第一节 新中国成立以来民族关系协调
发展的演进过程

中国共产党从成立之初起，就高度重视民族关系问题。中华人民共和国的成立，为我国民族关系的历史性发展提供了坚实的政治基础，开启了我国民族关系历史性巨变的序幕。在党和政府的正确领导下，社会主义民族关系虽然经历了一些曲折，但总体的发展趋势没有改变，并最终形成了平等、团结、互助、和谐的新型社会主义民族关系。纵观 70 多年来我国民族关系的发展，大体可以分为五个阶段。

一 "消除民族压迫和歧视，实现民族平等"，努力构建社会主义新型民族关系（1949~1977）

中华人民共和国的成立，为我国民族关系的健康协调发展提供了坚实的政治基础。中国共产党自新中国成立初期在对多民族国家的国情和少数民族的基本情况进行充分认识和调查研究的基础上，开始构建新型民族关系，并通过一系列制度体系来保障新中国的民族关系协调发展。

（一）加强民族地区民主政权建设，保障各族人民的平等权利

建立民族地区的人民政府，保障民族平等。民族平等的首要表现应是各民族平等权利的实现，真正行使当家作主的权利。在这个保障民族权利实现的过程中，人民政府动员少数民族参与民族地区民主建设，加强民族地区与中央人民政府的联系，在统一的国家政治体系内对少数民族平等权利给予特殊保护，实行区域自治，从而保障各民族是平等的国家共同体成员。1949 年前后，大部分少数民族地区得到解放，建立了新的政治体系。1949 年到 1950 年，在内蒙古、青海、甘肃、云南等少数民族聚居的地方先后完成民主政治建设的任务，建立了人民政府。从 1950 年到 1952 年，在中国共产党的领导下，四川藏族、彝族地区先后建立了新的政治体系，成立了民族自治政权，实现了少数民族当家作主。1951 年和平解放西藏，随后进一步巩固在党的领导下的新的民族政治体系。民族区域自治是在少数民族聚居地实行的政治组织形式。新中国成立伊始，具有临时宪法作用的《中国人民政治协商会议共同纲领》（以下简称《共同纲领》）对少数民族的平等权利做了法律上的规定。依据《共同纲领》，一切聚居的少数民

族充分行使当家作主的权利，各族人民一律平等。到 1958 年底，全国共有"民族自治地方 87 个，其中 4 个省级自治区、29 个自治州、54 个自治县（旗）"①。

（二）人民政府全面管理民族事务，化解民族矛盾，调解内部纠纷

民族之间的矛盾是民族隔阂的直接反映，严重影响民族关系的协调发展。1949 年 10 月 22 日，中央人民政府民族事务委员会正式成立，是专门调整民族关系的管理机构。新中国成立初期，中国共产党针对民族矛盾和纠纷开展了许多有效的工作。据不完全统计，新中国成立的头两年，西北地区共调解纠纷 3000 多件；原西康省藏族自治区一年左右调解新旧纠纷 2400 多件；大凉山彝族地区有 2200 多件。这些民族纠纷在人民政府的积极帮助下，得到了公平合理的解决。与此同时，人民政府还通过建立协商机制、统一战线、组织民族识别来协调各民族地区的民族关系，确保少数民族权益的实现，以及强化民族政策的执行，反对大汉族主义。这一时期，政府十分重视对民族政策执行情况的检查，不断强调反对大汉族主义，如分别于 1952 年、1956 年进行两次大规模的民族政策大检查，重点反对大汉族主义，这两次检查，对这一时期新型民族关系的构建起到了重要作用。

（三）尽可能为当地少数民族群众解决生产生活方面的困难

新中国成立初期，党和政府把恢复民族地区经济、改善民族地区民生放在十分重要的地位，普遍开展贫困人口救济，发展民族贸易，为民族地区送医送药，解决民族地区老百姓的民生问

---

① 《中国民族区域自治 50 年》，内蒙古人民出版社，1997，第 83 页。

题。如 1950~1952 年，党和政府为了帮助大多数少数民族地区，把物资、技术、人员向少数民族地区转移和派送，加强了与民族地区之间的联系。同时，在教育、医疗卫生等方面中央政府也给予了大量帮助，逐渐在少数民族地区建立了医院、卫生院、妇幼保健站、疗养院等医疗卫生机构，在牧区建立与牧业生产方式相适应的医疗队、防疫站等。此外，中央政府还拨专款支援边疆少数民族地区的医疗事业，送医送药、免费医疗。

（四）推广民族大众文化，建立新型民族文化关系

经济基础决定上层建筑，上层建筑同样会影响经济基础。因此，在政治、经济新秩序确立过程中，发展民族地区的民族文化当然就成为新政权的一项重要任务。为此，党中央和人民政府在教育管理、教育机构、公共文化服务、公共文化设施、少数民族语言文字、少数民族体育事业、少数民族传统文化等方面全面开展工作，建设多样化的民族文化。此外，新华书店、文化馆、农村俱乐部、电影院、电影放映队等，成为传播思想文化的重要阵地，为促进少数民族地区群众观念的变革和民族之间的文化交流作出贡献，成为宣传政府民族政策和经济文化政策的重要渠道。同时，党和国家在民族地区传播文化艺术、促进少数民族语言文字的使用和发展等方面做了大量工作。

从 1949 年到 1956 年，我国平等、团结、互助的新兴民族关系得以构建。在中央和地方政府强有力的调节下，很多地区不仅解决了旧有的民族矛盾和纠纷，还在一系列社会变革中改善了汉族与少数民族、少数民族之间甚至少数民族内部的关系。1957 年下半年，由于受"左"的思想的影响，民族关系也受到影响。刚刚确立的社会主义民族关系，在我国全面建设社会主义时期十年中曲折发展，在"文化大革命"十年中遭到严重的破坏。许多

"左"的做法对少数民族的传统文化、风俗习惯造成很大的破坏，直接影响了少数民族地区正常的经济发展秩序，严重阻碍了新型社会主义民族关系的深入发展。

二　"支持民族地区加快发展，促进各民族共同繁荣"，巩固和发展社会主义民族关系（1977~2012）

1976 年 10 月粉碎"四人帮"后，结束了"以阶级斗争为纲"的时代，中国共产党在正确认识基本国情的基础上重新确立了实事求是的思想路线，民族关系进入了一个新的社会阶段，并取得一些重要的经验。

（一）改革开放，调整和完善我国社会主义民族关系

十一届三中全会以后，中国共产党把马克思主义的基本原理和中国的具体实际相结合，重新思考了社会主义的本质及其发展问题，提出了社会主义初级阶段理论。这一理论为我们能够重新认识社会主义民族关系提供了理论前提。

1. 明确提出了社会主义新型民族关系理论

十一届三中全会以后，我们党在民族理论和民族政策方面进行了拨乱反正。1979 年 4 月，中央召开了全国边防工作会议，号召对各族干部和广大群众进行民族政策教育，揭开了民族工作指导思想拨乱反正的序幕，具有划时代的意义。同年 6 月，邓小平同志在全国政协五届二次会议上指出："我国各兄弟民族经过民主改革和社会主义改造，早已陆续走上社会主义道路，结成了社会主义的团结友爱、互助合作的新型民族关系。"[①] 1980 年 4 月，中央召开西藏工作座谈会，专门研究西藏问题，形成了《西藏工

---

① 《邓小平文选》（第 2 卷），人民出版社，1994，第 186 页。

作座谈会纪要》（以下简称《纪要》）。《纪要》指出，由于"文革"十年浩劫，我们党的民族政策（包括宗教政策）在正确处理民族问题上没有起到应有的作用，且受到了自新中国成立以来最大的破坏和摧残，严重影响和破坏了各民族之间的和睦关系，现在必须采取措施最大可能地恢复各民族间的团结进步。如果再不抓紧时间迅速大力改善民族关系，就将犯极大的错误。这次会议强调，所谓"民族问题实质是阶级问题"的说法是错误的。《纪要》表明，这一阶段中国共产党在民族地区开展民族工作，开始重新确立和认真贯彻解放思想、实事求是的思想路线。这就大大突破了过去以阶级或阶级斗争的立场、观点、范畴来界定、划分、判断民族问题的立场或观念，使人们对民族问题的认识脱离了阶级斗争的"窠臼"。

1981 年 6 月召开的党的十一届六中全会，是党和国家拨乱反正、继往开来的一个新的里程碑。全会进一步明确"现在我国的民族关系基本上是各劳动人民之间的关系"。全会指出："在民族问题上，过去，特别是在'文化大革命'中，我们犯过把阶级斗争扩大化的严重错误，伤害了许多少数民族干部和群众。在工作中，对少数民族自治权利尊重不够。这个教训一定要认真记取。"[1] 这次会议提出了我国社会主义时期民族工作的主要内容和要求：必须毫不动摇地坚持实行民族区域自治，充分保障少数民族当家作主的权利；坚决反对一切破坏民族团结和民族平等的言论和行为；要继续贯彻执行宗教信仰自由的政策；等等。全会精神成为党在少数民族地区民族工作的指导思想和行动指南，大大加速了少数民族地区的拨乱反正，这就为民族关系的恢复和好转

---

[1] 国家民族事务委员会、中共中央文献研究室编《新时期民族工作文献选编》，中央文献出版社，1990，第 147 页。

创造了良好的氛围。1982 年 9 月召开的党的十二大，再次在报告中发出"进一步发展国内各民族之间平等、团结、互助的社会主义民族关系"的号召。1982 年 12 月，我国各民族之间"平等、团结、互助"的社会主义新型民族关系被写入"八二宪法"，以国家根本法的形式确立下来。

2. 恢复民族区域自治制度，少数民族地区政治生活逐渐正常化

民族区域自治制度是中国共产党解决国内民族问题，保障国家在高度统一的政治体制下实行保障少数民族平等权益的基本制度，也是全面协调民族关系的核心政策。但是，在民族关系遭受曲折的时期，在"左"的思潮的影响下，一些民族自治地方被撤销或合并，甚至使民族自治地方名存实亡，少数民族的权利很难从制度上得到保障。面对这种情况，党的十一届三中全会以后，党和政府在总结经验教训的基础上，加快了民族区域自治的立法工作。

为贯彻十一届三中全会制定的新时期的总路线和总任务，落实边防工作会议精神，1978 年 2 月，全国人大五届一次全会通过的《中华人民共和国宪法》，恢复了 1954 年宪法中有关民族区域自治的条款；国家民族事务委员会于 1979 年 5 月恢复工作。1982 年新宪法以根本大法的形式肯定和坚持了民族区域自治，并指出：民族区域自治制度是经过实践考验适合我国国情的正确制度。1984 年《中华人民共和国民族区域自治法》的制定和出台，使民族区域自治开始迈向制度化、法制化轨道。至此，民族区域自治制度实现了从"基本政策"到"重要政治制度"的历史性飞跃，实现了政策、制度、法律的三位一体，大大促进了各民族平等政治关系稳步发展。改革开放以后，随着中国民族法制进程的加快，少数民族政治参与的渠道更加畅通，少数民族参政议政日趋活跃，少数民族干部的责任感也不断提高，少数民族干部与

国家出台的重大政策措施形成了一种良性互动关系，逐步建立起正常、规范的、平等的民族政治关系。

3. 切实把经济工作放在民族工作的首位

改革是发展的动力，所有民族问题只有在生产力全面发展之后才能逐步解决。为了增强民族团结，巩固国防，加速少数民族地区的经济文化建设，1979 年党中央在全国边防工作会议上确定：北京支援内蒙古，河北支援贵州，江苏支援广西、新疆，山东支援青海，天津支援甘肃，上海支援云南、宁夏，全国支援西藏。几年来，在党中央的正确方针指引下，对口支援和经济协作逐步开展起来，取得了显著的成效。1985 年，全国少数民族自治地方工农业总产值达到 801 亿元，比 1980 年增长 58.6%。1987 年 1 月，《中共中央统战部、国家民族事务委员会关于民族工作几个重要问题的报告》，对少数民族地区的发展问题强调指出："发展社会主义商品经济，发展社会生产力，是少数民族地区繁荣进步的根本途径，也是加强民族团结，巩固和发展社会主义民族关系的物质基础。"[1]

（二）党的十三届四中全会以后，丰富和完善我国社会主义民族关系

党的十三届四中全会以后，国际政治格局发生巨大变化，我国市场经济体制改革步伐加快，以江泽民同志为核心的党的第三代领导集体站在历史发展和时代要求的高度，敏锐地把握国际国内民族问题的发展变化，进一步回答民族问题的本质是什么，社会主义初级阶段民族问题的规律和特点究竟如何，如何解决少数

---

[1] 国家民族事务委员会、中共中央文献研究室编《新时期民族工作文献选编》，中央文献出版社，1990，第 308 页。

民族和民族地区发展起来以后的新的民族问题，如何巩固已经形成的新型社会主义民族关系等一系列问题；两次召开中央民族工作会议，两次表彰全国民族团结进步先进集体和先进个人；适时作出西部大开发等一系列加快民族地区发展的重大战略决策，把我国民族团结事业成功推向 21 世纪。

1. 提出了"三个离不开"的民族关系理论

中国共产党第三代领导集体丰富和发展了我国民族关系史上"两个离不开"的思想，提出了"三个离不开"的思想。同时指出，我国的民族关系基本上是各族劳动人民之间的关系，是新型的社会主义民族关系。1990 年，江泽民同志指出："在我们祖国的大家庭里，各民族之间的关系是社会主义的新型民族关系，汉族离不开少数民族，少数民族离不开汉族，少数民族之间也相互离不开。"[1] 1992 年 1 月，他又在中央民族工作会议上系统分析了新时期我国民族关系"三个离不开"的三个原因，"一是国家的长期统一；二是各民族相依共存的经济文化联系；三是近代以来各民族在抵御外来侵略和长期革命斗争中结成的休戚与共关系。"[2] "三个离不开"是对我国社会主义民族关系的高度概括，也是对我国民族关系发展规律的深刻总结，对巩固发展我国社会主义民族关系具有强大的实践指向性。1994 年 7 月，他在第三次西藏工作座谈会上讲话时指出："随着商品生产的发展和社会主义市场经济体制的建立，藏族内部、藏族同汉族及其他民族之间的交流和合作必然越来越多。藏汉民族以及与其他民族相互帮助、相互依存、共同进步，谁也离不开谁的关系必然日益增强。这是经济社会发展和民族进步的客观需要和必然趋势，我们应该

---

[1] 国家民族事务委员会政策研究室编《中国共产党主要领导人论民族问题》，民族出版社，1994，第 238 页。

[2] 《江泽民文选》（第 1 卷），人民出版社，2006，第 189 页。

欢迎并促进这种趋势。"①

2. 在完善社会主义民主政治中推进民族平等

坚持民族平等，反对任何形式的民族压迫和歧视是马克思主义民族理论的核心，也是我国民族政策的支柱，是解决民族问题的一项基本原则。江泽民同志 1990 年在新疆考察期间，谈到马克思主义民族观的内容时指出："第一，各民族不分大小、历史长短、发育阶段高低，都应该一律平等，包括政治上的平等权利，发展经济文化的平等权利，语言文字的平等地位。还包括尊重各民族的宗教信仰和风俗习惯等。坚决反对任何民族歧视，反对大民族主义和狭隘民族主义。第二，各民族没有高低优劣之分，每个民族所以能够作为一个民族而长期生息繁衍，都有自己生存发展的能力、优点和特点。"② 中国共产党立足于实现真正的民族平等。在民族平等问题上，以反对民族压迫、民族歧视为出发点，以建立无产阶级人民民主专政的社会主义制度为基本点，以中国共产党的领导和民主政治为政治保证，以社会生产的发展和社会主义市场经济的发展为物质基础，以马克思主义民族观为指导思想，比较好地解决了我国的民族问题。

3. 进一步加强各民族大团结

中国共产党一贯高举马克思主义关于民族团结的旗帜。1992年，江泽民同志从总结历史经验的角度出发，进一步指出："国家统一、民族团结，则政通人和、百业兴旺。"③ 1993 年，江泽民同志在全国统战工作会议上讲话时强调："在民族平等的基础上加强民族团结和祖国统一，是各族人民根本利益之所在"，"各

---

① 《江泽民文选》（第 1 卷），人民出版社，2006，第 396 页。
② 国家民族事务委员会政策研究室编《中国共产党主要领导人论民族问题》，民族出版社，1994，第 238 页。
③ 《江泽民文选》（第 1 卷），人民出版社，2006，第 182 页。

民族同呼吸，共命运，心连心，谁也离不开谁"①。1999 年，江泽民同志在中央民族工作会议上的重要讲话中，把民族团结工作同党的全局工作紧密结合在一起，进一步强调要加强各民族的大团结。2000 年底，在全国统战工作会议上，江泽民同志再一次强调指出，要牢牢把握好大团结、大联合的主题，最大限度地团结一切可以团结的力量，最大限度地调动一切可以调动的积极因素。为了加强各民族的大团结，既要反对大汉族主义，也要反对地方民族主义。在全国，要注意处理好汉族和少数民族之间的关系；在民族自治地方，还要注意处理好自治民族和其他民族的关系。

4. 实践各民族共同繁荣的战略

江泽民同志全面分析了社会主义初级阶段我国社会的主要矛盾，他在 1992 年中央民族工作会议上明确提出："在新的历史时期，搞好民族工作，增强民族团结，核心问题就是要积极创造条件，加快发展少数民族和民族地区的经济文化等各项事业，促进各民族的共同繁荣。"② 为了推动民族地区以西部大开发为契机加快发展，1999 年中央民族工作会议召开。会议以贯彻西部大开发战略，加快民族地区发展，把我国民族团结事业全面推向新世纪为主题，明确地提出了民族地区实施西部大开发战略的五项任务。这一战略的实施在很大程度上促进地区经济的协调发展，为民族关系的协调发展奠定坚实的基础。

（三）党的十六大之后，巩固和发展社会主义民族关系

跨入 21 世纪，以胡锦涛同志为总书记的党中央领导集体，

---

① 国家民族事务委员会政策研究室编《中国共产党关于民族问题的基本观点和政策》（干部读本），民族出版社，2022，第 297 页。

② 《江泽民文选》（第 1 卷），人民出版社，2006，第 183 页。

以马克思主义民族观为指导，针对我国出现的新问题、新情况，再次强调"民族宗教无小事"，也提出了"高举一面旗帜"、"围绕一个目标"、"把握'两个共同'"、突出"五项工作"、"作出一个贡献"等一系列新思想新观点。为进一步开创我国各民族共同团结奋斗、共同繁荣发展的新局面指明了方向，体现了民族工作的时代性。

1. 明确"两个共同"的民族工作主题

2003 年 3 月，胡锦涛同志在全国政协十届二次会议少数民族界委员联组会上首次明确提出，新世纪新阶段的民族工作必须把各民族共同团结奋斗、共同繁荣发展"两个共同"作为主题。2005 年 5 月，胡锦涛同志在中央民族工作会议上，全面、系统、深刻地阐明了"两个共同"的科学内涵及其辩证关系。"共同团结奋斗，就是要把全国各族人民的智慧和力量凝聚到全面建设小康社会上来，凝聚到建设中国特色社会主义上来，凝聚到实现中华民族的伟大复兴上来。共同繁荣发展，就是要牢固树立和全面落实科学发展观，切实抓好发展这个党执政兴国的第一要务，千方百计加快少数民族和民族地区经济社会发展，不断提高各族群众的生活水平。只有各民族共同团结奋斗，各民族共同繁荣发展才能具有强大动力。只有各民族共同繁荣发展，各民族共同团结奋斗才能具有坚实基础。"① 胡锦涛同志提出"两个共同"是对党的民族工作基本经验的精辟总结。回顾民族工作的历史，我们党在各个历史时期都提出过"两个共同"的基本点并付诸实践，但是，把"两个共同"融会贯通起来，有机统一起来，作为民族工作的时代主题，则是第一次。"两个共同"主题的提出，科学

---

① 国家民族事务委员会、中共中央文献研究室编《民族工作文献选编（二〇〇三——二〇〇九年）》，中央文献出版社，2010，第 73 页。

总结了我们党民族工作的基本经验，集中反映了当前我国民族关系的时代特征，具有重大的现实意义和深远的历史意义，成为21世纪以来我们党在民族理论上的重大飞跃。新世纪新阶段把"两个共同"作为民族工作的主题，极大地促进了民族关系的和谐发展。

2. 和谐是民族关系本质特征

2005年胡锦涛同志在中央民族工作会议上首次将社会主义民族关系精辟概括为"平等、团结、互助、和谐"[1]，体现了党对社会主义民族关系特征的新的认识。2006年7月在全国统战工作会议上，胡锦涛总书记进一步强调："平等、团结、互助、和谐的社会主义民族关系，体现了中华民族多元一体的基本格局，体现了中华民族大家庭的根本利益。平等是社会主义民族关系的基石，各民族只有一律平等，才能共同行使当家作主的权力，更好地参与国家事务和地方事务的管理。团结是社会主义民族关系的主线，各民族只有同心同德、携手共进，才能巩固和发展民主团结、生动活泼、安定和谐的政治局面，形成中华民族的强大凝聚力和牢固向心力。互助是社会主义民族关系的保障，各民族只有互相支持、互相帮助、优势互补，才能实现共同发展、共同富裕。和谐是社会主义民族关系的本质，各民族只有和睦相处、亲如一家，才能充分发挥中华民族的整体优势和创造活力，更好地实现中华民族的伟大复兴。"[2] 这些重要论述，第一次把"和谐"作为我国社会主义民族关系的本质特征之一，第一次把民族关系表述为我国政治和社会领域的五大关系之一，体现了构建社会主

---

① 国家民族事务委员会、中共中央文献研究室编《民族工作文献选编（二〇〇三——二〇〇九年）》，中央文献出版社，2010，第69页。

② 国家民族事务委员会、中共中央文献研究室编《民族工作文献选编（二〇〇三——二〇〇九年）》，中央文献出版社，2010，第156页。

义和谐社会对民族关系的总要求，体现了我们党对社会主义民族关系发展规律的深刻把握，是我们党对社会主义民族关系理论的重大突破。

3. 增强"四个认同"，深入开展民族团结教育和创建活动

2007 年在党的十七大上，胡锦涛总书记提出了对"祖国的认同、对中华民族的认同、对中华文化的认同、对社会主义道路的认同"的"四个认同"，不断巩固和发展社会主义民族关系，促进各民族共同团结奋斗、共同繁荣发展。胡锦涛同志也特别强调："民族团结是国家长治久安、兴旺发达的保证。促进民族团结、实现共同进步是民族工作的根本任务。无论在什么情况下，都要坚定不移维护民族团结，大力宣传民族团结的先进典型，进一步构建平等、团结、互助、和谐的民族关系。"[1] 要求把增进各民族的交往交流交融作为加强民族团结的重要途径，着力增强各族群众的"四个认同"，高举维护社会稳定、维护社会主义法制、维护人民群众根本利益、维护祖国统一、维护民族团结的旗帜，促进各民族和睦相处、和衷共济、和谐发展。与此同时，党中央、国务院先后于 2005 年和 2007 年召开了两次全国民族团结表彰大会，各级地方政府也通过诸如"民族团结宣传教育月"等各种形式，开展民族团结进步创建活动。民族团结进步创建活动，是在实践中逐步探索形成的推动民族团结进步事业的重要举措和有效载体，极大地促进了各民族之间的关系。

三 "以铸牢中华民族共同体意识为主线"，加强和巩固社会主义民族关系（2012 年至今）

党的十八大以来，以习近平同志为核心的党中央高度重视民

---

[1] 国家民族事务委员会、中共中央文献研究室编《民族工作文献选编（二〇〇三——二〇〇九年）》，中央文献出版社，2010，第 286 页。

族工作，从实现两个百年奋斗目标和中华民族伟大复兴的战略高度出发，始终坚持马克思主义关于民族问题的基本理论和基本观点，始终坚持在继承中发展，在发展中创新，围绕怎样坚持和完善中国特色解决民族问题的正确道路，提出了一系列新思想、新论断、新要求，形成了习近平关于加强和改进民族工作的重要思想。

（一）坚持走中国特色解决民族问题的正确道路

习近平总书记在 2014 年中央民族工作会议上指出，要准确把握我国统一多民族国家的基本国情，要了解民族地区是我国集"六区"（资源富集区、水系源头区、生态屏障区、文化特色区、边疆地区、贫困地区）于一身的"家底"。习近平总书记特别强调，做好新形势下民族工作必须坚定坚持中国特色社会主义道路，中国特色解决民族问题的道路是正确的。习近平总书记首次阐述了中国特色解决民族问题的正确道路的科学内涵，即坚持党的领导；坚持中国特色社会主义道路；坚持维护祖国统一；坚持各民族一律平等；坚持和完善民族区域自治制度；坚持各民族共同团结奋斗、共同繁荣发展；坚持打牢中华民族共同体的思想基础；坚持依法治国。他指出，中华民族一家亲、同心共筑中国梦是全体中华儿女的共同心愿，也是全国各族人民的共同目标。这一重大论断，赋予了民族工作新的时代内涵和重大历史使命，是习近平总书记关于民族工作的核心理念，也是党中央治国理政新理念新思想新战略在民族工作领域的具体体现。

（二）铸牢中华民族共同体意识

随着中国特色社会主义进入新时代，各民族广泛交往、全面交流、深度交融的新格局逐渐形成，各民族间政治、经济、文化、社会联系的广度深度前所未有。同时，随着改革开放不断深入，我国经济社会结构发生深刻变化，影响民族关系的因素日益复杂，出现了一些新情况新问题。2021 年中央民族工作会议指出，铸牢中华民族共同体意识，是巩固和发展平等团结互助和谐社会主义民族关系的必然要求。只有铸牢中华民族共同体意识，才能增进各民族对中华民族的自觉认同，夯实我国民族关系的思想基础，推动中华民族成为认同度更高、凝聚力更强的命运共同体。

中华民族共同体意识是社会主义民族关系巩固和发展最深厚的思想基础、理论基石、精神之源，为社会主义民族关系巩固和发展提供了思想养分、理论依据、精神动力。铸牢中华民族共同体意识，就是要引导各族人民牢固树立休戚与共、荣辱与共、生死与共、命运与共的共同体理念。因此，铸牢中华民族共同体意识，就要高举中华民族大团结旗帜，促进各民族间相互尊重、相互信任、相互欣赏，和睦相处、和衷共济、和谐发展，广泛交往、全面交流、深度交融，使"五个认同"更加牢固，让各民族真正像石榴籽那样紧紧抱在一起，进一步夯实民族关系的社会基础和思想基础。

（三）促进各民族交往交流交融

习近平总书记指出，一部中国史，就是一部各民族交融汇聚成多元一体中华民族的历史，就是各民族共同缔造、发展、巩固统一的伟大祖国的历史。历史上，我国各民族交往交流交融留下很多佳话。我们党成立以来，始终重视促进各民族交往交流交融、增进各民族团结。进入新时代，我们党深刻认识中华民族发展演进的历史规律，深刻总结历史上处理民族问题的经验得失，强调要促进各民族交往交流交融，既一脉相承赓续党的民族工作光荣传统，又与时俱进作出一系列新的理论概括和战略安排，有利于各民族人口流动融居的政策体系更加完善，实践抓手更加丰富，工作成效更加显著。随着中华民族日益走近世界舞台中央，各民族对中华民族的认同感、归属感、自豪感日益增强，展现出前所未有的大团结大交融新局面。在 2021 年中央民族工作会议上，习近平总书记指出，必须促进各民族广泛交往交流交融，促进各民族在理想、信念、情感文化上的团结统一，守望相助、手足情深。①

2023 年 10 月 27 日，中共中央政治局就铸牢中华民族共同体意识进行第九次集体学习时，习近平总书记强调："要促进各民族广泛交往交流交融，以中华民族大团结促进中国式现代化。"中国式现代化是全体人民共同富裕的现代化，共同富裕要求"一个民族也不能少""一家人都要过上好日子"。党的十八大以来，以习近平同志为核心的党中央团结带领全党全国各族人民开启了人类历史上规模最大的伟大减贫征程，作为主战场的民族地区全面脱贫，28 个人口较少民族全部整族脱贫。促进各民族交往交流，要推进各民族人口流动融居，构建互嵌式社会结构和社区环境，创造各族群众共居共学、共建共享、共事共乐的社会条件，持续深化民族团结进步创建工作。

回顾中国共产党民族工作的历史，平等、团结、互助、和谐的新型民族关系全面确立，无论在广度还是深度上都是前所未有的。事实证明，中国共产党的正确领导是我们找到并不断拓宽中国特色解决民族问题的正确道路的根本保证，是实现各民族像"石榴籽"一样紧紧抱在一起的根本保证。当前，在复杂多变的

---

① 中共中央统一战线工作部、国家民族事务委员会编《中央民族工作会议精神学习辅导读本》，民族出版社，2022，第 27 页。

国内外形势下，新时代我国民族关系在发展中也必然会遇到许多新情况、新问题。所以，在中国共产党的领导下，在复杂多变的国内外形势下，如何进一步协调新时代中国特色社会主义民族关系，促进民族关系的和谐发展，将是摆在我们党和政府面前一项更加艰巨的任务。

第二节　新中国成立以来协调民族关系的经验总结

回顾历史，展望未来，党和国家在构建和发展社会主义新型民族关系方面并非一帆风顺，有时要披荆斩棘，艰苦探索，要实现伟大复兴的中国梦，也还有很长的路要走。在推进新时代新型民族关系不断深化发展过程中，需要我们回顾前70多年走过的路，认真总结以前的经验教训，主要有以下几个方面。

一　不断推进马克思主义民族理论中国化

正如江泽民同志所说："我国民族工作之所以取得如此巨大的成就，最基本的经验，就是我们党始终把马克思主义基本原理同中国民族具体实际相结合。"[1] 新中国成立后，以毛泽东同志为代表的老一辈无产阶级革命家，依据马克思主义的民族理论，提出了"坚持民族平等，加强民族团结"的社会主义历史时期解决民族问题的基本原则和指导方针，开创了具有中国特色解决民族问题的道路。

十一届三中全会后，以邓小平同志为代表的党的第二代中央领导集体，在继承毛泽东民族思想、纠正"文化大革命"在民族

---

[1] 《江泽民文选》（第1卷），人民出版社，2006，第180页。

政策方面发生的"左"倾错误的基础上，进一步丰富了中国化马克思主义的民族理论，开启了社会主义民族工作的新时期。党的十一届三中全会以来，随着党的工作重心的转移，民族工作也不失时机地转移到以经济建设为中心的轨道上来。邓小平同志关于民族问题的许多重要论述显示出一个鲜明的主题即民族发展观，其核心思想也就是要把民族地区尽快发展起来。邓小平关于民族地区发展的思想集中体现在以下两个着眼点。一是观察民族地区的着眼点。邓小平指出："观察少数民族地区，主要是看那个地区能不能发展起来。"二是民族政策的着眼点。邓小平同志指出："不仅西藏，其他少数民族地区也一样。我们的政策是着眼于把这些地区发展起来。"他又指出："中国一个很重要的特点就是没有大的民族纠纷。""中华人民共和国没有民族歧视。"由于我国"没有大的民族纠纷"，"没有民族歧视"，这就为中国 55 个少数民族同汉族一样在政治、经济、文化等各领域享受平等的权利提供了可靠的社会保障。20 世纪 90 年代以后，以江泽民同志为代表的党的第三代中央领导集体在坚持毛泽东民族思想和邓小平民族理论的基础上，又相继提出：要进一步做好民族工作，巩固和发展社会稳定、民族和睦的局面；要把建立和发展平等互助、团结合作、共同繁荣的社会主义民族关系，作为建设具有中国特色社会主义的一项重要原则等重要论断。进入 21 世纪，以胡锦涛同志为总书记的党中央十分重视新形势下民族关系的新发展。在2005 年 5 月中央民族工作会议暨国务院第四次全国民族团结进步表彰大会上，胡锦涛同志强调指出，要"坚持巩固和发展平等、团结、互助、和谐的社会主义民族关系……牢固树立汉族离不开少数民族、少数民族离不开汉族、各少数民族之间也相互离不开的思想观念，促进各民族互相尊重、互相学习、互相合作、互相帮助，始终同呼吸、共命运、心连心"①。从而，使各族人民和睦相处、和衷共济、和谐发展。他还指出，21世纪要"坚持把加快少数民族和民族地区经济社会发展作为解决我国民族问题的根本途径"，是现阶段民族工作的主要任务，因此，必须把各民族共同团结奋斗、共同繁荣发展作为民族工作的主题，加快少数民族和民族地区的经济社会发展，这样才能根本解决影响民族关系的各种矛盾和问题。党的十八大以来，党和国家把马克思主义民族理论普遍真理与我国民族具体实际相结合，不断推进马克思主义民族理论中国化和现代化，提出了一系列关于民族问题的新看法新论断。习近平总书记在2021年中央民族工作会议中明确提出：必须从中华民族伟大复兴战略高度把握新时代党的民族工作的历史方位，以实现中华民族伟大复兴为出发点和落脚点，统筹谋划和推进新时代党的民族工作；必须以铸牢中华民族共同体意识为新时代党的民族工作的主线，不断推进中华民族共同体建设；必须坚持正确的中华民族历史观，增强对中华民族的认同感和自豪感；必须坚持和完善民族区域自治制度，确保党中央政令畅通，确保国家法律法规实施；必须构筑中华民族共有精神家园，使各民族人心归聚、精神相依，形成人心凝聚、团结奋进的强大精神纽带。科学回答了新时代民族工作举什么旗、走什么路等重大问题，是马克思主义民族理论中国化的最新成果，是做好新时代民族工作的根本指针。

总之，坚持马克思主义民族理论同中国民族问题实际相结合，不断发展中国化马克思主义的民族理论，是中国共产党民族理论创新和民族工作成功的最基本的经验。因此，面对新的形势

---

① 国家民族事务委员会、中共中央文献研究室编《民族工作文献选编（二〇〇三——二〇〇九年）》，中央文献出版社，2010，第74页。

和新的任务，我们必须继续解放思想，实事求是，探索新形势下认识和处理民族关系的新思路和新方法，不断开拓马克思主义民族理论中国化的新境界。

二　坚持一切从中国的实际出发，具体情况具体对待

从新中国成立前后探索社会主义民族政策的过程来看，实行什么样的民族政策，在于对中国国情的认识、对中国各民族发展情况的认识及对中国发展阶段的认识。马克思和恩格斯所创立的马克思主义理论是指导中国协调民族关系发展的指导思想，但是，我们从马克思、恩格斯的经典原著中不可能直接找到解决中国民族问题的现成答案。这就需要我们把马克思主义民族理论与新中国成立以来的民族发展的具体实践相结合，创立中国化的马克思主义民族理论，来指导我国民族问题的解决，为我国民族关系的发展指明前进方向。

基于近代中国的基本国情，以毛泽东同志为核心的党的第一代中央领导集体提出了搞好"民族团结、消除隔阂"、"谨慎对待"民族地区改革、"用自己的腿走路"干部选拔、推行民族区域自治等一系列的民族工作原则和政策。改革开放以来，以邓小平同志为核心的党的第二代中央领导集体拨乱反正，理顺"文化大革命"中扭曲的民族关系，调整和恢复我国和谐的民族关系，按照民族地区的特点，结合改革开放以来中国的新变化，建立起"平等、团结、互助"的新型民族关系。党的十三届四中全会以来，以江泽民同志为核心的党的第三代中央领导集体提出"三个离不开"等重要思想，并提出继续坚持和不断完善民族区域自治制度，推动民族地区的经济社会发展，培育少数民族干部等理论观点和政策思想。党的十六大之后，以胡锦涛同志为总书记的党中央提出了"两个共同"的民族工作思想，首次将社会主义民族

关系精辟概括为"平等、团结、互助、和谐",在党的十七大上,又提出了"对祖国的认同、对中华民族的认同、对中华文化的认同、对社会主义道路的认同"的"四个认同",不断巩固和发展社会主义民族关系,促进各民族共同团结奋斗、共同繁荣发展。党的十八大以来,习近平总书记在民族区域自治制度的坚持和完善、民族地区经济社会发展、民族文化建设、民族地区民生建设、民族地区法治建设等方面提出了一系列创造性的理论,这些解决民族问题的理论成果的取得,就是在当代中国基本国情基础上与时俱进地看待中国的民族问题,并思考解决途径的结果。因此,只有与整个社会发展阶段相适应才能真正构建和发展平等、团结、互助、和谐的新型民族关系,任何企图超越社会发展阶段和脱离实际状况而推进民族关系的发展都可能会产生错误的结论,不能准确地引导民族关系的发展方向,甚至会使民族关系发生倒退,这无论是在其他国家还是我国都是有过深刻教训的。新型民族关系是在马克思主义民族理论指导下的实践过程,一系列具体的民族政策和措施都是平等、团结、互助、和谐民族关系得以实现的保障,不要寄希望存在一劳永逸的政策和措施。虽然历史上民族关系状况在一定条件下会对现实民族关系产生影响,但现实社会的政治经济文化等才是影响民族关系的关键因素。所以任何一种效果良好的政策和措施都应在明确原则的基础上根据社会生活的实际变化不断进行调整以适应民族关系发展的要求。

当代中国正处在前所未有的多重社会变革的新时代,面对新时代、新特征,我们还需要继续解放思想,实事求是,充分认识统一多民族国家在不同阶段的基本国情。站在历史的新起点上,我国民族关系的协调与发展,最根本的仍然是坚持从中国的实际国情出发,树立"和而不同,多元一体"的各民族和谐相处的理念,探索适合我国国情的民族关系协调模式。这样,既能保持国家的集中统一，即"中华民族一体"，又能充分保障各少数民族行使平等权利，即"中华民族多元"。应该说，这是维护国家统一，加强民族团结，逐步实现各民族共同繁荣的最好的理论和实践形式；也是与时俱进，运用马克思主义民族理论，探索新时代背景下中国特色社会主义民族关系协调发展的新路径。

三　继续坚持和不断完善民族区域自治制度

中国是一个统一的多民族的社会主义国家，中国共产党成立之后，经过较长时间的理论和实践的双重探索，把马克思主义关于民族自治的理论运用于解决国内民族问题的实践，把民族区域自治作为解决国内民族问题的基本政策和国家的一项基本政治制度，成功地解决了国内民族问题，对马克思主义民族区域自治理论作出了重要贡献。

实践证明，我国的民族区域自治制度是马克思主义的民族自治理论在中国实现的一次飞跃，是中国共产党坚持理论联系实际的丰硕成果，体现了中国各民族人民的共同心愿与根本利益。70多年来，党在坚持和进一步完善民族区域自治制度过程中积累的主要经验有以下几个方面。一是正确认识和处理中央和民族自治地方的关系，切实保障民族自治地方的自治权的实现。二是把发展作为解决民族问题、巩固和完善民族区域自治的中心环节。民族问题归根到底还是发展问题，加快民族地区发展是实行民族区域自治的主要内容。邓小平同志早就说过，不把经济搞好，民族区域自治就是空的。落实民族区域自治制度，关键是帮助自治地方发展经济、改善民生。70多年来，党和国家根据少数民族和民族地区经济发展的实际情况，采取国家帮助、发达地区对口支援和民族地区自力更生相结合的方针，制定了一系列特殊政策和措施，用多种方式帮助、扶持少数民族和民族地区加快经济发展，取得了重大成就。三是重视少数民族人才培养，尤其是民族干部队伍建设。自治机关的自治权是民族区域自治的核心问题，培养、配备少数民族干部又是少数民族行使自治权的组织保证，是实行民族区域自治的一个带有根本性的问题。因此，我们要进一步加强对少数民族干部的政治理论教育，提高他们的政治理论素质；要加强科学文化知识学习，保证少数民族干部科学文化和知识能力素质的不断提高；要制定切实可行的资金投入制度，从经费上保证培养选拔少数民族干部的任务落实到位。

四　发展是解决当前民族问题促进社会和谐的关键和根本途径

发展是党执政兴国的第一要务，是解决中国所有问题的关键，也是解决民族地区困难和问题的关键。加快少数民族和民族地区经济社会发展，是各族群众的迫切要求，也是现阶段解决民族问题的根本途径。[①] 新中国成立以来，中国共产党始终将帮助少数民族和民族地区加快发展作为一项全局性的重大战略任务付诸实施。

无论是"一五"期间，还是改革开放时期，我们都在民族地区安排了一大批重大工程项目，为民族地区的发展奠定了基础。为了促进民族地区的发展，我们制定了一系列的专门针对民族地区的政策。比如在国家制定第一个五年计划时，就专门确定了指导少数民族地区实施五年计划的意见，提出以农业、牧业、贸易、交通为重点的发展目标。十一届三中全会以后，在全面恢复

---

① 本书编写组编著《指导新时期民族工作的纲领性文献——深入学习胡锦涛同志在中央民族工作会议上的重要讲话》，人民出版社，2005，第10页。

和落实民族政策的实践中，1979 年召开的全国边防工作会议提出了东部相对发达的省市"对口支援"西部少数民族地区的发展举措。2000 年实施了西部大开发战略，支持少数民族和民族地区加快发展成了西部大开发的首要任务，以及与此同时开展的专项政策"兴边富民行动""扶持人口较少民族发展"，都为民族地区的发展提供了有利的条件和实实在在的优惠，加快了民族地区的发展。习近平总书记提出的共建"一带一路"，对加快西部民族地区的经济社会发展，也产生了巨大的推动作用。

当前，中国特色社会主义走进了新时代，其主要矛盾是人民日益增长的美好生活需要和不平衡不充分的发展之间的矛盾。对于西部民族地区来说，民族地区的发展不平衡，主要指由于历史、地域、自然条件等因素的影响，西部各民族地区与东部沿海地区之间、各民族地区之间，以及同一少数民族地区内部各方面发展不平衡。发展不充分，主要指民族地区的发展具有特殊性，即一些地区、一些领域、一些方面还存在发展不足的问题，发展的任务仍然很艰巨。因此，就要牢牢把握帮助民族自治地方发展经济、改善民生这一关键任务，以民族区域自治制度为依托，充分发挥中央、发达地区和民族地区"三个积极性"，坚持以科学发展观统领经济社会发展全局，因地制宜科学谋划民族地区发展，充分发挥自身优势，集中各族干部群众的智慧和力量，聚精会神搞建设，一心一意谋发展。要积极创造条件，千方百计加快少数民族和民族地区经济社会发展，多办一些顺民意、惠民生的实事，多解决一些各族群众牵肠挂肚的问题，促进各民族共同繁荣发展，把发挥社会主义制度和民族区域自治制度的优越性落实到发展先进生产力、发展先进文化、实现各民族的根本利益上来。

五 坚持反对民族问题上的两种错误倾向，全面贯彻落实党的民族政策

坚决克服和反对"大汉族主义"和"地方民族主义"。在中国解决民族问题的理论和实践中，最突出的政策指向之一是"反对两种民族主义"。在反对两种民族主义的时候，应重点反对大汉族主义。毛泽东同志曾指出："问题的关键是克服大汉族主义。在存在有民族地方主义的少数民族中间，则应当同时克服地方民族主义。"① 邓小平同志也指出："只要一抛弃大民族主义，就可以换得少数民族抛弃狭隘的民族主义。"② 习近平同志在 2014 年中央民族工作会议上指出："反对'两种主义'问题，从共同纲领到现行宪法都作了规定。大汉族主义要不得，狭隘民族主义也要不得，它们都是民族团结的大敌。大汉族主义错误发展下去容易产生民族歧视，狭隘民族主义错误发展下去容易滋生离心倾向，最终都会造成民族隔阂和对立，严重的还会被敌对势力利用。"③

在反对两种民族主义的同时，还要坚持民族团结的原则，既不能站在大汉族主义的立场上反对地方民族主义，也不能站在地方民族主义的立场上反对大汉族主义。反对两种民族主义还要注意分清两类不同性质的矛盾，分清哪些是敌我矛盾，哪些是人民内部矛盾，切不可上纲上线，"一刀切"。因此，我们在正确认识和处理民族关系时，要坚决反对大汉族主义和地方民族主义，努力完善平等、团结、互助、和谐的社会主义新型

① 《毛泽东选集》（第 5 卷），人民出版社，1977，第 386 页。
② 《邓小平文选》（第 1 卷），人民出版社，1994，第 163 页。
③ 中共中央文献研究室编《习近平关于社会主义政治建设论述摘编》，中央文献出版社，2017，第 155 页。

民族关系。

　　总之，在当前社会转型期，民族关系非常复杂的情况下，认真总结党在构建和发展新型的社会主义民族关系方面积累的丰富经验，对于进一步提高党对民族问题和民族工作的认识，以及推进民族关系的和谐发展，都具有十分重要的理论和现实意义。

第五章　新时代中国民族关系协调发展的历史机遇及实现路径

党的十八大以来，中国特色社会主义进入新时代，以习近平同志为主要代表的中国共产党人，站在坚持和发展中国特色社会主义、实现中华民族伟大复兴的战略高度，谋划部署和推动新时代的民族工作，提出了一系列民族工作的新理念、新思想、新论断，形成了习近平总书记关于加强和改进民族工作的重要论述。新时代中国特色社会主义民族关系协调发展是其重要内容，它是在党和国家的统一领导下，以各民族群众为主体，在认清中国基本国情的基础上，加强社会主义民主政治建设，完善各项民族政策，推动多民族国家的民族事务治理现代化，促进各民族交往交流交融，铸牢中华民族共同体意识。民族关系协调发展是立足我国国情、推进民族团结进步事业的重要举措和有效载体。当前，中国特色社会主义进入新时代，中华民族比历史上任何时期都更接近伟大中国梦的实现。

第一节　新时代中国民族关系协调发展的历史方位

习近平总书记指出："经过长期努力，中国特色社会主义进入了新时代，这是我国发展新的历史方位。"① 这一重大政治论断，赋予党的历史使命、理论遵循、目标任务以新的时代内涵，为我们深刻把握当代中国发展的新阶段新特征，科学制定党的路线方针政策提供了时代坐标和基本依据。② 准确把握当代中国的历史方位，尤其是目前少数民族地区的发展现状和所处的发展阶段，是紧紧围绕共同团结奋斗、共同繁荣发展的主题，制定包括少数民族地区在内的国家发展战略，实现全国各族人民"同心共筑中国梦"总目标的基本前提。

一　"新时代"历史方位的提出

习近平总书记强调，"新时代是中国特色社会主义新时代，而不是别的什么新时代"③。这个新时代，既同改革开放以来的发展历程一脉相承，又体现了很多与时俱进的新特征，内涵丰富，意蕴深远。

党的十九大报告从历史脉络、实践主题等方面展开论述，依次回答了新时代的中国要举什么样的旗、走什么样的路的问题；新时代要完成什么样的历史任务、进行什么样的战略安排的问题；新时代要坚持什么样的发展思想、达到什么样的发展目的的问题等一系列重大问题。作出这个重大政治判断，是改革开放以来特别是党的十八大以来我国社会所取得的历史性成就和发生的历史性变革的必然结果，是我国社会主要矛盾运动的必然结果，

---

① 习近平：《决胜全面建成小康社会　夺取新时代中国特色社会主义伟大胜利——在中国共产党第十九次全国代表大会上的报告》，人民出版社，2017，第 10 页。

② 中共中央宣传部编《习近平新时代中国特色社会主义思想学习纲要》，学习出版社、人民出版社，2019，第 12 页。

③ 中共中央宣传部编《习近平新时代中国特色社会主义思想三十讲》，学习出版社，2018，第 58 页。

也是党团结带领人民开创光明未来的必然要求。

中国特色社会主义进入新时代，不是凭空产生的，更不是一个简单的新概念表述，而是经济社会发展到一定阶段的必然历史飞跃，具有厚重的思想内涵、实践内涵和历史内涵。① 习近平总书记在十九大报告中从五个方面对新时代的本质内涵作出了高度凝练的概括。

第一，这个新时代是承前启后、继往开来、在新的历史条件下继续夺取中国特色社会主义伟大胜利的时代。这是揭示了新时代与中国特色社会主义的关系，明确了当前及下一步推进中国特色社会主义建设的逻辑起点。从历史脉络的角度告诉我们，这个时代是中国人民迎来发展中国特色社会主义的新时代，而不是迎来别的什么新时代；这是新时代的中国特色社会主义，而不是新时代别的什么主义。任何时候，我们都不能脱离中国特色社会主义的理论前提而空泛地谈论"新时代"。习近平总书记指出，中国特色社会主义不是从天上掉下来的，而是"在改革开放四十多年的伟大实践中得来的，是在新中国成立七十年的持续探索中得来的，是在我们党领导人民进行伟大社会革命九十多年的实践中得来的，是在近代以来中华民族由衰到盛一百七十多年的历史进程中得来的，是在世界社会主义五百年波澜壮阔的发展历程中得来的，是在对中华文明五千多年的传承发展中得来的。"② 是党和人民历经千辛万苦、付出各种代价取得的宝贵成果。得到这个成果极不容易。如果把坚持和发展中国特色社会主义看作一篇大文章的话，在中国特色社会主义新时代，我们仍然要紧紧围绕和发展中国特色社会主义这个主题，把

① 中共中央宣传部编《习近平新时代中国特色社会主义思想三十讲》，学习出版社，2018，第55页。

② 中共中央宣传部编《习近平新时代中国特色社会主义思想学习纲要》，学习出版社、人民出版社，2019，第24~25页。

其放在党治国理政的第一位，团结带领人民在奋力实现"两个一百年"奋斗目标的过程中继续把这篇大文章写下去，写精彩，进一步彰显社会主义制度的优越性和强大的生命力。

第二，这个新时代是决胜全面建成小康社会，进而全面建设社会主义现代化强国的时代。这是揭示了新时代与总任务的关系。两个"全面"旗帜鲜明地凸显了新时代中国特色社会主义的实践主题和行动指南。从实践主题的角度出发，指出新时代是奋斗的时代，是全面发展的时代，是实现"两个一百年"奋斗目标的时代。实现社会主义现代化、建设社会主义现代化国家，一直是我们党领导人民不断奋斗的战略目标。对于这一目标的具体认识和把握，经历了一个不断深化和调整的过程。新中国成立以后，我们党对社会主义现代化建设进行了艰辛探索。毛泽东同志提出建设我国的工业、农业、科学文化和国防"四个现代化"；进入改革开放历史新时期，邓小平同志提出现代化建设也要实事求是，从而提出了小康社会的目标，从"三步走"战略、"小康水平"、"全面建设小康社会"到"全面建成小康社会"，社会主义现代化建设目标不断深入和提升。在新时代，我们要紧紧围绕实现"两个一百年"奋斗目标，从经济、政治、文化、社会、生态五个方面全面建设社会主义，攻坚克难，在 2020 年全面如期建成小康社会基础上，分两步走在21 世纪中叶建成富强民主文明和谐美丽的社会主义现代化强国，这也是中国特色社会主义新时代的必然要求和历史任务。

第三，这个新时代是全国各族人民团结奋斗、不断创造美好生活、逐步实现全体人民共同富裕的时代。这是揭示了新时代的人民性的关系。人民性是马克思主义最鲜明的品格，始终同人民在一起，为人民利益而奋斗，是马克思主义政党同其他政党的根本区别。中国共产党作为马克思主义政党，始终从人民利益出发，把全心全意为人民服务作为党的宗旨，无论是在革命、社会主义建设还是在社会主义改革时期都是为人民的利益而进行不屈不挠斗争的。在中国特色社会主义新时代，我们党始终把不断创造美好生活、逐步实现全体人民共同富裕作为发展的目标和归宿，体现了以人民为中心的发展思想，体现了我们党全心全意为人民服务的宗旨。不忘初心，方得始终。为人民谋幸福，让人民过上好日子，这就是中国共产党人的初心。毛泽东同志在新中国成立之初就提出我国发展富强的目标。邓小平同志指出贫穷不是社会主义，社会主义的目的就是要全国人民共同富裕。江泽民同志也强调实现共同富裕是社会主义的根本原则和本质特征，绝不能动摇。胡锦涛同志也要求使全体人民朝着共同富裕的方向稳步前进。习近平总书记也指出实现共同富裕是我们党的历史使命。因此，进入新时代，我们要在新的起点上，适应主要矛盾的变化，回应人民对美好生活的向往，应更加关注人民对美好生活的多样化需求，实实在在地增进全体人民的获得感、幸福感、安全感，努力为人民创造更美好、更幸福的生活，不断朝着全体人民共同富裕的目标前进。

第四，这个新时代是全体中华儿女勠力同心、奋力实现中华民族伟大复兴中国梦的时代。这是揭示了新时代的民族性。实现中华民族伟大复兴的中国梦，就是要实现国家富强、民族振兴、人民幸福。中国梦是国家的梦、民族的梦，也是每个中华儿女的梦。正是实现中华民族伟大复兴这一共同梦想，才把国家、民族和个人连结为一个荣辱与共的命运共同体。"只有这面旗帜，才能巩固全国各族人民大团结，加强海内外中华儿女大团结，齐心协力走向中华民族伟大复兴的光明前景。"[1]

---

[1] 沈江平：《深刻把握和领悟新时代的"新内涵"》，光明网，2018年9月6日，http://theory.gmw.cn/2018-09/06/content_31015210.htm。

　　实现中华民族伟大复兴，是近代以来中国人民最伟大的梦想。为了实现这个伟大梦想，中国人民和无数仁人志士进行了千辛万苦的探索和不屈不挠的斗争，但是经历了一次次失败。直到中国共产党的诞生，义无反顾地肩负起实现中华民族伟大复兴的历史使命，我们才越来越接近这个梦想。中国共产党带领中国人民取得新民主主义革命和社会主义革命的胜利，建立新中国和确立社会主义制度，为民族复兴奠定了坚实的基础。通过改革开放，破除阻碍国家和民族发展的一切思想和体制障碍，为民族复兴注入了强大的生机活力。改革开放40多年来，在党的领导下我国取得了举世瞩目的成就，使中华民族焕发出新的蓬勃生机，使我们比历史上任何时期都更有信心、能力实现中华民族伟大复兴的目标。

　　第五，这个新时代是我国日益走进舞台中央、不断为人类作出更大贡献的时代。这是揭示了新时代的世界性。"当今世界，中国人民的梦想同各国人民的梦想息息相通，实现中国梦离不开和平的国际环境和稳定的国际秩序。"① 改革开放推动着中国走向世界，也促进了中国融入世界②，国家综合国力的增强使中国为人类作出更大贡献有了厚实基础和有利条件，中国的世界责任感也日益强烈起来。中国特色社会主义进入新时代，习近平总书记指出："我们还要同国际社会一道，推动实现持久和平、共同繁荣的世界梦，为人类和平与发展的崇高事业作出新的更大的贡献！"③ 中国将通过深化社会主义现代化实践，探索人类走向现代

---

①　中共中央宣传部编《习近平新时代中国特色社会主义思想三十讲》，学习出版社，2018，第58页。

②　《习近平谈治国理政》（第1卷），外文出版社，2014，第310页。

③　中共中央文献研究室编《习近平关于实现中华民族伟大复兴的中国梦论述摘编》，中央文献出版社，2013，第69页。

化的发展规律，丰富世界现代化发展途径，并同世界各国分享自己的智慧和经验。正如习近平总书记在党的十九大报告里谈到的，"给世界上那些既希望加快发展又希望保持自身独立性的国家和民族提供了全新选择，为解决人类问题贡献了中国智慧和中国方案"。① 中国倡导的"一带一路"是促进共同发展、实现共同繁荣的合作共赢之路，是增进理解信任、加强全方位交流的和平友谊之路，是中国加快走向世界、推动形成全面开放新格局的重大选择。中国在历史上曾经为人类文明作出过卓越贡献，站在新时代的历史起点上，中国一定能为世界和平与发展、人类的繁荣与进步作出更大的贡献。

深刻认识"新时代"的思想意蕴，是坚定不移走中国特色社会主义道路的保证，也是我们在新时代解决民族问题、协调民族关系的重要前提。正如习近平总书记在 2021 年中央民族工作会议上指出的那样，必须从中华民族伟大复兴战略高度把握新时代党的民族工作的历史方位，以实现中华民族伟大复兴为出发点和落脚点，统筹谋划和推进新时代民族工作。这也是我们在新时代推进民族关系协调发展的历史方位。

二 新时代社会主要矛盾转化与民族社会治理转型

唯物辩证法认为，人类社会发展的历史进程，是社会各种复杂矛盾运动的结果，每种矛盾所处的地位、对社会发展所起的作用是不同的，有主次之分。由于主要矛盾影响着其他矛盾，因而对主要矛盾的认识和把握就至关重要，只有找准主要矛盾，才能有针对性地为解决矛盾制定正确的路线、方针和政策。党的十九

① 习近平：《决胜全面建成小康社会 夺取新时代中国特色社会主义伟大胜利——在中国共产党第十九次全国代表大会上的报告》，人民出版社，2017，第 10 页。

大在充分认识我国新世纪以来社会生产力发展水平、人民生活条件的显著变化以及发展中存在的深层次问题的基础上，作出了我国社会主要矛盾已经发生变化的重大判断，强调"人民日益增长的美好生活需要和不平衡不充分的发展之间的矛盾"是新时代我国社会的主要矛盾。经过改革开放 40 多年的发展，我国生产力总体水平、人民群众的生活水平和国家综合实力进入了新的发展阶段。一批尖端技术和高科技，如天眼、风力发电技术、高铁技术、人工智能、量子通信、无人机等在世界处于领先地位。既有世界先进甚至世界领先的生产力，当然也有大量传统的、相对落后甚至原始的生产力，而且不同地区、不同领域的生产力水平和布局还不平衡，发展水平仍然差距较大，收入分配差距仍然较大。发展不平衡不充分的问题已经成为满足人民日益增长的美好生活需要的主要制约因素。新时代我国社会主要矛盾的转化是关系全局的历史性变化，对党在执政实践中制定正确的路线方针政策和国家治理中具有决定性意义和历史性影响。

（一）社会主要矛盾转化决定了新时代民族工作重要任务的重新聚焦

在现代社会，一个政治体系的合法性不仅取决于意识形态和制度安排，而且越来越多地取决于政治体系的实际作为、政治体系为社会提供的政治产品和绩效。二战后，后发展国家面临的最为迫切的一个问题就是经济发展，因此切实地改善和提高人民生活水平，保持较高经济发展速度和水平，就成为人们评价一个政治体系合法性的最主要、最便利的方式。经济发展的合理性一般地总是比较有效地转化为控制和统治的合法性。正如李光耀先生所说，发展中国家接连发生政变的原因就是经济上没有得到发展，人民生活没有得到改善，"一个国家，假如政治、经济上没有进展，老百姓生活没有改善，人民的不满情绪依然存在，或迟或早，该政权都会受到影响"①。以经济发展速度、人民生活水平的实际提高来提供合法性基础，这几乎是所有后发展国家有远见的政治领导人的共识。

党的十九大报告指出："我国社会生产力水平总体上显著提高，社会生产能力在很多方面进入世界前列，更加突出的问题是发展不平衡不充分，这已经成为满足人民日益增长的美好生活需要的主要制约因素。"② 这表明，我国经济社会的显著发展，是我国社会主要矛盾转化的重要基础。

今天，中国特色社会主义进入新时代，我国在生产力水平、人民群众生活水平、国家综合国力、区域发展等方面发生了新的阶段性变化。对我国社会发展主要矛盾的分析判断，一直是中国共产党制定符合中国实际的路线、方针和政策的理论前提。旧的矛盾解决了，新的矛盾接着出现，中国共产党的历史就是不断地深刻认识和判断社会主要矛盾，不断修正错误，不断解决中国社会主要矛盾、从胜利走向胜利的历史。唯物史观认为，社会主要矛盾不是僵化的、一成不变的，而是随着社会历史条件和矛盾两方面的变化而不断发展变化的。一百年党的历史表明，什么时候党对社会主要矛盾分析判断准确，什么时候就能够制定出符合实际的路线、方针、政策和战略，团结带领全国人民取得革命和建设的胜利，什么时候对社会主要矛盾分析判断错误，革命和建设就会遭受挫折和损失。总结回顾改革开放 40 多年的历史，从中共十一届三中全会决定把工作重点转移到社会主义现代化建设方

① 《新加坡之路——李光耀政论集》，新加坡国际出版社，1967，第 171 页。
② 习近平：《决胜全面建成小康社会 夺取新时代中国特色社会主义伟大胜利——在中国共产党第十九次全国代表大会上的报告》，人民出版社，2017，第 11 页。

面、十一届六中全会作出的现阶段社会主要矛盾的科学论断，经过十二大及十四大的"有中国特色"和十三大的"初级阶段"，到十五大对时间和范围的准确把握，即"贯穿我国社会主义初级阶段的整个过程和社会生活的各个方面"，以及从十六大报告中的"仍然是"，再到十七大提出"两个没有变"，及至建党90周年提出的"三个没有变"。这些说明对我国社会发展的主要矛盾是否清晰认识和准确判断，不仅是重大理论问题也是国家治理实践中的关键议题。改革开放40多年快速发展，我国社会生活水平不断迈上新台阶，城镇居民人均可支配收入和农村居民人均可支配收入大幅提高，很多方面在世界上处于"领跑"。但是，也有大量传统的、相对落后甚至原始的生产力。目前，更突出的问题是发展不平衡不充分问题。如何通过科学合理的顶层制度设计、创新以人民为中心的公共政策和体制机制，更好地解决各地方、各单位、各领域出现的不平衡不充分发展问题，聚焦解决人民群众最关注的热点难点焦点问题，实现人民群众在经济、政治、文化、社会、生态等各方面的权益，这决定着我们国家治理的根本任务和工作重点。

我国的少数民族人口占全国总人口的8.89%①，民族地区是我国的资源富集区、水系源头区、生态屏障区、文化特色区、边疆地区、贫困地区。所以，民族工作在党和国家工作全局中具有非常重要的地位。在我国社会主要矛盾发生转化的新时代背景下，研判民族地区社会主要矛盾的转化趋势及其特征，对于解决民族地区社会主要矛盾、推动民族地区实现跨越式发展有重要意义。尤其是改革开放以来，在国家经济实力大幅度提高的基础上，在党和国家的亲切关怀和全国人民的支援下，经过各族人民

---

① 数据来源：《第七次全国人口普查》，国家统计局，2021年5月11日。

的共同团结奋斗，民族地区经济得到长足发展。2005～2013年，民族八省区GDP从1.7万亿元增加到6.4万亿万元，年均增长12.9%，高于全国平均水平；但民族地区基础薄弱，发展条件差，整体落后的状况仍然没有改变，与东部地区相比，民族地区增长速度虽然高，但由于基数小，总量差距还在扩大。[①]

党的十八大以来，党中央更加重视民族工作，站在新的历史起点上谋划民族地区的发展，特别是2014年召开中央民族工作会议后，民族地区与全国一道，在经济、政治、文化、社会、生态文明建设等方面进入了发展最好最快的时期。在中央和其他地区的大力支持下，民族地区的民生工程覆盖面越来越大，基础设施条件和政府公共服务能力均得到了快速改善，人民生活水平显著提升，生态屏障更加巩固，打赢脱贫攻坚战和全国人民一道全面建成小康社会如期完成。同时，民族地区高质量发展仍然面临许多制约，民族地区依然是全面建设现代化国家新征程中的短板。因此，面对新时代主要矛盾的变化，面对民族地区发展不平衡不充分问题，新时代民族工作的重要任务必须向推动各民族为全面建设社会主义现代化国家共同奋斗聚焦。

（二）满足各族人民对美好生活的需要是新时代国家治理的目标指向和根本归宿

十九大对我国社会主要矛盾转化作出重大判断的基本思想表明，新时代各族人民群众的需要已经从"物质文化需求"转化到"美好生活需要"，矛盾根源已经从"落后的社会生产"转化到"不平衡不充分的发展"，这一判断说明，中国共产党领导全国各

[①] 国家民族事务委员会编《中央民族工作会议精神学习辅导读本》（增订版），民族出版社，2019，第47页。

族人民在社会主义征程的伟大实践中，已经解决了人民群众日益增长的物质文化需要同落后的社会生产之间的矛盾。

"美好生活需要"不仅包括既有的"日益增长的物质文化需要"这些实际生活需求，还包括在此基础上衍生出来的健康、快乐、开心，有实现自我的自由、空间和条件等精神层面和意识形态方面的高级需求。原来的实际生活需要并没有消失，而是呈现出升级态势，人们期盼经济上收入多、福利高、待遇好，生活上个性"自由和解放"，能更充分行使人民当家作主的"主人翁"担当，社会建设上实现社会和谐，即人与自然、人与人、人与自我的和谐。新生的精神和意识形态方面的高级需求则呈现多样化多层次多方面的特点。这些"美好"的需求，是我们党下一步有效执政和国家治理的重点领域。人民对美好生活的向往，就是我们的奋斗目标。发展的问题最终要靠发展来解决。解放和发展社会生产力，是社会主义的本质要求。我国社会主要矛盾新的变化决定了，新时代根本任务还是大力解放和发展社会生产力，以新发展理念引领发展，更好地解决各地方、各单位、各领域出现的不平衡不充分发展问题，一步步实现以人民为中心的更高质量、更有效率、更加公平、更可持续的发展，这是新时代国家治理现代化转型的目标指向和根本归宿。

改革开放以来，民族地区的各族群众对多样化的世界了解越来越多，与外界联系的广度和深度都是史无前例的。仅从近年来的物质消费来看，民族地区与其他地区甚至国外的消费模式日渐趋同。同时，随着我国区域发展战略的调整，特别是随着"一带一路"建设的开展、沿海沿边沿江开放开发战略的实施，以及交通、通信条件的极大改善和现代信息技术的普及，民族地区逐渐成为我国改革开放的前沿，各领域都发生了深层次、根本性的变革。在国家加大温饱问题解决力度的基础上，各民族地区与全国同步全面建成小康社会，各族群众的美好生活需要日益广泛，不仅对物质文化生活提出了更高要求，而且对民主、法治、公平、正义、安全、环境等方面的要求日益增长，这些都表现出与其他地区高度一致的趋势。因此，我们要把各族人民对美好生活的向往作为奋斗目标，坚持以人民为中心的发展理念，推动各民族携手并肩，不懈奋斗，努力实现全面建设社会主义现代化国家的宏伟蓝图。

（三）社会主要矛盾的历史性转化对于新时代民族事务治理提出了更高要求

新时代社会主要矛盾变化，也凸显了加快国家治理体系变革的紧迫性。面对国内外形势的变化、面对经济社会发展的要求、面对当今世界日趋激烈的国际竞争，我们要实现社会和谐稳定、国家长治久安，就必须加快提高解决社会矛盾的能力和水平。从党的历史来看，国家和社会的治理，正确的政策和策略制定，都离不开对社会主要矛盾的科学分析和深刻把握。新时代主要矛盾的变化，对政府治理能力提出了更高的要求。我们必须适应社会主要矛盾的新变化，加快完善更好处理社会矛盾的治理体系，把加强党的长期执政能力建设同提高国家治理水平有机统一起来，积极参与全球治理体系建设，不断完善中国特色社会主义制度，推进国家治理体系和治理能力现代化迈上新台阶。

新时代中国社会正在经历着一场翻天覆地的变化，社会结构的各个方面都在转型过程中，所遇到的矛盾和问题尤为复杂。社会主要矛盾本质上是需求和供给之间的矛盾，满足人们需求的供给相对不足、供给结构性失衡主要是不平衡不充分的发展问题导致的。发展不平衡的主要表现为：（1）供需不平衡；（2）区域发展不平衡；（3）产业发展不平衡；（4）城乡发展不平衡；（5）群体间收入和个人发展不平衡；（6）社会、经济、文化、政治和生态文明发展的不平衡。发展不充分主要表现为：（1）我国社会生产力发展得不充分；（2）资源和能源没有得到充分利用；（3）社会事业和民生工程发展不充分；（4）原创性的重大科技创新能力不强、创新发展不充分；（5）依法治国的现代化治理能力和治理体系建设发展不充分；（6）精神文明和政治文明建设发展不充分；（7）文化建设发展不充分。社会主要矛盾的变化，反映了国家能力和国家综合实力的变化，也揭示了转型过程中政府治理所面临主要挑战的变化。

由于我国民族地区特殊的区位、相对落后的发展态势没有改变，与其他地区相比，民族地区社会主要矛盾还呈现自己的特点，发展不平衡不充分的问题在民族地区表现得特别突出。这种"不平衡"不仅表现为民族地区与非民族地区之间发展的不平衡、民族地区之间发展的不平衡、同一民族地区内部发展的不平衡，还表现为城乡之间发展的不平衡、不同民族间发展的不平衡、同一民族内部发展的不平衡等。这种"不充分"表现在民族地区的发展具有特殊性。如西部民族地区一般具有地广人稀的特点，这导致了民族地区的教育、医疗、商贸等事业规模效应低、发展成本高，使民族地区在生态、文化方面的优势难以充分转化为经济方面的优势，最终形成西部民族地区发展的不充分性；民族地区内部发展模式及思想观念的滞后，也导致了民族地区发展的不充分性。因此，民族地区发展的不平衡、不充分需要结合民族文化、民族经济、民族认同等进行具体分析。需要围绕不同民族地区发展不平衡不充分的现实，深入研究，制定有针对性的、差异化的民族工作策略。我国民族地区地域广大，有的区域和群体处于改革开放的前沿，发展水平与发达地区的差别比较小，而更多的地区则处于相对较低的发展水平。在新时代的区域发展格局中，不同地区的发展机会有较大差异，不同地区抓住发展机遇的能力也有较大差异。因此，要完善差别化区域支持政策，支持民族地区全面深化改革开放，提升自我发展能力，推动民族地区融入新发展格局，把民族地区的发展与其他地区的发展紧紧联结在一起，民族地区搭上其他地区经济发展的"快车"，分享其他地区改革发展的红利，为加强民族团结打下了更加牢固的经济基础。

随着中国特色社会主义进入新时代，社会主要矛盾发生变化对民族事务治理提出了新要求。2021 年中央民族工作会议指出，要把民族事务纳入共建共治共享的社会治理格局，为我们在新时代提升民族事务治理体系和治理能力现代化水平提供了重要遵循。为此，就是要把民族事务纳入共建共治共享的社会治理格局，建立依托党委领导、政府负责、民主协商、社会协调、公众参与、法治保障、科技支撑的社会治理体系，将涉及民族因素的矛盾纠纷化解在基层、化解在萌芽状态，确保民族事务治理始终在社会综合治理的大格局下平稳运行。

三　新时代的到来对民族关系协调发展的积极作用

党的十八大以来，以习近平同志为核心的党中央高度重视民族工作，少数民族地区的经济、文化和社会发展水平不断提高，我国各族人民交往交流交融日益增强，各民族在交往中形成了和睦相处、和衷共济、和谐发展的民族关系。

（一）新时代的到来，少数民族地区的经济、文化和社会发展水平的不断提高，是民族关系协调发展的物质根基

政治生活总是要以一定的经济生活为基础的。"严重贫困的群众，根本无法获知参与公共事务的足够的信息，对公共事务进

行有效的讨论"①。只有在经济发展的基础上，在少数民族物质利益增长的同时，才能为少数民族通过公共政治参与来争取、实现和维护好自己物质利益提供必要的基础，从而促进民族关系健康有序的发展。可见，社会经济发展水平对民族关系协调发展有着十分重要的影响。如果国家经济社会发展水平较高、速度较快，各少数民族从发展过程中普遍受益，则少数民族较容易接受和认可国家形态政治体系所倡导的主流政治文化，从而强化国家政治体系的认同。

人类社会文明的历史，就是一部革故鼎新的变革史。对于我国来说，改革开放 40 多年以来，随着国内经济、社会发展和国际环境的变化，我国西部民族地区也正历经着全方位的变革。在一个民族社会结构深刻变动、民族关系错综复杂的国家治理变革时代，西部民族地区社会治理面临诸多挑战与难题。为了适应国家治理转型，充分改变西部民族地区的经济社会发展落后的面貌，党和政府在八个方面实施了一系列加快民族地区经济与社会发展的政策：在扶贫资金、建设项目上向民族地区倾斜；设立专项资金；组织发达省市对民族地区开展对口支援和经济技术协作；实行税收优惠政策；实行金融优惠政策；对人口较少民族的发展重点扶持；制定并实施专项规划；因地制宜，扶持民族地区发展。这些政策的实施，极大地改变了少数民族地区贫困落后的面貌，某些少数民族还实现了跨越式发展。如在内蒙古，贯彻落实中央和自治区党委关于推动少数民族和民族地区加快发展的决策部署，把切实保障和改善民生作为本地区经济社会发展的出发点和落脚点，着力解决各族群众最关心最直接最现实的利益问题；大力推进兴边富民行动，扶持人口较少民族加快发展。在宁

---

① 科恩：《论民主》，商务印书馆，1979，第 111 页。

夏，自治区党委、政府主动适应国家治理转型的大背景，认真贯彻中央民族工作会议精神，坚持民族因素和区域因素相结合，以推动基本公共服务均等化为着力点，放眼全国大局，牢固树立新发展理念，坚持稳中求进工作总基调，立足本地实际，突出区域特色。大力实施创新驱动发展战略，聚集发展能源化工、装备制造、现代化纺织等特色优势产业；加快推进特色旅游、现代畜牧等特色产业；加快推进现代物流、现代金融、信息软件等特色服务业。2017 年，全区服务业对经济增长贡献率提高到 53.1%；加大创新投入力度，研发投入占地区生产总值比重达到 1.02%，东西科技合作深入推进，创新创业孵化园达 205 个。① 坚持推进内陆开放型试验区建设与推进"一带一路"建设相结合，扎实推进开放型经济发展，等等。中国国家统计局发布数据显示，整个 2019 年，民族地区 8 个省区的经济增长速度大多超过全国平均的 6.1% 增长速度，平均增速为 6.8%。其中，广西为 6%，云南为 8.1%，贵州为 8.3%，内蒙古为 5.2%，西藏为 8.1%，青海为 6.3%，新疆为 6.2%，宁夏为 6.5%。② 另外，居民可支配收入也有很大的提高，其中西藏城镇居民可支配收入增速、农村居民可支配收入增速均高于全国平均水平和其他民族省区。从这些数据充分说明了，十八大以来，在国家治理转型的大背景下，国家的"一带一路"倡议和其他政策的支持下，民族 8 省区进入跨越式发展、科学发展的轨道，GDP 发展速度较快，大多数超过了全国平均水平。

---

① 王延中、隋青主编《中国民族发展报告（2018）》，社会科学文献出版社，2018，第 55 页。
② 《2019 年民族八省区经济发展和产业现状分析》，中国民族网，2020 年 11 月 3 日。

（二）新时代的到来，坚持依法治理民族事务，提升民族事务治理现代化水平，从而健全了民族关系协调发展的保障机制

国家治理体系的现代化，还应注重制度化、规范化、法治化。民族关系协调发展需要强有力的政治制度作保障，这是政治发展的内在要求。在社会结构深刻变动、民族关系错综复杂的变革时代，现代国家制度体系是现代国家治理体系的主导性要素。完善制度体系的目的就是要规范民族与民族之间的关系，确定国家的权力与民族的权利，使新的制度设计能够满足社会需求，推动社会经济事业的有效发展。多民族国家内的民族成员对国家的认同，首先是认可该国家的基本制度和一些重要体制。只有建立具有高度连续性和稳定性的现代政治制度，才能有助于实现多元社会主体的利益表达和利益整合、公民制度化的政治参与水平，乃至整个民主政治的发展。相反，体制和制度供给不足，必然降低政府效能，政治体系既不能调和多元政治力量之间的利益矛盾，也不能将政治系统内不同参与主体纳入有序政治运作的过程之中，从而对国家政治体系的认同"力不从心"。

作为一种国家制度架构，一方面是维持政治系统的动态稳定，另一方面是保障政治系统的良性运转。对于中国这样的多民族大国而言，政治体系的健全与完善不仅包括国家政治体系，还包括民族政治体系。国家治理转型时代，西部少数民族地区必须加快政治制度化建设的步伐，以适应经济迅速发展和社会转型的需要。由于西部少数民族地区面临着更加复杂的社会矛盾，从这个意义上讲，这些地区政治制度化建设更加迫切。为此，贯彻落实依法治国基本方略，逐步用法律规范民族关系，把民族问题的解决纳入法治化轨道。建立公正廉洁的司法制度，综合运用法

律、调解等方法来解决影响民族团结的各种矛盾与纠纷。坚持把民族事务治理纳入法治化轨道，着力推动形成办事依法、遇事找法、化解矛盾靠法的良好法治环境。民族自治地方依照当地民族的政治、经济和文化特点，应抓紧制定《民族区域自治法》相关专项法规、配套规章，制定和修改自治条例、单行条例，健全民族工作法律法规体系，健全和强化相关法律实施的监督机制，依法保障各民族公民合法权益。如在宁夏，先后颁布实施了《民族教育条例》《关于尊重少数民族风俗习惯的规定》等160多件地方法规和政府规章。为贯彻落实《中央办公厅、国务院办公厅关于依法治理民族事务促进民族团结的意见》（中办〔2017〕1号）精神，自治区党委办公厅、政府办公厅联合印发《关于依法治理民族事务促进民族团结的实施意见》，明确提出依法治理的"六大行动"（民族工作法律法规贯彻落实行动、民族团结进步创建行动、各民族公民合法权益依法保障行动、影响民族团结矛盾纠纷排查化解行动、民族工作理论研究行动、民族事务依法治理保障行动），着力推动民族事务依法治理法制体系建设。与此同时，专门召开城市民族工作会议，专门研究部署城市民族工作。加强对新闻、出版物、文艺节目中涉及民族宗教因素内容的审查，坚决防止发生伤害民族感情、违反民族政策、影响民族团结的情况。高度关注涉及民族宗教方面的网络舆情，协调有关部门加强引导管控，加大正面宣传力度，及时回应社会热点，积极采取应对措施，充分发挥各类媒体对民族团结进步舆论的正面引导作用。可见，依法治理民族事务的根本就是用法治思维和方式来做好民族工作，用法律来保障民族团结，用民族事务治理法治化来促进民族关系科学发展。

（三）新时代中国共产党的历史使命，确保国家治理转型中民族关系协调发展的组织领导作用

一个国家的政治体系能否长期连续性和稳定性地运转，权力核心坚强与否是一个重要的前提。马克斯·韦伯认为，"现代经济发展必然促成社会的高度分殊化从而导致整个社会具有日益多元分散的社会离心力倾向"①。在这种情况下，该社会的政治主导力量应该具备核心能力和自主性，整合各种国家治理资源，使多元分散的社会利益群体仍能凝聚为各民族整体的政治意志和政治向心力，以适应社会结构和政治心理的巨大变动。所以，对于多民族国家而言，各个民族由于语言、文化、宗教、生活习俗、经济利益等方面的差异，社会政治主导力量通过一定的政治运作机制将不同的族群整合进国家政治体系当中，实现各族群之间的"和谐共生"，是一个既紧迫又棘手的世界性难题。

中国共产党是以马克思主义为指导思想的无产阶级政党，是中国特色社会主义事业的领导核心。习近平总书记指出："实现中华民族伟大复兴，就是中华民族近代以来最伟大的梦想。"② 中国共产党一经成立，就把实现共产主义作为党的最高理想和最终目标，义无反顾肩负起实现中华民族伟大复兴的历史使命。中国特色社会主义经过 40 多年改革开放的大踏步前进，特别是党的十八大以来取得历史性成就和发生历史性变革，已经进入了新时代、处于新的历史方位。立足新起点，我们党既要看到前景十分光明，也要看到挑战十分严峻，要登高望远、居安思危，勇于变

① 参见唐桦《"政治成熟"与中国的政治成熟之路》，《东南学术》2004 年第 6 期。
② 《习近平谈治国理政》（第 1 卷），外文出版社，2014，第 36 页。

革、勇于创新。众所周知，中国共产党是无产阶级的先锋队，代表着中国14亿最广大人民的根本利益，党执政的本质就是"立党为公，执政为民"，这就决定了中国共产党在处理民族问题上能够公正无私，高瞻远瞩，廉洁奉公，实事求是，得到各族人民的衷心拥戴。中国共产党能从中国实际出发，制定和落实促进民族关系与社会和谐的民族政策，做好民族工作，实现各民族平等的政治权利。中国共产党能不断加强和改进民族地区基层党组织建设，充分发挥基层党组织推动发展、服务群众、凝聚人心、促进和谐的作用。一百年来，我们党一直初心不改、矢志不渝，心系包括少数民族在内的全国各族人民，朝着"两个百年奋斗目标"奋勇前行。新时代中国共产党的历史使命，就是统揽伟大斗争、伟大工程、伟大事业、伟大梦想，凝聚起亿万人民同心共筑中国梦。中国治理转型的新时代到来，坚持党的科学执政、民主执政和依法执政三者的有机统一，推进执政方式现代化、科学化，提高现代治理能力，才能从国家政权建设和执政方式的取向上夯实合法性基础，促进民族关系的有效运转。

第二节　新时代中国民族关系协调 发展的总体要求

我国是一个统一的多民族国家，我国各族人民的大团结具有深厚的历史渊源和广泛的现实基础。新中国成立以来，尤其是改革开放以来，我国始终从战略高度认识和把握促进民族关系协调发展的重要性，基于改革开放以来中国民族关系发展的实际情况，采取多种措施，不断探索实现和谐发展的路径，保持民族社会稳定的战略大局，也积累了在统一多民族国家中维护社会稳定的丰富经验。目前，我国正处于全面深化改革的新时代，发展是我们党和国家的头等大事，而改革也正进入"攻坚""深水"阶段，迫切需要一个长期稳定的社会环境。因此，在新时代如何协调好民族关系，促进"各民族要像石榴籽那样紧紧抱在一起"，维护社会和国家的和谐稳定，为中华民族伟大复兴的中国梦早日实现营造一个安定团结的社会秩序，是至关重要的大事。

一　主线：铸牢中华民族共同体意识

对于我国这样一个统一多民族国家而言，民族团结至关重要。多民族国家统一是否持久与其人民在公共生活中的身份认同关系甚大。在当代世界，深受民族分离主义困扰的国家或地区，如加拿大、比利时、英国、苏丹等，基本上有一种共同的现象，那就是某些少数民族的民族认同冲击甚至超过国家认同。认同问题是人类与生俱来的一种强烈的心理需求和情感归属，它可以成为统一多民族国家内族际政治整合的心理基础，也可以成为破坏多民族国家结构体系有序运转的原动力。国家结构体系的和谐运转，首先取决于人们对其存在其中的国家的认可与服从，反映的是多民族国家内的各个民族及民族成员对它的总体认同。维持并强化国家认同是国家政治体系正常运转必不可少的合法性来源。它是以"国家"这一政治共同体为最高认同对象，归属国家与维护国家统一完整为内涵和表现形式的政治认同。进入民族国家时代以来，由于少数民族自身的文化属性与国家公民的政治属性的互动及其特殊性、复杂性，多民族国家采取何种方式整合国内多种族类共同体，保护和捍卫国家主权和领土完整，实现多民族国家内的政治建构问题就成了多民族国家民族关系协调的主题。有鉴于此，需要建立一个立体网络系统的国家认同教育体系，改变政治社会化机构流于形式的现状，从多方面、多角度，综合运用多种措施去推进，使其社会成员逐步具有合乎政治体系要求的共同"政治准则"、"政治价值"和"政治认同",从而将多民族地区的社会成员塑造成现代意义上的合格"政治人",强化中华民族共同体意识,要教育引导各民族干部群众牢固树立自己是中华民族一员的意识。

事实上,铸牢中华民族共同体意识首先是一个认同问题。习近平总书记指出:"铸牢中华民族共同体意识,就是要引导各族人民牢固树立休戚与共、荣辱与共、生死与共、命运与共的共同体理念。"① 核心是引导各族人民对伟大祖国、对中华民族、对中华文化、对中国共产党、对中国特色社会主义道路的认同。这种认同首要的就是文化认同。"文化认同是最深层次的认同,是民族团结之根、民族和睦之魂。文化认同问题解决了,对伟大祖国、对中华民族、对中国共产党、对中国特色社会主义道路的认同才能巩固。"② 中华文化是各民族文化的集大成。少数民族文化是中华文化不可分割的重要组成部分,各民族都对中华文化作出了重要贡献。在长期生产实践中,中华各民族共同创造了中华文化的源远流长。

一部中华民族共同体发展史,就是各民族不断接触和融合,互相支持、互相尊重、团结合作、患难与共、携手并进的历史。费孝通教授通过对中国各个民族历史的考察,总结中华民族"它的主流是由许许多多分散存在的民族单位,经过接触、混杂、联结和融合,同时也有分裂和消亡,形成一个你来我去、我来你去,我中有你、你中有我,而又各具个性的多元统一体"。③ 从过

---

① 中共中央统一战线工作部、国家民族事务委员会编《中央民族工作会议精神学习辅导读本》,民族出版社,2022,第11页。
② 国家民族事务委员会编《中央民族工作会议精神学习辅导读本》(增订版),民族出版社,2019,第196页。
③ 费孝通:《中华民族的多元一体格局》,《北京大学学报》(哲学社会科学版)1989年第4期。

程论来看，中华民族逐渐从自在走向自觉，从多元走向一体。鸦片战争以前，中华民族是自在的民族实体。鸦片战争以后，特别是抗日战争以来，中华民族面临生死存亡的巨大危机，各个民族认识到只有团结起来，共同抵抗外来侵略，才能避免亡国灭种的厄运。新中国成立后，中国共产党从革命党转变为执政党，面对中华民族内部各个民族发展很不平衡的问题，首先是帮助经济、文化水平相对落后的少数民族发展。改革开放以来，少数民族和民族地区各项建设事业取得巨大成就，此时加强中华民族一体化建设就显得尤为重要。当前，我们铸牢中华民族共同体意识，就是要增强中华民族一体化建设，提升中华民族的凝聚力。

身处新时代，铸牢中华民族共同体意识是实现中华民族伟大复兴的中国梦的必然要求，是维护各民族根本利益的必然要求，是巩固和发展平等团结互助和谐社会主义民族关系的必然要求，是开创民族工作新局面的理想指针和根本遵循。习近平总书记强调，做好新时代党的民族工作，要把铸牢中华民族共同体意识作为党的民族工作的主线，这就要求我们必须把铸牢中华民族共同体意识贯穿于民族工作各领域、全过程。首先，要创新民族地区发展理念，推动各民族共同走向社会主义现代化。要处理好共同性和差异性的关系，按照增进共同性原则，推动民族工作正确处理物质和精神的关系，赋予所有改革发展以彰显中华民族共同体意识的意义，以维护统一、反对分裂的意义，以改善民生、凝聚人心的意义，让中华民族共同体牢不可破。其次，要构建铸牢中华民族共同体意识宣传教育常态化机制，纳入干部教育、党员教育、国民教育体系，搞好社会宣传教育。运用新技术、新媒体、新手段，深化民族团结教育，着重开展"五观教育"、"五个认同"、"两个共同"和"三个离不开"的思想宣传教育，宣扬中华民族"多元一体"格局形成的历程,一以贯之地开展国家观、历史观、民族观、文化观、宗教观教育实践活动,引导各族人民牢固树立休戚与共、荣辱与共、生死与共、命运与共的共同体理念。再次,要正确把握中华民族共同体意识和各民族意识的关系,引导各民族始终把中华民族利益放在首位,本民族意识要服从和服务于中华民族共同体意识,要在实现好中华民族共同体整体利益进程中坚持正确的,调整过时的,更好保障各民族群众合法权益。最后,要守住意识形态阵地,积极稳妥处理涉民族因素的意识形态问题。

党的十九大报告中明确指出:"全面贯彻党的民族政策,深化民族团结进步教育,铸牢中华民族共同体意识,加强各民族交往交流交融,促进各民族像石榴籽一样紧紧抱在一起,共同团结奋斗、共同繁荣发展。"[①] 事实证明,解决好民族问题,既要解决好物质方面的问题,也要解决好精神方面的问题。铸牢中华民族共同体意识就是要通过加强文化认同、政治认同,铸牢各族人民团结奋斗的心理基础和思想基础,形成普遍的社会风气和社会意识,使各族人民"心往一处想、劲往一处使、拧成一股绳",自觉维护国家统一、民族团结、社会和谐,共同致力于中华民族伟大复兴的中国梦。

二 重点:持续深化民族团结进步创建工作

"民族团结是我国各族人民的生命线",是习近平总书记在中央民族工作会议讲话中基于古今中外正反两个方面的经验教训得出的重要论断。"民族团结进步创建是在党的领导下,以各民族

---

① 习近平:《决胜全面建成小康社会 夺取新时代中国特色社会主义伟大胜利——在中国共产党第十九次全国代表大会上的报告》,人民出版社,2017,第40页。

群众为主体，通过巩固和加强社会主义民族关系的综合举措，促进各民族交往交流交融，铸牢中华民族共同体意识，创造性推动我国民族团结进步事业的实践过程。"① 中国共产党在推进中国民族团结的历史进程中，牢牢把握各民族共同团结奋斗、共同繁荣发展的主题，坚持从本国国情出发，总结历史经验，借鉴世界其他国家的有益做法，开创了具有中国特色的解决民族问题的正确道路，确立并实施了以民族平等、民族团结、民族区域自治和各民族共同繁荣为基本内容的民族政策，形成了比较完备的民族政策和法律体系，使各民族之间形成了平等、团结、互助、和谐的社会主义民族关系。民族团结成为中国处理民族问题的根本原则，也是中国民族政策的核心内容。开展民族团结进步创建活动，是党和国家加强和改进民族工作的一项重大决策和战略部署，是立足国情、推进民族团结进步事业的重要举措和有效载体，成为中国特色解决民族问题道路的重要内容，也是党和国家民族工作理论方针和各项工作制度的重要组成部分。

回首 70 余年，我国民族团结进步事业经验弥足珍贵。中华民族生生不息，靠的是各民族团结友爱；中华民族繁荣富强，靠的是各民族团结友爱；中华民族伟大复兴，还要靠各民族团结友爱。新中国民族工作的历史就是一部中国共产党团结和带领全国各族人民团结奋斗的历史。民族团结进步创建活动源自长期历史实践，不同历史时期有不同的具体目标和实践要求，但持续得到各族干部群众的广泛认同和支持。② （1）萌芽与发端阶段（20 世纪 50~70 年代）。新中国成立初期，党和国家在全国范围进行了

---

① 王延中、隋青主编《中国民族发展报告（2018）》，社会科学文献出版社，2018，第 1~2 页。

② 王延中、隋青主编《中国民族发展报告（2018）》，社会科学文献出版社，2018，第 2~6 页。

民族调查和民族识别工作。对各少数民族，凡是具有构成单一民族条件的，无论人口多少、历史长短、居住地域大小、社会发展水平高低，在政治上一律被认定为民族，使少数民族都能作为平等的一员参与国家的政治生活，真正贯彻了民族平等的原则。我国民族团结进步创建工作发端于"民族团结宣传月"活动。1953年，吉林省延边朝鲜族自治州召开第一次民族团结模范代表会议，率先决定把每年的9月确定为"民族团结宣传月"，集中宣传党的民族理论和民族政策，对全州各族人民进行民族团结教育。1952年、1957年党和国家组织了两次全国范围内的民族政策执行情况大检查，从民族团结的愿望出发，防止和克服妨碍民族团结的大汉族主义和地方民族主义倾向。1956年，毛泽东同志在《论十大关系》中，明确指出反对大汉族主义和地方民族主义，"诚心诚意地积极帮助少数民族发展经济建设和文化建设"，"巩固各民族的团结，来共同努力于建设伟大的社会主义祖国"。[1] 1957年，毛泽东同志在《关于正确处理人民内部矛盾的问题》的重要讲话中，指出"国家的统一，人民的团结，国内各民族的团结，这是我们事业必定要胜利的基本保证"。[2] 这些重要的论断确立了民族团结进步事业的重要地位。（2）探索与发展阶段（十一届三中全会至2009年）。党的十一届三中全会揭开了思想解放和改革开放的历史序幕，同时走上了恢复和改善我国民族关系的正确轨道。各地在贯彻落实中央指示精神过程中，创造性地开展了形式多样的民族团结宣传活动，取得了良好的社会效果。1983年，新疆把每年5月定为"民族团结教育月"，内蒙古将每年9月定为"民族团结表彰活动月"。一些民族自治地方也

---

① 《毛泽东文集》（第7卷），人民出版社，1999，第34页。
② 《毛泽东文集》（第7卷），人民出版社，1999，第204页。

陆续设立了"民族团结月"。此后，在湖南湘西土家族苗族自治州、甘肃甘南藏族自治州等地州及一些民族自治县，每逢成立五周年或十周年庆祝活动，集中开展民族团结宣传教育活动。1984年《中华人民共和国民族区域自治法》的颁布实施，将民族工作带入法治化的时代。1988年召开的全国第一次民族团结表彰大会，名称正式定为"民族团结进步先进表彰大会"。各地广泛开展的民族工作中陆续增加了加快少数民族地区和少数民族经济社会发展的新内涵。"民族团结活动"的名称也随之变更为"民族团结进步活动"。进入21世纪，在普遍开展"民族团结宣传月"和民族团结进步表彰活动的基础上，各地创建和谐地区、和谐村镇、民族事务平台等新的实践形式陆续呈现。2006年，国家民委启动全国民族团结进步教育基地评审命名工作。（3）创建与推进阶段（2009年以来）。2009年9月，胡锦涛同志在国务院召开的第五次全国民族团结进步表彰大会上指出，要认真组织开展民族团结进步创建和表彰活动，第一次明确提出了"民族团结进步创建活动"的概念。2010年3月，中央宣传部、中央统战部和国家民委联合下发了《关于进一步开展民族团结进步创建活动的意见》（以下简称《意见》）。2010年6月、7月和2011年2月，三部委先后三次联合召开民族团结进步创建活动以及经验交流视频会，贯彻落实三部委《意见》，推进民族团结进步创建活动。2011年3月，胡锦涛同志在全国政协十一届四次会议上再一次明确指出，"要积极开展民族团结进步创建活动"。同年在中共中央、国务院印发的《关于加强和创新社会管理的意见》中，鲜明提出"广泛开展民族团结进步创建活动"的要求。2012年，国家民委印发了《关于推进武陵山片区创建民族团结进步示范区的实施意见》，这是国家层面首个指导区域开展创建活动的政策文件。2012年6月，中央宣传部、中央统战部、国家民委在宁夏银川联合召开"全国民族团结进步创建活动经验交流会"。2013年7月，国家民委制定《全国民族团结进步示范州（地区、市、盟）测评指标体系（草案）》，探索州市级创建工作。2013年9月，《全国民族团结进步教育基地评审命名办法》颁布施行。2014年中央民族工作会议指出，要充分运用新技术、新媒体、多渠道、全方位开展宣传教育和创建活动。要创建一批能起示范作用的社区、乡村、单位、学校、连队等。2019年全国民族团结进步表彰大会强调，要把民族团结进步创建全面深入持久开展起来，创新方式载体。2021年中央民族工作会议指出，要深入开展民族团结进步创建，着力深化内涵、丰富形式、创新方法。这些部署进一步深刻指明了新时代民族团结进步创建工作的着力点，为深化民族团结进步创建工作提供了根本遵循和明确指导。

民族团结进步创建活动从新中国成立之初发端，沐浴改革开放的春风，到新世纪的蓬勃发展，再到新时代的深化提升，始终坚持与时代同行，始终坚持以创新推动创建。党的十八大以来，以习近平同志为核心的党中央对新形势下民族工作提出一系列新理念新思想新战略，为推进民族团结进步事业指明了方向。随着中国特色社会主义进入新时代，新时代民族团结进步创建活动要适应新时代发展的历史方位，全面深入持久开展民族团结进步创建工作，为实现中华民族伟大复兴中国梦凝聚民族智慧和精神力量。我们高举中国特色社会主义伟大旗帜，坚持以铸牢中华民族共同体意识为根本方向，以加强各民族交往交流交融为根本途径，以依法治理民族事务为根本保障，以各民族同心共筑中国梦为总目标，扎实做好新时代民族团结进步创建工作。习近平总书记指出，"增强民族团结的核心问题，就是要积极创造条件，千方百计加快少数民族和民族地区经济社会发展，促进各民族共同繁荣发展"①。这就把促进民族团结工作与实现各民族共同发展进步有机结合起来，将创建活动的重点既落脚到改善民族关系上，又植根于地区和国家现代化进程中，形成民族团结进步的持久动力。准确把握新时代民族团结进步创建活动的核心和本质要求。创建活动的核心问题是促进民族团结，促进各民族交往交流交融，让"三个离不开"思想深入人心，铸牢中华民族共同体意识，实现共同团结奋斗、共同繁荣发展的目标；高度重视各民族共有精神家园和中华民族共同体意识建设。建设好各民族共有精神家园，铸牢中华民族共同体意识，是实现"中华民族一家亲、同心共筑中国梦"的重要前提。这是新时代民族工作的重要内容，也是推动民族团结进步创建活动向纵深发展的指导思想；扎实推进民族理论政策和民族工作实践的创新发展。创新，是民族团结进步创建的生命之源。实施创新驱动，要抓好顶层设计，找准切合实际的方向、目标和工作重点。开展各种形式的民族团结进步教育是必要的，但是民族团结进步创建活动绝不是单兵突进的教育工作，还必须根据国家对民族工作的宏观定位，在促进民族工作的实践创新上下功夫。中国不仅在处理复杂多样的"民族问题"实践方面卓有成效，而且形成了正确处理中国民族问题的正确道路和理论自觉。如何根据形势需要不断提升民族理论水平，如何稳妥地推进民族政策的动态调整，对于做好新时代民族团结进步创建活动是至关重要的。

三　途径：促进民族交往交流交融

一部中华民族的历史，就是中华各民族不断交往交流交融的

---

① 中共中央文献研究室编《习近平关于协调推进"四个全面"战略布局论述摘编》，中央文献出版社，2015，第37页。

历史。我国自秦朝以来就是统一的多民族国家,各民族在漫长的历史长河中,通过不断交往交流交融,形成了共生共荣的共同体。各民族交往交流交融,是中国历史上的普遍现象,也是中华民族形成和发展的内在机理和基本动力。2019年9月,习近平总书记在全国民族团结进步表彰大会上指出:"高举中华民族大团结的旗帜,促进各民族交往交流交融","促进各民族共建美好家园、共创美好未来"。① 党的十九大报告进一步明确要"加强各民族交往交流交融,促进各民族像石榴籽一样紧紧抱在一起,共同团结奋斗、共同繁荣发展"。② 各民族交往交流交融是新时代处理民族工作的重要思想,是社会发展的必然趋势,是社会主义民族关系的发展方向,是构建和衷共济、和睦相处、和谐发展的新型民族关系的必然选择,对于推动我国各民族共同团结进步、共同繁荣发展具有重要意义。

"交往""交流""交融"是人们在处理族群之间关系的历史过程中产生的一组时空文化关系。民族交往是指各民族之间的接触、往来,是民族生产和发展的一种方式,本质是不同民族之间人际关系的协调;民族交流是民族交往形式背后的具体内容;民族交融是社会主义初级阶段民族交往交流的本质要求。民族交融是民族交往、民族交流的高级阶段。民族交融是在保持原有民族特色的基础之上,在民族交往中不断吸收其他民族的特色,从而达到一种相互尊重、相互理解、和谐发展的状态。"五千年中华文明发展史也是各民族交往交流交融的历史,其中共有五次民族

---

① 习近平:《在全国民族团结进步表彰大会上的讲话》,人民出版社,2019,第10页。
② 习近平:《决胜全面建成小康社会 夺取新时代中国特色社会主义伟大胜利——在中国共产党第十九次全国代表大会上的报告》,人民出版社,2017,第40页。

大迁徙、大互动、大融合。"① 从华夏族的形成到汉族的形成、发展，直到中华民族的诞生，无不伴随着交流交往、整合交融。由此可见，各民族交往交流交融是我国历史上民族关系发展的主流。每一次融合之后，无论是少数民族还是汉族，都展现出新的面貌和新的姿态。2014 年中央民族工作会议指出："正是我国历史演进的这个特点，造就了我国各民族在分布上的交错杂居、文化上的兼收并蓄、经济上的相互依存、情感上的相互亲近，形成了你中有我、我中有你，谁也离不开谁的多元一体格局。"② 多民族并呈现一体性是我国的一大特色，各民族共同开发了祖国的锦绣河山、广袤疆域，共同创造了悠久的中国历史、灿烂的中华文化。

　　每个民族以其独特文化吸引并影响其他民族成员，在长期的互动过程中，各民族相互了解、相互欣赏、相互学习、相互借鉴、取长补短、共同发展，达到感情相依、情感交融，形成"你中有我，我中有你"的互嵌式文化格局，促进了民族交往交流交融向纵深方向发展。民族交往交流交融是一个自然的过程，有其自身的规律性。在推进民族交往交流交融的过程中要坚持尊重规律、循序渐进、多维并举的原则，以经济交往为基础，形成空间上的集聚，降低交往成本、加深交往深度，促进交往结构的互嵌，进而在文化思想领域形成一元主导、多元文化共存发展的格局，最终促进民族大融合大发展。今天，实现国家富强、民族振兴、人民幸福的中国梦，需要进一步加强各民族交往交流交融。习近平同志指出："实现中国梦必须凝聚中国力量。这就是中国各族人民大团结的力量。""加强中华民族大团结，长远和根本的是增强文

---

①　何星亮：《民族交往交流交融 促进中华民族复兴》，《人民日报》2017 年 7 月 28 日。

②　国家民族事务委员会编《中央民族工作会议精神学习辅导读本》（增订版），民族出版社，2019，第 22 页。

化认同，建设各民族共有精神家园，积极培养中华民族共同体意识。"① 民族交往交流交融是促进民族团结、培养中华民族共同体意识的关键。促进各民族交往交流交融，关键要正确认识交融、切实尊重差异、逐步缩小差距。要深刻认识到，随着民族交往交流的增多，会极大促进交融，这是历史趋势，是中华民族发展进步的必然结果。当然，涉及亿万人的交往交流交融过程，不可能没有一点磕磕碰碰。关键是看清主流，把握大势，及时化解，促进各民族在理想、信念、情感、文化上的团结统一、守望相助、手足情深。

总之，民族交往是基础，民族交流是实质，民族交融是核心。在扩大各民族交往交流中促进民族交融，将推动各民族在各个方面互嵌式发展，共同为实现中华民族伟大复兴的中国梦而努力奋斗。为此，要广泛开展各族群众喜闻乐见、形式多样的民族团结交流活动，着力推动建立相互嵌入式的社会结构和社区环境，从居住生活、学习工作、休闲娱乐等日常环节着手，在尊重差异、尊重民族风俗习惯的前提下，借助团结共建、认亲结对、相互扶助等方式，引导各族成员在互动中加深了解、增进情谊，在潜移默化中不断强化中华民族共同体意识。只要我们把促进各民族交往交流交融工作做细、做深、做实，使中华民族的凝聚力、向心力更强大，让各民族同呼吸、共命运、心连心的优秀传统代代相传，我们定能更好地维护民族团结、社会稳定、国家统一。

四　根本保障：依法治理民族事务

法治是人类政治文明的重要成果，是现代社会治理的基本手

---

① 国家民族事务委员会编《中央民族工作会议精神学习辅导读本》（增订版），民族出版社，2019，第 195 页。

段。民族事务治理法治化是全面依法治国的重要组成部分，是新时代做好民族工作的重要指引。依法治理民族事务，铸牢中华民族共同体意识，必须实施建设法治国家战略。习近平总书记在2014 年中央民族工作会议上的重要讲话中强调指出，"要用法律来保障民族团结"，并强调，"只有树立对法律的信仰，各民族群众自觉按法律办事，民族团结才有保障，民族关系才会牢固"。① 习近平总书记的讲话强调了要用法律保障民族团结，指明了依法治理民族事务的关键点，为依法加强民族团结、铸牢中华民族共同体意识提供了法治保障。2017 年，中共中央办公厅、国务院办公厅印发了党的历史上第一个依法治理民族事务的专门文件《关于依法治理民族事务促进民族团结的意见》，要求在民族工作领域要更好地运用法治思维、法治理念和法制方式调处民族事务，依法维护和保障各民族公民的权利、权益，依法妥善处理影响民族团结的矛盾纠纷，依法严厉打击破坏民族团结的一切行为，依法完善相关政策，办好服务于民生的实事。在 2021 年中央民族工作会议上，习近平总书记首次明确提出："必须坚持依法治理民族事务，推进民族事务治理体系和治理能力现代化。"②

民族事务是涉及民族因素的公共事务，具有民族性和公共性，主要涉及政治、经济、文化、教育等领域。对我们这个统一的多民族国家来说，处理好民族事务、做好民族工作，是关系祖国统一和边疆巩固的大事，是关系民族团结和社会稳定的大事，是关系国家长治久安和中华民族繁荣昌盛的大事。我国历代封建

---

① 国家民族事务委员会编《中央民族工作会议精神学习辅导读本》（增订版），民族出版社，2019，第 288 页。

② 中共中央统一战线工作部、国家民族事务委员会编《中央民族工作会议精神学习辅导读本》，民族出版社，2022，第 29 页。

王朝都高度重视对民族事务的管理，早在秦汉时期，就设置"道""属邦"等民族事务管理机构，设专职对民族事务进行管理，直至清代设立理藩院。同时，历代王朝出于统治的需要，都制定过一系列调整民族关系的法律规范和相关政策。这些法律和政策在一定程度上促进了不同民族之间的交流，增强了中华民族的凝聚力，但这些民族事务管理模式和理念都是为了维护封建等级制度，不能从根本上维护少数民族的相关权益。我们党始终重视用法治来保障民族团结。早在 1931 年制定的《中华苏维埃共和国宪法大纲》就宣布中华苏维埃政府执行民族平等政策。1949年新中国成立前夕就制定起临时宪法作用的《中国人民政治协商会议共同纲领》，专门就新中国的民族政策做了 4 条原则规定，明确规定在全国范围内实行民族区域自治。1952 年，中央人民政府批准实施《中华人民共和国民族区域自治实施纲要》，在全国范围内推行民族区域自治制度。1954 年，我国第一部宪法颁布，以国家根本大法形式确认了我国民族平等、民族团结、民族区域自治、各民族共同繁荣的基本原则和基本政策。1984 年颁布的《中华人民共和国民族区域自治法》，是法律地位仅次于宪法的基本法律之一，内容涵盖了少数民族和民族地区政治、经济、文化、社会、生态等各方面事务，这是我国民族工作法治化轨道上的重要里程碑。1993 年，国家颁布了《城市民族工作条例》和《民族乡行政工作条例》，使散居地区的民族工作也有法可依。2005 年，《国务院实施〈中华人民共和国民族区域自治法〉若干规定》出台，填补了自治法配套行政法规的空白，有力地带动了国务院各部门规章和地方性法规的制定。截至2020 年，现行有效的 286 件法律中，除宪法、民族区域自治法之外，还有 89 部法律对民族问题做了规定。民族自治地方制定了139件自治条例和900余件单行条例。① 新中国成立70多年来逐步建立起以宪法为根本，以民族区域自治法为主干，与其他法律、法规、规章相衔接的民族工作法律法规体系。从我国民族区域自治的实践上看，各民族基本上形成了平等、联合的民族关系。如我国的宪法和民族区域自治法赋予了各民族平等的公民权利，各少数民族与汉族以平等的地位参与国家和地方事务的管理。

尤其是党的十八大以来，以习近平同志为核心的党中央高度重视民族法治建设，民族法律法规体系更趋完善。近年来，国家制定修改的法律和行政法规中，有20部对相关民族事务作出专门规定，《中华人民共和国国家安全法》《中华人民共和国中医药法》《中华人民共和国旅游法》等对加强民族团结、维护国家统一以及保障各民族平等权利和合法权益作出了规定；《中国公民民族成份登记管理办法》等一批与公民密切相关的部门规章相继出台；民族自治地方制定修订了20余部自治条例和200多部单行条例，为依法有效治理民族事务提供了必要的法律支撑。但同时还要看到，民族法律法规体系建设仍存在一些短板。主要表现为：民族区域自治法在部分领域还缺乏配套的、细则性的部门规章、地方自治条例等规范性文件；涉及民族因素的矛盾纠纷呈现易发、高发趋势，对用法律保障民族团结提出了更高的要求；民族法律法规的宣传教育力度不够，民族地区部分群众法治意识不强，涉及民族团结的矛盾和问题有不少是由于群众不懂法或不守法造成的；在日常的现实生活中，民族地区民事纠纷的解决方式，如违法追究机制、纷争平衡机制、立法技术等都有待完善；

① 中共中央统一战线工作部、国家民族事务委员会编《中央民族工作会议精神学习辅导读本》，民族出版社，2022，第29页。

等等。对此，要坚持问题导向，着眼于现实需求，进一步强化体系建设。一方面，要秉持宪法精神，重点围绕民族区域自治法，不断细化和完善配套法规，稳步做好专门类民族法律法规制定修订，推动各地区各部门加以贯彻落实，把法治贯彻到民族工作的每一个领域和环节；另一方面，要制定好民族法治宣传教育规划，广泛深入开展党的民族理论政策和国家民族法律法规的宣传教育，帮助各族群众牢固树立法治意识，自觉遵守国家法律和有关规定，推动形成办事依法、遇事找法、化解矛盾靠法的良好法治环境。

党的十八大以来，以习近平同志为核心的党中央全面推进依法治国方略，把民族工作法治建设摆在重要位置，将"实现中华民族伟大复兴"写入宪法，开启了依法治理民族事务的新篇章。一方面，依法治理民族事务是全面依法治国的重要内容。只有依法治理民族事务，才能解放和增强民族地区社会活力、促进公平正义、维护社会稳定、确保长治久安。只有依法治理民族事务，织密法律之网，强化法治之力，才能为民族地区事业发展提供根本性、全局性、长期性的制度保障，确保民族地区在深刻变革中既生机勃勃又井然有序。另一方面，依法治理民族事务是促进民族团结的重要保障。历史证明，民族团结、国家统一，则政通人和、百业兴旺，反之，民族团结遭到破坏，就会导致社会动荡、发展停滞、各族人民遭殃。民族团结是各族人民的生命线，是各族人民利益之所在。法治为促进民族团结提供准绳，为维护民族团结提供行为规范，为打击分裂行径提供武器，在法治轨道上处理民族事务，民族关系协调发展就有了最可靠的保障。为此，一是完善民族工作法律法规体系，打牢推进民族工作领域治理体系和治理能力现代化的坚实基础。在今后的工作中，我们要站在坚持和完善中国特色社会主义法治体系的高度，以习近平法治思想和习近平总书记关于加强和改善民族工作的重要论述为根本遵循，以铸牢中华民族共同体意识为政治标尺，将民族事务纳入法治轨道，稳步做好专门类民族法律法规的立改废释工作；同时，将维护民族团结、保障各民族合法权益的相关要求融入国家整个法律体系之中，为依法有效治理民族事务提供全面的法律支撑。二是构建高效的法治实施体系，把握推进民族工作领域治理体系和治理能力现代化的关键环节。面对新时代新任务新要求，我们要始终坚持加强党对依法治理民族事务的领导；保障各民族公民平等权利和合法权益，依法处理涉及民族因素的案（事）件；针对少数民族和民族地区经济社会发展过程中存在的重点问题和突出困难，以法治形式予以合理规范和有效解决。三是提升全民族法治素养，强化推进民族工作领域治理体系和治理能力现代化的重要保障。我们要通过做好法治宣传教育，教育引导各族群众在掌握必要的法律知识的同时，树立法治信仰，增强法治意识，使法治成为人们的思维方式、工作方式和生活习惯，让"看得见"的法治形式内化为人们的法治信仰。

五　总目标：中华民族一家亲，同心共筑中国梦

马克思主义关于民族团结的基本观点，是指各民族和睦相处，友好往来，互助合作，协同奋斗，和谐发展。中国共产党在领导我国各民族进行革命、建设和改革的历程中，继承和发展了马克思主义关于民族团结的理论。"共同团结奋斗、共同繁荣发展"是新时代中国共产党民族工作的主题，是中国共产党对马克思主义民族理论的新发展。"中华民族一家亲，同心共筑中国梦"是党的十八大以来，习近平总书记回应新形势下我国民族工作中的重大理论和实践问题，形成的有关民族工作重要论述的核心理念，成为我国民族团结进步事业强大的思想指引和总目标。这一总目标强调，各民族根本利益的共同性和一致性，把维护民族团

结和国家统一作为神圣职责和最高利益，把各民族的智慧和力量凝聚到促进民族团结、建设美好家园上来，努力实现各民族和睦相处、和衷共济、和谐发展。

2012年11月29日，习近平总书记在国家博物馆参观"复兴之路"展览时，第一次阐释了"中国梦"的概念。他说："现在，大家都在讨论中国梦，我以为，实现中华民族伟大复兴，就是中华民族近代以来最伟大的梦想。"① 之后，习近平总书记在多个场合指出"中国梦"是每个中国人的梦，需要每一个民族、每一个中华儿女共同为之奋斗。他指出："中华民族具有5000多年连绵不断的文明历史，创造了博大精深的中华文化，为人类文明进步作出了不可磨灭的贡献。经过几千年的沧桑岁月，把我国56个民族，13亿多人紧紧凝聚在一起的，是我们共同经历的非凡奋斗，是我们共同创造的美好家园，是我们共同培育的民族精神，而贯穿其中的、最重要的是我们共同坚守的理想信念。"② 2015年国庆前夕会见基层民族团结优秀代表时，习近平总书记进一步提出，实现中华民族伟大复兴的中国梦是各民族大家的梦，也是我们各民族自己的梦。中国共产党就是团结和带领各族人民向着中华民族伟大复兴、向着人民更加美好的生活奋斗。"两个一百年"奋斗目标，需要在社会主义核心价值观的基础上凝聚各民族的共识，并在各民族协调发展中形成和睦相处、和衷共济、和谐发展的团结合力。中华民族伟大复兴是中华各民族的共同理想，是中国各民族要实现的"中国梦"。实现"两个一百年"的奋斗目标，需要各民族"共同团结进步"作出主观上的努力，这既要求各民族要有发展的积极性，也要求这种积极性能够凝聚

① 《习近平谈治国理政》（第1卷），外文出版社，2014，第36页。
② 《习近平谈治国理政》（第1卷），外文出版社，2014，第39页。

到"两个一百年"目标之中，确立为各民族奋发向上的精神理想。在民族协调发展中依靠"共同团结进步"的理想和信念，使各民族精神充实，拧成一股绳，投身于实现"两个一百年"的时代洪流之中。各民族有了这种共同团结奋斗的精神，中华民族的精神纽带将更加牢固。

每个民族都是祖国大家庭中的重要成员，中华民族的伟大复兴与每个民族的生存发展、繁荣进步息息相关。习近平同志指出："增强民族团结的核心问题，就是要积极创造条件，千方百计加快少数民族和民族地区经济社会发展，促进各民族共同繁荣发展。"① 新中国成立以来，少数民族地区得到了很大发展，但相比于东部沿海地区，西部民族地区群众的生活水平还相对较落后，必须加快发展，实现跨越式发展。各民族共同繁荣发展是中国特色社会主义本质的体现，是建设中国特色社会主义现代化的必然要求，也是中国特色社会主义民族关系协调发展的根本目标。在新时代的大背景下，如何解决少数民族地区社会主义现代化，实现跨越式发展，促进国内各民族共同繁荣进步，是一项伟大的任务。当前是促进我国各民族共同繁荣进步的关键时期，为此，我们要紧紧围绕共同富裕目标，全面改革开放；加强基础设施、城镇化和生态文明建设，不断释放民族地区发展潜力；依托西部大开发和共建"一带一路"的历史机遇，促进中东部与边疆各族群众交往交流交融；开展对口支援，必须突出重点、精准发力，对边疆民族地区实行差别化的区域政策；把优势资源开发好、利用好，推动产业结构上水平；发挥好中央主导，促进发达地区与民族地区的协调发展，把政策动力和内生潜力有机结合起

---

① 中共中央文献研究室编《习近平关于协调推进"四个全面"战略布局论述摘编》，中央文献出版社，2015，第 37 页。

来，逐步缩小发展差距，实现区域协调发展。同时，继续深入开展民族团结进步创建活动，积极引导健康向上的促进民族团结的思想意识，反对只顾本民族利益的消极的民族意识，要鼓励各民族相互学习、相互交流，实现和谐相处、共同进步，最终实现全国各族人民的共同富裕。

新中国成立 70 多年来，我国各族人民在中国共产党领导下，创造性地把马克思主义民族理论同中国民族问题具体实际相结合，走出一条中国特色解决民族问题的正确道路，开辟了发展各民族平等团结互助和谐关系的新纪元。习近平总书记从八个方面作出了高度概括。一是坚持党的领导。这是做好民族工作的根本保证。二是坚持中国特色社会主义道路。这是民族工作必须牢牢把握的政治方向。三是坚持维护国家统一。这是国家最高利益所在、各族人民根本利益所在。四是坚持各民族一律平等。这是立国的根本原则之一。五是坚持和完善民族区域自治制度。这是我国的一项基本政治制度。六是坚持各民族共同团结奋斗、共同繁荣发展。这是民族工作的主题。七是坚持打牢中华民族共同体的思想基础。这是国家统一之基、民族团结之本、精神力量之魂。八是坚持依法治国。这是党领导人民治理国家的基本方略。① 这八个方面的经验弥足珍贵、十分重要，必须在今后的工作中长期坚持。

党的二十大强调，"从现在起，中国共产党的中心任务就是团结带领全国各族人民全面建成社会主义现代化强国、实现第二个百年奋斗目标，以中国式现代化全面推进中华民族伟大复兴。"② 因此，

---

① 国家民族事务委员会编《中央民族工作会议精神学习辅导读本》（增订版），民族出版社，2019，第 40~41 页。

② 习近平：《高举中国特色社会主义伟大旗帜　为全面建设社会主义现代化国家而团结奋斗——在中国共产党第二十次全国代表大会上的报告》，人民出版社，2022，第 21 页。

从社会主义的平等团结互助和谐民族关系的内在逻辑结构上看，当代中国各民族协调发展是以中华民族共同体意识培育为主线、以民族团结进步创建工作为重点、以促进民族交往交流交融为基本途径、以法治治理民族事务为根本保障，以实现中华民族伟大复兴的"中华民族一家亲，同心共筑中国梦"为总目标所组成的"五维立体结构"的一种动态民族关系协调模式。在新时代中国特色社会主义的伟大实践中，我们要以党的坚强领导和顽强奋斗，激励全体中华儿女不断奋进，凝聚起同心共筑中国梦的磅礴力量。

第三节　新时代中国民族关系协调发展的实现路径

"民族问题只有和发展着的历史条件联系起来看才能得到解决。某个民族所处的经济、政治和文化的条件便是解决该民族究竟应当怎样处理自己的事情和它的未来宪法究竟应当采取什么形式这一问题的唯一关键。同时，很可能每个民族解决问题都需要用特殊的方法。如果在什么地方必须辩证地提出问题，那正是在这个地方，正是在民族问题上。"[①] 因此，在民族问题上，每个国家都必须依照本国的国情来寻找解决之路。在新时代的背景下，结合当前的国情，我们要坚定不移地走中国特色解决民族问题的正确道路。

一　坚持党对民族工作的领导，坚定不移走中国特色解决民族问题的正确道路

习近平总书记强调："民族工作能不能做好，最根本的一条

---

① 《马克思恩格斯列宁斯大林论民族问题》，延边人民出版社，1959，第103页。

是党的领导是不是坚强有力。中国共产党的领导是民族工作成功的根本保证，也是各民族大团结的根本保证。"① 中国共产党是多民族国家保持统一、稳定与和谐的政治灵魂，坚持党对民族工作的领导，这是由中国共产党的性质决定的。中国共产党是中国工人阶级的先锋队，同时是中国人民和中华民族的先锋队，是中国特色社会主义的领导核心，代表最广大人民群众的根本利益，而不代表某个民族、某个集团的狭隘利益，因此，促进民族关系协调发展，必须由一个理论先进、人民拥护的政党来领导。在中国，只有中国共产党可以担此大任。历史证明，有了中国共产党，中国才结束了四分五裂的政治局面，实现了各民族的大团结，成功开辟出一条符合中国国情的革命道路，建立起新中国。也正是在中国共产党的领导下，我们找到了一条带领全国各族人民富起来的中国特色社会主义道路，并在强起来的道路上继续前进。

我们党历来重视少数民族的发展问题，中国共产党从成立之日起，就把解决中国民族问题作为自己的历史使命，对外求中华民族的彻底解放，对内求国内各民族之间的平等。在党的历史宣言和一些重要文献中，都把解决民族问题列为重要的内容之一。在探索解决中国民族问题正确道路的过程中，能够始终从中国实际出发，制定和落实促进民族关系协调发展的行之有效的民族政策。

2014 年中央民族工作会指出，做好民族工作关键在党、关键在人。只要我们牢牢坚持中国共产党的领导，就没有任何政治势力可以挑拨我们的民族关系，我们的团结统一在政治上就有充分保障。因此，做好新时代的民族工作，必须坚持党对民族工作的

---

① 中共中央文献研究室编《习近平关于社会主义政治建设论述摘编》，中央文献出版社，2017，第 159 页。

领导。

首先，各级党委要把民族工作摆在重要位置，把懂不懂民族工作、会不会搞民族团结作为考察领导干部的主要内容。中国共产党一直十分重视少数民族干部的培养和使用。新中国成立后，毛泽东同志作为第一代领导集体的核心，对培养和使用干部，包括少数民族干部的重要性有过多次论述。毛泽东在给西北局《关于西北少数民族工作的请示》的回复中，强调"要彻底解决民族问题，完全孤立民族反动派，没有大批从少数民族出身的共产主义干部，是不可能的"。[①] 党的十一届三中全会以来，以邓小平同志为核心的第二代领导集体依据中国民族发展的实际不断提出中国共产党的培养少数民族干部思想。1981 年，邓小平在视察新疆时曾说，"新疆的工作能不能搞好，关键是干部问题"，并特别强调"要切实帮助少数民族地区发展经济文化，努力培养和提拔少数民族干部"[②]。以江泽民同志为核心的第三代领导集体在我国民族问题的具体实践中也重申了关于培养和使用少数民族干部的思想。1992 年 1 月，江泽民同志在中央民族工作会议上指出："完善民族区域自治制度、全面贯彻落实民族区域自治法，关键在于大力培养少数民族干部，加强民族地区干部队伍建设。"[③] 以胡锦涛同志为总书记的党中央关于少数民族干部的思想，体现在他的《高度重视、切实做好少数民族干部的培养选拔工作》和《在中央民族工作会议暨国务院第四次全国民族团结进步表彰大会上的讲话》中。他特别强调："培养选拔少数民族干部，既要注重量，更要注重质。在质的问题上，既要注重整体素质提高，也要注重

---

① 《中国共产党主要领导人论民族问题》，民族出版社，1994，第 42 页。
② 国家民族事务委员会、中共中央文献研究室编《新时期民族工作文献选编》，中央文献出版社，1990，第 147 页。
③ 《江泽民文选》（第 1 卷），人民出版社，2006，第 188 页。

个体素质提高。"① 党的十八大以来，以习近平同志为核心的党中央深刻洞察国际风云变幻的形势，深入研究党和国家事业发展对民族工作的时代命题，深刻思考新形势下加快民族地区发展的根本大计，提出了许多关于培养和使用少数民族干部的思想。习近平总书记在 2014 年中央民族工作会议上强调，少数民族干部是党和国家干部队伍的重要组成部分，是党和政府联系少数民族群众的重要桥梁和纽带，是做好民族工作的重要骨干力量，要大力培养、大胆选拔、充分信任、放手使用少数民族干部。② 可见，要着力建设一支维护党的集中统一领导态度特别坚决、明辨大是大非立场特别清醒、铸牢中华民族共同体意识行动特别坚定、热爱各族群众感情特别真挚的民族地区干部队伍是民族地区经济社会发展、民族关系和谐以及社会稳定的组织基础。

其次，要夯实基层基础，推动党政机关、企事业单位、民主党派、人民团体一起做好民族工作。加强民族地区基层党组织建设，及时整顿软弱涣散基层党组织，在基层组织中牢固确立党的领导核心地位，确保基层党组织和干部在推动发展、服务群众、凝聚人心、促进民族关系和谐方面发挥战斗堡垒作用意义是不言而喻的。"做好民族工作关键在党、关键在人。" 为此，应从以下几个方面加强少数民族干部队伍建设。（1）加强理论学习，提升干部队伍素质。民族地区基层领导干部要认真学习马克思主义、毛泽东思想和中国特色社会主义理论体系，尤其是习近平新时代中国特色社会主义思想。把党性修养和个人修养结合起来，用习近平新时代中国特色社会主义思想武装自己，不断增强科学

---

① 《胡锦涛文选》（第 1 卷），人民出版社，2016，第 66 页。
② 国家民族事务委员会编《中央民族工作会议精神学习辅导读本》（增订版），民族出版社，2019，第 231 页。

精神和创新精神，敢于结合民族地区具体实际创造性地开展工作。（2）大力培育少数民族干部。新时代的到来，我国民族地区经济、政治、文化、社会和生态文明等建设取得了巨大成绩，但是目前仍然还存在着发展不协调、不充分的客观事实，国际上也正处于"百年未有之大变局"之时，此时的中国是机遇与挑战并存，民族地区也不例外。所以，新时代呼唤新担当，新时代需要新作为，要按照"政治坚定、业务精通、善于领导、群众基础、高素质"等几个标准来培养和使用少数民族干部，尤其是"善于领导"对当前少数民族干部队伍建设具有深远意义。（3）注重年轻干部的培养。社会基层是年轻干部成长的摇篮。通过选派优秀的年轻少数民族干部到条件比较艰苦的基层和困难企业挂职等形式来锻炼或学习，有针对性地让他们了解当地老百姓和企业的真正需求，在基层磨炼意志，解决思想不够解放，创新能力欠佳、观念落后等问题，在实践中积累经验，锻炼能力，以期未来成为国家的"中流砥柱"。（4）建立少数民族干部工作的监督和测评体系。少数民族干部工作要制定具体规划、具体目标、具体措施，对少数民族干部要定期进行考察，实行动态管理。民族地区的各级干部要具有强烈而坚定的立场意识，无论何时何地都要与党和国家在政治上、思想上和行动上保持高度一致，把维护祖国统一、反对民族分裂、维护民族团结作为主要的衡量和考察标准。

最后，还要加强民族领域基础理论问题和重大现实问题研究，创新中国特色社会主义理论政策的话语体系，提升在国际上的影响力和感召力。2016 年 5 月，习近平总书记在哲学社会科学工作座谈会上指出："在解读中国实践、构建中国理论上，我们应该最有发言权，但实际上我国哲学社会科学在国际上的声音还比较小，还处于有理说不出、说了传不开的境地。要善于提炼标识性概念，打造易于为国际社会所理解和接受的新概念、新范畴、新表述，引导国际学术界展开研究和讨论。这项工作要从学科建设做起，每个学科都要构建成体系的学科理论和概念。"① 民族学科何尝不是如此。我们要通过我们的话语体系，牢牢掌握舆论的主动权和主导权，让互联网成为构筑各民族共有精神家园、铸牢中华民族共同体意识的最大增量。

二 推动民族地区加快现代化建设步伐，建设经济繁荣民族团结环境

马克思曾经说："物质生活的生产方式制约着整个社会生活、政治生活和精神生活的过程。"这就是说，社会的精神生活、政治生活是由社会的物质生活所决定的，上层建筑是由经济基础决定的。同样，不解决少数民族和民族地区的发展问题，尤其是经济和社会发展差距以及在此过程中产生的利益冲突，必然会在民族间产生隔阂和矛盾冲突。加快民族地区经济发展和社会进步是解决民族问题、促进民族关系和谐的根本途径。新中国的建立，彻底废除了民族压迫制度，少数民族在政治上享有了民族平等权利，实现了中国历史上空前未有的国家大统一。但是，各少数民族和民族地区由于历史原因形成的经济社会发展的不平衡性和落后状况，在新中国成立之初依然明显存在。党和国家对加速发展少数民族地区的经济建设，一贯坚持国家大力帮助和少数民族自力更生相结合的方针。为此，党和国家在不同时期，依据国家的总任务，从民族地区的实际出发，制定出一系列相应的方针和特殊的政策、措施。（1）国家在制订国民经济和社会发展计划的同时，有步骤地在少数民族地区安排重点工程，调整那里的单一经济结构，发展多种产业，以提高综合经济实力。同时，要求各省、自

---

① 《在哲学社会科学工作座谈会上的讲话》，人民出版社，2016，第24页。

治区和有关部门结合当地实际，既要照顾到少数民族的要求，又要充分顾及各民族当前发展阶段的特点和不同情况。（2）制定和实施优惠政策。国家为帮助民族地区经济建设，设立了"民族地区补助费""少数民族地区财政预备费""支援不发达地区发展基金""西藏建设专项补助"等多项财政专项资金，以支援西部和边疆少数民族地区。（3）实行轻税和减免负担。国家对少数民族地区在农业、牧业、工商业等方面也给予一定的税收减免政策。（4）积极开展扶贫工作，改善民族地区的生产生活条件。国家设立的各项扶贫基金，在分配上向少数民族贫困地区倾斜，帮助少数民族地区改善基础设施。（5）开展对口支援和经济技术协作。新中国成立以来，党和国家一直组织发达省、市对口支援民族地区。以联合促开放，以开放促开发，这对于促进民族地区和发达地区经济的共同发展，起到了重要的推动作用。2000 年实施西部大开发战略后，民族地区的经济发展进入一个重要的新阶段。2015 年 3 月 28 日，国家发展改革委、外交部、商务部联合发布了《推动共建丝绸之路经济带和 21 世纪海上丝绸之路的愿景与行动》，"一带一路"倡议框架下的六大经济走廊从地理空间看，途经新疆、内蒙古、宁夏，以及甘肃、青海等少数民族地区，这个倡议框架构筑了我国西部民族地区在"产能合作""产业发展""参与世界经济合作"等开放型经济发展模式的新格局，为新时代西部民族地区的经济发展提供了重要的战略机遇。

新中国成立 70 多年来，尤其是党的十八大以来，在党和国家大力支持下，充分调动少数民族人民的积极性，同时，民族地区高质量发展仍然面临许多制约，民族地区依然是全面建设现代化国家新征程中的短板。推动各民族共同走向社会主义现代化，实现共同富裕，是社会主义本质要求。2021 年中央民族工作会议强调，全面建设社会主义现代化国家，一个民族都不能少，这为推动各民族共同走向社会主义现代化提供了强大动力。因此，民族地区要充分利用自身的资源禀赋和比较优势，贯彻新发展理念、融入新发展格局、实现高质量发展，积极探索符合民族地区特点的社会主义现代化建设道路，和全国一道实现社会主义现代化。

目前，为了加快西部民族地区经济发展，需要实施的具体措施主要有以下几方面。（1）明确民族地区经济社会发展的战略定位，贯彻落实好相关支持政策。中央有关部门、地方各级政府及有关部门，要坚持从民族地区实际出发，帮助解决少数民族地区的突出问题和困难，进一步完善一般性财政转移支付增长机制，确保把重点放在改善民生上；以"一带一路"倡议为契机，发展民族地区的开放型经济模式；进一步完善优惠政策、减免税收政策、对口支援、经济技术协作机制，等等。（2）进一步加强民族地区经济体制改革，培育经济发展的内生动力和活力。坚持科学发展观，实现全面协调可持续发展。要发挥民族地区特殊优势，提高自我发展能力，释放发展潜力。（3）调整民族地区产业结构，培育当地的特色优势产业和支柱产业。在农牧业、农畜产业，服务业、手工业和旅游业的发展上要体现民族特色优势。合理规划三大产业的协调比例，重视资源开发项目和重点工程等。（4）继续注重基础设施建设，保护民族生态环境。要继续加快民族地区铁路、公路、民航、水运建设。要抓紧推动与有关国家和地区的交通、通信等基础设施的互联互通。要以绿色文化管理为基准，以绿色产业为重点，发展民族地区绿色经济，保护民族地区生态环境，等等。（5）保障和改善民生，发展民族地区社会事业。需要建立民族教育常态化机制，建立民族地区城乡居民养老保险制度，建立新型农村合作医疗制度等措施，把少数民族地区教育、医疗卫生、就业、社会保障等社会事业推上一个新的台阶，让各族人民共享国家发展经济社会事业的成果。

总之，加快民族地区经济社会发展是关系民族地区长治久安的战略方针。中央这么重视民族工作，这么重视发展经济、缩小差距，这么重视民族地区脱贫，就是为了各族人民共享改革开放的成果，为中华民族大家庭创造各成员共享的现代物质基础，就是要更好地维护民族地区团结与稳定。

三　坚持和完善民族区域自治制度，优化民主政治环境

民族区域自治是我国的基本政治制度之一，是中国特色解决民族问题的正确道路的重要内容和制度保障，是中国特色社会主义政治制度体系的重要组成部分。民族区域自治制度在中国的实践已经有 70 多年了，民族地区发生的翻天覆地的变化，充分证明民族区域自治制度是成功的，是符合我国国情的一项需要长期坚持、动摇不得的政治制度。中国的民族区域自治制度是在宪法中规定的国家基本制度。1984 年《中华人民共和国民族区域自治法》的制定和出台，对民族区域自治进行了整体性的法律规定，内容包括民族自治地方的建立、民族自治地方自治机关及其组成、民族自治地方的自治机关的自治权、上级国家机关对民族自治地方的职责和民族自治地方自治机关处理民族自治地方内民族关系的原则，标志着民族区域自治开始迈向制度化、法治化轨道。中央的制度性设计主要考虑以下几个因素。（1）在公民权利上，制度安排中承认多民族国家内各个民族的平等权利和地位，各个民族都是国家的主人。（2）在制度实践上，由于历史、地域、自然等因素，各个民族的民族性、差异性是客观存在的。制度设计从民族地区实际出发，承认各民族的差异性、异质性和特殊性，在治理实践中考虑到不同民族的利益诉求和文化的民族性。（3）在政治关系上，各少数民族聚居的地区，实行区域自

治，让少数民族充分行使当家作主的权利。在中国选择是否实行民族区域自治，是通过与苏联的联邦制比较，尤其在对中国的民族构成、民族分布，以及在革命进程中民族关系发展形势的认识中逐渐形成的。虽然在建党初期曾受苏联民族政策的影响，主张实行民族自决、联邦制。但是，中国无论在民族民主革命时期，还是在社会主义建设时期，我们没有照搬照抄苏联那一套，也没有完全实行斯大林式的民族政策，而是在对中国国情和少数民族状况充分认识的基础上，通过长期探索实践，我们党创造性地提出了民族区域自治的主张，并于 1947 年 5 月 1 日，在中国共产党的主导下，成立内蒙古自治区，成功地把民族区域自治付诸实践。1949 年《中国人民政治协商会议共同纲领》的颁布和出台，确定了民族区域自治的基本内容，标志着这一制度正式确立。1952 年中央还专门颁布了《中华人民共和国民族区域自治实施纲要》，对民族区域自治地方实施自治权的相关要求和规定进行了具体的说明。1954 年《中华人民共和国宪法》是对这一制度的法律法规的文件性解读，并做了更详细的规定。1984 年，《中华人民共和国民族区域自治法》颁布实施。目前，全国已成立了 5 个自治区、30 个自治州、120 个自治县（旗）、1100 多个民族乡，55 个少数民族中有 44 个建立了自治地方。实践表明，这一制度设计是符合中国国情的，它涉及民族自治地方的政治、经济、社会、文化等方方面面，是各族人民群众共同愿望基础上的理性选择，是国家政治体系内不可分割的一部分，并在实践中已被证明是具有强大生命力的制度形式。但是，与少数民族和民族地区加快建设现代化的进程相比，在立法的系统性和可操作性、适用范围方面以及中国特色的民族法律法规体系完备方面来看，还有一些需要完善的地方。

为此，需要完善民族区域自治制度，完善就是为了充分发挥这项制度的优越性，不断创造条件，不断使制度设计的理念、法律规定的原则得到实现。坚持和完善民族区域自治制度，需要从以下几个方面开展工作。一是必须全面落实民族区域自治法，健全配套法规，建立完备的民族法律法规体系。加强对《民族区域自治法》落实中重大问题的研究，按照"统筹规划，先易后难"的原则逐步加以解决，重点是建立健全与《民族区域自治法》相配套的具体规定。制定涉及民族因素的法律规定，要广泛征求各族群众的意见，符合我国国情和民族地区实际，使法律真正起到维护平等、团结、互助、和谐社会主义民族关系的作用。二是做到"两个结合"，进一步推进民族自治地方行政体制改革，理顺中央与民族自治地方的关系，把维护国家统一、民族团结放在第一位。三是完善地方党委与自治机关的职权设置。要厘清地方党委与民族自治地方自治机关的角色和地位。党委承担的是宏观上的领导职能，而国家机关履行的是微观的执行职能，重点在于实现两者关系的规范化。四是提升主体责任意识。目前，中国民族区域自治制度实施过程中，有一些人特别是个别国家公职人员对这一政策的政治含义和重大意义认识不清，未给予应有的重视。民族自治地方自治权是保障少数民族生存权和发展权的基本制度规范，各级党政机关及其工作人员要用高度重视、增强信念和负责任的态度来保障有效行使自治权。五是要加强民族地区干部队伍建设。选择好干部，就是要选择那些既能做到信念坚定、为民服务、勤政务实、敢于担当、清正廉洁，还要能做到明辨大是大非头脑特别清醒，维护民族团结行动特别坚定，对各族群众感情特别真诚。保证各级领导权始终牢牢掌握在忠于马克思主义、忠于党、忠于国家的人手里。

因此，民族区域自治制度作为国家的一项基本政治制度，必须长期坚持，不断完善。一方面，民族区域自治是国家在少数民族聚居区实行的特殊的民主形式，以确保少数民族公民权利的实现。中国是一个多民族社会，有民族，就有差别；有差别，就有各民族自己的特殊社会状况，有自己的各种利益诉求。而要实现少数民族的利益诉求，就要通过政治制度满足和反映这些要求，只有民族区域自治可以做到。另一方面，当代世界正处于全球化、信息化的大变革时代。变革时代的重要特征之一就是，随着全球范围内的民族意识的不断增强，多民族国家的民族问题也大量出现，各国为处理和解决民族问题都在政治实践上进行努力探索。随着时间的推移，西方资本主义国家采取的民族同化政策、一体化政策、文化多元主义政策等解决国内的民族问题，逐渐受到更多人的质疑，而与此同时，基于尊重多样性、追求国家统一和社会和谐的各种形式的民族自治正在为各国所重视。由此，已经展现出巨大优势的中国民族区域自治制度无疑正在为世界所关注。实践证明，民族区域自治是马克思主义民族理论在中国的具体运用和体现，是完全符合中国国情和各族人民根本利益的，它不仅有利于实现各民族平等、联合、团结，促进民族地区经济社会发展，实现民族地区的长治久安，而且也积极促进各民族对国家的认同，有力地维护国家的统一和主权完整。

四 构筑中华民族共有精神家园，创造民族关系协调发展的文化环境

意识形态关乎旗帜、关乎道路、关乎国家政治安全。在 21 世纪，对国际安全最严重的威胁不是经济的或政治的，而是文化的。对中国来说，情况也是如此。可以预见，在未来相当长的一段时间内，"渗透"与"反渗透"、"入侵"与"反入侵"的斗争，仍将是中西文化间矛盾与冲突的一个基本态势。因此，面对世界文化发展的新态势及其给我国文化带来的机遇与挑战，如何

建设文化强国、增强我们的文化软实力，是我们要认真思考的。2014 年中央民族工作会议指出，加强中华民族大团结，长远和根本是增强文化认同，建设各民族共有精神家园，积极培养中华民族共同体意识，强调把建设各民族共有精神家园作为战略任务来抓，这在我党的民族工作史上是第一次。历史和现实都告诉我们，要解决好民族问题，物质方面和精神方面的问题都要解决好，哪一个方面的问题解决不好都会出问题，一把钥匙开一把锁，物质力量和精神力量各有各的作用，不可替代，精神方面的问题还要靠思想教育这把钥匙来解决，归根到底，是要把建设各民族共有精神家园这项任务抓紧、抓好、抓出实效。

要构筑中华民族共有精神家园，第一，要积极培育和践行社会主义核心价值观。2014 年，中央民族工作会议指出，社会主义核心价值观决定着各民族共有精神家园的发展方向，一定要在全社会、在各民族中大力培育和践行。中华民族为什么几千年能够生生不息，不断发展？很重要的就是我们有以爱国主义为核心的民族精神，有一脉相承的价值追求，这个民族精神和价值追求在当代的集中体现，就是社会主义核心价值观。而社会主义核心价值观把涉及国家、社会、公民三个层面的价值要求融为一体，是我国多民族国家共同形成的中华民族文化的本质性体现。国家层面上，富强、民主、文明、和谐是各民族共同的价值目标；社会层面上，自由、平等、公正、法治是各民族共同的价值取向；个人层面上，爱国、敬业、诚信、友善是各民族共同的价值准则。

当前，在民族地区，人们思想多样性、多变性、差异性明显，为此坚持不懈地开展社会主义核心价值观教育实践活动，要结合民族地区实际，运用新技术、新媒体、新手段，组织开展"建设伟大祖国、建设美丽家乡"等形式多样的主题教育活动；深入持久地开展党的民族理论、民族政策和民族团结教育；强化以爱国主义为核心的民族精神，牢固树立"中华民族多元一体"的国家民族意识和各族人民"谁也离不开谁"的和谐发展理念；宣扬"中华民族多元一体"格局形成的历程；一以贯之地开展国家观、历史观、文化观、民族观、宗教观教育实践活动，着重开展"五观教育"、"四个高度认同"、"两个共同"和"三个离不开"的思想宣传教育，以此来团结最广大群众、引领社会思潮、坚定信仰，有效抵御西方敌对势力的破坏活动，促进和保证社会和谐稳定。另外要注意从少数民族文化中汲取营养，要加强挖掘、提炼、阐发、宣扬，为培育和践行社会主义核心价值体系提供更多的养分。

第二，要抓住文化认同这个关键。文化是一个国家、一个民族的灵魂。文化兴则国运兴，文化强则民族强。文化是一个国家和民族独具的标识，也是一个国家和民族具有精神独立性的基础。文化认同是最深层次的认同，是民族团结之根，民族和睦之魂。构筑中华民族共有精神家园，在铸牢中华民族共同体意识的基础上，重点要落实到加强文化认同上来。首先就是对中华文化的认同。我国各民族在历史发展中不断地交流和学习，使其自身的文化与其他民族的文化兼收并蓄，最终创造了璀璨的中华文化。中华文化是我国 56 个民族共同创造的，也是各民族共有的精神家园。中华文化是各民族文化的集大成，少数民族文化是中华文化不可分割的重要组成部分，各民族对中华文化作出了重要的贡献。要正确处理好各民族文化与中华文化"多"与"一"的关系，"把汉文化等同于中华文化、忽略少数民族文化，把本民族文化自外于中华文化、对中华文化缺乏认同，都是不对的，都要坚决克服"。① 因此，我们要尊重差异，包容多样，厘清中华

---

① 《习近平著作选读》（第 1 卷），人民出版社，2023，第 286 页。

文化和各民族文化的关系，进一步提升各民族对中华文化的认同感。对中华文化的认同就是对本民族文化的高度认同，也是对中华民族历史的认同。加强中华文化的认同是构筑民族共有精神家园的基础，有利于增强各民族的凝聚力、认同感和向心力。

第三，要大力繁荣各民族文化。正是因为民族自身特有的文化，才使此民族与彼民族区别开来。民族文化有现代文化的成分，但更多的是由传统文化表现出来的。因此，民族文化既有继承、认同与发展，又有理解、融汇与促进，是处在不断的分化和整合之中的。文化的多样性及其发展的活力永远是在不同民族文化之间的相互交流、借鉴和融合中实现的。同时，民族文化是民族发展的内容之一，又是民族发展的条件之一。任何民族的传统文化都是在历史进程中形成和发展起来的，都有其特定的内涵和占主导地位的基本精神。中华文化博大精深，兼容并蓄，所包含的内容极其广泛。中华文化现代化应该是各种文化交相辉映、共同繁荣发展的一种多元文化共存的文化体系。我国民族众多也意味着文化多样。在漫长的历史发展过程中，中华民族创造了五千年的文明，尤其是少数民族由于其自身的特点更是创造了辉煌灿烂的民族文化。民族语言文字、文化艺术以及生产生活方式无不蕴含着少数民族群众的智慧和灵感。所以，中国共产党和政府在重视各民族经济、政治发展的同时，也给予了民族文化的繁荣发展以足够的重视。就少数民族文化而言，从宪法和民族区域自治法再到各项民族政策，都有关于保护和发展等方面的内容。党的十八大以来，党中央先后制定《关于进一步加强和改进中华文化走出去工作的指导意见》《关于加快发展对外文化贸易的意见》《关于加强"一带一路"软力量建设的指导意见》等文件，提出了"建设文化强国"战略，讲好中国故事，传播好中国声音，文化走出去力度空前加大。2016 年 3 月 10 日，习近平总书记在全国两会期间参加青海代表团审议时的讲话中指出："尊重民族差异、包容文化多样，让各民族在中华民族大家庭中手足相亲、守望相助、团结和睦、共同发展。"[①] 因此，对于少数民族文化，一方面我们要承认它差异的存在，即多样性的存在；另一方面要积极保护、传承和发展少数民族文化，这也是构建和谐的社会主义民族关系的重要任务。在经济发展的过程中，我们要对有历史价值，但已不可能在现实和未来社会存在的民族传统文化，通过适当的形式加以保存。如旧的生产工具和生活器具以及一些原始宗教礼仪、技艺等。对于与现代文明相悖的民族传统文化，当然只能摒弃。如婚姻上的近亲联姻习惯、"坐家"习俗等。对于体现民族特色的民族文化精粹，应该弘扬。尤其是对于那些优秀的民族民间文化以及毁损严重、濒临消失、不可再生的优秀民族文化资源要做好抢救、整理、挖掘开发的工作，如纳西族的东巴文化。当然，在这里我们强调民族的特性即民族的多样性，并不是要否定文化的相互交流和包容。因为尊重差异是为了在差异中求和谐，实现各民族文化交相辉映地繁荣发展；但是包容多样也同样重要，只有在多样中求统一，才能为各族人民团结奋斗建立牢固的思想基础，"和而不同"是中华民族凝聚力和吸引力之所在。因此，这就要求各民族相互学习、和谐共存，对其他文化有包容性和开放性。

另外，随着全球化的到来，外来的文化观念对少数民族传统文化必然产生直接或间接的冲击。特别是在一些宗教传统浓厚的少数民族聚居区，世居民族与外来民族因各种观念、风俗习惯差异而引起的纠纷会大量增多，这些问题若处理不当，很容易导致

---

① 《"平语"近人——关于民族团结 习近平这样说》，新华网，http://www.xinhuan et.com/politics/2016lh/2016-03/11/c_128792738.htm。

心理矛盾和行为冲突，损害或恶化民族关系。对于此类问题，我们要辩证地看待。现代化过程必然伴随着对于传统文化的冲击，这是世界现代历史和当代社会发展中极具普遍性的问题，不论发达国家还是发展中国家，不论占人口多数的民族还是少数民族，都是如此。因此，不同民族文化相互碰撞的过程，也是相互交流、借鉴的过程。每个民族如何在保持传统民族文化的同时吸收当代先进文化的优秀成果，形成一种既适应现代化又具有本民族特色的新文化，是不同民族文化面临的共同难题，因此，要推动各民族传统文化的创造性转化和创造性发展。我们既要反对狭隘的民族文化本位观，又要反对否定传统民族文化具有现代价值的"民族虚无主义"。因为，在当今社会，任何文化的存在和发展都离不开自身的创新和外来文化的补充，每一个民族都要树立健康的文化心态，学习、借鉴其他民族的优秀文化成果，任何一个固守自己的传统不放、拒绝与其他民族交流交往的民族都是没有生命力的，也必将走向枯萎。随着工业化、城市化的推进，人类社会广为认可的观念、意识将会明显增强。各民族世代延续的一些习惯、风俗、信仰等会在一种更宽广的视角下受到审视，各种文化在与不同文化的碰撞和交流中将得到丰富和发展，各民族文化的特色和个性也才会彰显出来，并成为推动民族关系发展的重要因素。

五　保障和改善民生，为民族关系协调发展营造良好的社会环境

民族关系协调发展离不开一定的社会环境，二者存在相互影响、相互制约的关系。良好的社会环境能够为民族关系的良性发展提供有利的氛围。因此，我们可以说社会环境是民族关系协调发展的依托，社会环境的状况及其改善深刻地影响着民族关系的

发展。民生是人民幸福之基、社会和谐之本。"发展经济的根本目的就是让各民族群众过上好日子，这也是我们一切工作的出发点和落脚点。"① 随着改革开放的进一步深入发展，尤其是十八大以来，我国的经济建设取得重大成就，民族地区人民生活不断改善，一大批惠民举措落地实施，人民获得感显著增强。但是由于历史、经济、自然条件等多方面的因素，民族地区基本公共服务水平相对滞后。例如，基础教育、公共卫生、社会保障、文化事业仍然薄弱。我们要以少数民族和民族地区经济社会发展中的突出问题和特殊困难为切入点，采取有效措施来解决。

（一）优先发展民族教育事业

发展教育事业是民族地区经济社会发展的关键问题之一，也是民族团结进步事业的交会点和接合部。党的十八大以来，国家高度重视民族教育，多项政策和资源都大力向民族地区倾斜，我国民族教育事业得到迅速发展，教育规模不断扩大，办学条件不断改善，民族教育质量不断提高。截至2017年，全国民族地区各级各类学校共79802所，占全国学校总数的16%；全国各级各类学校共有少数民族在校学生2918.59万人，占全国在校学生总数的10.73%，超出少数民族占全国总人口的比重。② 由于历史、社会、自然条件，特别是经济发展水平等多种原因，当前我国民族教育还面临着一些特殊的困难和问题，主要表现为以下几个方面。（1）发展水平不均衡。不同层次的教育中少数民族学生比例相差较大，义务教育和职业教育发展水平也不均衡。尤其在一些边远

---

① 国家民族事务委员会编《中央民族工作会议精神学习辅导读本》（增订版），民族出版社，2019，第118页。
② 彭东昱：《民族教育事业让中华民族"像石榴籽一样紧紧抱在一起"》，《中国人大》2019年第5期。

的民族地区，普及九年制义务教育仍然面临一些问题，如乡村学校的布局难以适应民族地区居住分散的状况、部分学生上学路途远，随着人口城镇化和人民对优质教育资源的需求日益增长，县城的大班额与乡村学校的空心化并存等问题。（2）师资队伍建设存在短板。编制不足、教师短缺，是民族地区教育普遍存在的问题。如新疆全区教师队伍虽然整体上已超编 5 万多人，但还有 5 万多人的结构性缺编。宁夏全区幼儿园教师编制自 20 世纪 80 年代末核定以来从未增加，超编聘用教师的工资、社会保险及晋升等待遇得不到有效保障。教师专业、学科、年龄结构不合理。贵州全省 88 个县（区）中有 55 个县（区）2074 个校点，需要采用苗、布依、侗、彝、水等五种文字七种方言进行双语教学，而能够胜任双语教学，特别是确保学生掌握和使用国家通用语言文字的教师相当缺乏。① （3）办学条件有待改善。民族地区财力有限、投入不足，有些学校办学条件较差，教学设备简陋，寄宿制学校宿舍、食堂等生活设施不足，村小和教学点运转比较困难，活动场地不足等，这些依然是我国民族地区教育的薄弱环节。②

因此，当前和今后一段时期，在习近平新时代中国特色社会主义思想指导下，要加强研究教育领域不平衡不充分的表现形式，主动回应人民群众对教育的新期待，办好人民满意的教育。党和国家需要不断深化民族教育改革，加大对民族地区教育发展的支持。要根据社会主义市场经济和现代化建设的需要，调整教育结构，促进教育资源的优化配置和各级各类教育的协调发展，加强民族教育科学研究，不断提高民族教育办学质量和水平。要从少数民族和民族地区实际出发，加大对民族教育的投入，公共

---

① 彭东昱：《民族教育事业让中华民族"像石榴籽一样紧紧抱在一起"》，《中国人大》2019 年第 5 期。

② 丁宏主编《中国少数民族事业发展报告》，知识产权出版社，2018，第 65 页。

教育资源要向民族地区倾斜，确保教育经费的稳定来源和增长。要把中央财政扶持教育的重点向民族工作的重点地区、边远农牧区、高寒山区、边境地区以及发展落后的人口较少民族聚居地区倾斜。要加快推进教育信息化建设，公共服务平台和教育资源优先向民族地区开放。要大力加强对民族教育的支援工作，使少数民族和西部地区在资金、设备、师资、教学经验等方面得到帮助。要加强民族地区教师队伍建设，采取特殊灵活的政策措施，吸引更多的人才到民族地区从事教育工作。[①] 总体而言，民族地区教育发展底子薄、任务重，需要"输血造血"并重，需要多措并举、全面兼顾，整体推进当地教育振兴，通过教育不断提高民族地区人群的自我发展能力，阻断贫困代际传递，并达到物质富裕和精神富足。

（二）提高民族地区就业质量和收入水平

就业是最大的民生。当前，民族地区就业存在一些特殊困难和问题。一是由于民族地区地处偏远，加之地理环境比较恶劣、交通不便，民族地区民众受教育程度较低。二是受语言、生活习惯和传统就业观念影响，民族地区高校毕业生及其家长普遍存在重机关事业单位轻企业、重国有企业轻非公企业的思想，择业空间狭小，导致就业率和就业质量的降低。三是生态移民转移就业难度大。比如青海三江源地区为生态保护地区，部分牧民退牧还草后，由于当地后续产业发展不足，难以安置就业；由于语言、生活、习惯和技能问题，转移到省内和省外就业更加困难。[②]

① 国家民族事务委员会编《中央民族工作会议精神学习辅导读本》（增订版），民族出版社，2019，第124页。

② 国家民族事务委员会编《中央民族工作会议精神学习辅导读本》（增订版），民族出版社，2019，第120页。

"沧海百年，民生不息"。中央民族工作会议多次强调，要多措并举扩大就业，切实把就业这个民生头等大事抓好。一是要加强基础设施、城镇化和生态建设，不断释放民族地区发展潜力。二是要坚持就业优先战略和积极就业政策，反对就业歧视，大力营造公平的就业氛围。三是在民族地区大规模开展职业技能培训，解决好结构性就业矛盾。四是提供全方位公共就业服务，促进高校少数民族大学生等青年群体、农民多渠道就业创业。五是继续在各级各类招考中采取措施，更好地促进各地录用少数民族考生工作。六是要大力发展特色优势产业，增强民族地区自我发展能力。七是研究落实艰苦边远地区津贴增长机制，逐步提高边远地区机关事业单位工作人员工资收入水平，缩小其与相对发达地区的收入差距。八是履行好政府再分配调节职能，加快推进基本公共服务均等化，缩小收入分配差距。

（三）加强民族地区社会保障体系建设

社会保障是人民生存和发展的依托，是社会公平的"调节器"，也是社会发展的"稳定器"。改革开放以来，中国民族地区的社会保障制度不断健全，人们的生活水平不断提高。自2009年国务院启动新型农村社会养老保险试点以来，在安排试点时，党和国家坚持对少数民族地区进行重点倾斜，让少数民族地区的老年居民优先享受养老金待遇，体现了"建制度、保基本、扶贫弱"的政策效果。但是，民族地区的社会保障体系仍然脆弱，整体上与东部和中部地区相比明显滞后，主要表现为社会保障基础薄弱、城乡社会保障失衡等。由于多种因素的制约，民族地区贫困人口较多，缺乏必要的资金支撑，社会保障的法治建设也残缺不全，造成社会保障水平低、能力差，社保覆盖面小，社保形式单一等问题。同时，由于长期形成的城乡二元经济社会结构，占民族地区人口绝大多数的农牧民未能完全享受到社会保障制度的优越性，农村社会保障很不完善。这些严重影响民族地区的经济发展和社会稳定，阻碍国家现代化整体进程。因此，从民族地区的实际出发构建社会保障体系，是民族地区极为关注的民生问题之一。

社会保障体系发挥兜底作用，保障全社会成员基本生存与生活需要。我们要编织好一张全覆盖的社会保障安全网，坚守网底不破，在基本生活、基本养老、社会救助等方面为各族群众提供保障。为此，一是继续支持民族地区建立城乡居民养老保险制度。健全城乡居民保险制度关系人民群众的切身利益。我们要在服务水平、筹资方式、增收方式等方面，探索出一条适合民族地区城乡居民保险的发展之路，使最广大的农村居民实现老有所养、老有所依。二是稳步提高民族地区医疗保险保障水平。目前，我国已建立了世界上规模最大的基本医疗保障网。截至2023年底，全国基本医疗保险参保人数达133389万人。[①] 党的十九大报告提出，要完善统一的城乡居民基本医疗保险制度和大病保险制度，全面建立中国特色医疗保障制度。2020年2月25日，中共中央、国务院印发《关于深化医疗保障制度改革的意见》，这些都为民族地区指明了今后一段时间医疗保障制度改革的方向。三是继续支持民族地区建立新型农村合作医疗制度。中央和各级地方政府不仅在政策上倾斜，还应给予相当比例的经济支持，为新型农村合作医疗的实施提供有力的保障。同时，需要进一步增加民族地区农村卫生投入，强化现有医务人员的业务技能培训，不断提高镇、村卫生机构的医疗服务能力和水平。

---

① 国家医疗保障局：《2023年全国医疗保障事业发展统计公报》，2024年7月。

（四）进一步提高民族地区公共卫生服务水平

人民健康是民族昌盛和国家富强的重要标志。推进健康中国建设，是全面建成小康社会、基本实现社会主义现代化的重要基础，是全面提升中华民族健康素质、实现人民健康与经济社会协调发展的国家战略。习近平同志在十九大报告中指出，实施健康中国战略。要完善国民健康政策，为人民群众提供全方位全周期健康服务。2019 年 7 月，我国出台《健康中国行动（2019—2030 年）》等相关文件，围绕疾病预防和健康促进两大核心，以提高人民健康水平为核心，以体制机制改革创新为动力，从广泛的健康影响因素入手，提出今后 15 年推进健康中国建设的一系列行动纲领。

改革开放以来，民族地区的医疗卫生事业发展迅速，各族群众各项健康指标显著提升，集医疗、预防、急救、保健为一体的城乡医疗卫生服务体系已经基本形成。但是，与发达地区相比，公共卫生服务事业面临着认识不足、财政投入不足以及专门人才匮乏等现实难题，人群总体健康水平尚有一定差距。因此，需要进一步提高民族地区公共卫生服务水平，推动民族地区经济社会的协调和可持续发展，增加各族群众的获得感和幸福感。为此，一是强化覆盖民族地区的公共医疗卫生服务体系，加强重点人群的健康服务。二是转变政府对民族地区公共卫生服务的理念，适当拓宽筹资渠道，拓展卫生资源空间，把必要的医疗设备采购纳入财政预算。三是要改善医疗条件，要切实改善乡镇卫生院、卫生所等基层医疗卫生基础设施建设。四是以健康为核心，根据民族地区自身特点，努力实现医、防融合，治理卫生服务碎片化。五是以完善重大疫情防控体制机制，健全国家公共卫生应急管理体系为抓手，构建完备的基层医疗卫生服务机构体系。六是加强健康教育与健康促进，增强民族地区群众自身的健康责任意识。①

六 走绿色发展道路，为民族关系协调发展营造有利的生态环境

生态文明建设是关系中华民族永续发展的根本大计。党的十八大以来，我们党围绕生态文明建设提出了一系列新理念新思想新战略，开展了一系列根本性、开创性、长远性工作，生态文明理念日益深入人心。习近平总书记指出："要像保护眼睛一样保护生态环境，像对待生命一样对待生态环境。"② 民族地区是我国的资源富集区、水系源头区、生态屏障区，对民族地区而言，生态文明尤为重要，是我国生态文明建设的主要阵地。而且随着社会发展和人民生活水平不断提高，人民群众对干净的水、清新的空气、安全的食品、优美的环境等的要求越来越高，环境问题日益成为最重要的民生问题。

因此，在新时代背景下，要不断满足人民群众日益增长的优美生态环境需要，走绿色发展道路，实现民族地区高质量的发展。一是要树立生态第一、可持续发展的理念。新时代少数民族地区推进生态文明建设，要用创新打造绿色发展的第一动力，着力解决少数民族地区突出的生态环境问题，把少数民族地区生态文明建设推向新高度；树立"绿水青山就是金山银山"的发展理念，牢固树立保护生态环境就是保护生产力、改善生态环境就是发展生产力的理念，更加自觉地推动绿色发展、循环发展、低碳发展，绝不以牺牲环境为代价去换取一时的经济增长。大踏步地

---

① 李俊清、蒋祎：《民族地区公共卫生服务的制约因素及其治理》，《中国行政管理》2020 年第 5 期。

② 中共中央宣传部编《习近平新时代中国特色社会主义思想学习纲要》，学习出版社、人民出版社，2019，第 169 页。

走出一条可持续的绿色低碳循环发展之路，为少数民族地区永续发展留下取之不竭的绿色资本；协调人与自然的关系，综合统筹少数民族地区的地容地貌与生态系统；率先在民族地区实行资源有偿使用制度和生态补偿制度，切实加强生态环境保护，发展生态经济。[①] 二是加强顶层设计，建立总体协调机制。大自然是一个相互依存、相互影响的系统。深刻把握山水林田湖草是生命共同体的系统思想，提高生态环境保护工作的科学性、有效性。各地区各部门要自觉把经济社会发展同生态文明建设统筹起来，在整个发展过程中要坚持节约优先、保护优先、自然恢复为主的方针，推动形成节约资源和保护环境的空间格局、产业结构、生产方式、生活方式，还自然以宁静、和谐、美丽。三是实行最严格的生态环境保护制度。建设生态文明，是一场涉及生产方式、生活方式、思维方式和价值观念的革命性变革。要实现这样的变革，就必须依靠制度和法治。只有实行最严格的制度、严密的法治，才能为生态文明建设提供可靠的保障。要完善经济社会发展考核评价体系，实行生态环保一票否决制。要建立责任追究制度，对那些不顾生态环境盲目决策、导致严重后果的领导干部，必须追究其责任，而且应该终身追责。要建立健全资源生态环境管理制度，不断建立完善生态法律法规。

七　参与国际合作，为民族关系协调发展营造有利的外部政治环境

　　"东突"恐怖分子的暴力恐怖活动在新疆及边疆其他地区之所以如此猖獗，在一定程度上是由于国际恐怖组织的操纵、怂恿

---

① 李飞跃等：《少数民族地区推进生态文明建设研究》，《长春师范大学学报》2020 年第 2 期。

和支持。由于深受恐怖主义的危害，各国在反恐方面有着共同的利益，这是国际反恐合作的基础。目前，国际安全形势正在发生深刻变化，以恐怖主义为代表的各种非传统安全问题又日渐突出。2021 年中央民族工作会议指出，要严密防范和坚决打击暴力恐怖活动、民族分裂活动、宗教极端活动，严密防范和抵御敌对势力的渗透、颠覆破坏活动。据有关方面的统计，目前在境内外有 50 个左右的新疆民族分裂组织或团伙，这些分裂组织，在欧美的以进行反动宣传为主，并通过寄递印刷品、音像制品、电台广播、互联网等途径向我渗透；在中亚、南亚的则更多地进行武器偷运、毒品走私、人员渗入等，直接组织、指挥、实施暴力恐怖活动。因此，我们与"三股势力"的斗争，是一场保卫国家安全的艰巨斗争，需要动用国家资源，进行大量国家层面的工作。我国一直致力于与周边国家和世界各国开展反恐合作，并取得了显著的成效。

广泛而深入地研究民族宗教方面的新情况、新问题，防范各种因素对我国民族宗教工作的干扰，防范和抵御敌对势力对我国民族宗教工作的破坏性影响，是当前摆在民族宗教研究学者和民族宗教工作者面前的重要课题。同时，依法防范和打击"三股势力"，是世界各国维护社会稳定采取的共同措施。[①] 2015 年 11 月 19 日，习近平主席出席亚太经合组织第二十三次领导人非正式会议时，就我国公民被恐怖组织杀害事件发表讲话，"恐怖主义是人类的公敌，中国坚决反对一切形式的恐怖主义，坚决打击任何挑战人类文明底线的暴恐犯罪活动"。随后，习近平主席在出席金砖国家领导人非正式会晤时，再次重申此观点，并认为"反对

---

① 周玉琴、宋鑫华：《论少数民族政治发展的内在逻辑》，《中央民族大学学报》（哲学社会科学版）2010 年第 6 期。

国际恐怖主义是当前世界共同的紧迫任务"。2017 年在联合国日
内瓦总部演讲时，再次强调，"反恐是各国共同义务，既要治标，
更要治本。要加强协调，建立全球反恐统一战线，为各国人民撑
起安全伞。"① 从习近平总书记的一系列讲话中，我们可以看出中
国对国际恐怖主义的基本态度：一是针对国际恐怖活动的危害
性，反对一切类型的恐怖主义；二是要加强各国间的合作，组成
反恐国际统一战线；三是在反对国际恐怖主义的标准上，不能搞
"双重"评判指标。要形成国际反恐的共识，不能主观性地评判
有些国家的暴力事件不属于恐怖活动，这是有些主导性国家人为
地制造"双重"标准，不利于国际反恐合作和区域稳定。目前，
中国积极倡导国际反恐合作，正与亚太经合组织、上海合作组
织、东盟地区论坛等区域组织进行积极合作，也与联合国和安理
会等世界组织达成了许多合作内容和措施。同时，习近平主席通
过出访，也与美国等多国政府达成了一系列反对国际恐怖主义的
合作意向和内容。此外，我们也积极联合了其他一些爱好和平的
国家，开展不同形式的各种"反恐"演习，表明了中国反对恐怖
主义的立场和态度，为国际反恐斗争作出了中国的应有贡献。另
外，也要加强对外宣传，把握国际舆论斗争的主动权，有力批驳
和揭露境内外敌对势力在民族、宗教、人权等方面的谬论，为打
击民族分裂势力争取有利的国际舆论，为民族关系协调发展提供
有利的外部环境。

---

① 《习近平著作选读》（第 1 卷），人民出版社，2023，第 566 页。

结　语

党的十九大明确提出，在全面建成小康社会的基础上，分两步走，到 21 世纪中叶把我国建成富强民主文明和谐美丽的社会主义现代化强国。"到那时，我国物质文明、政治文明、精神文明、社会文明、生态文明将全面提升，实现国家治理体系和治理能力现代化，成为综合国力和国际影响力领先的国家，全体人民共同富裕基本实现，我国人民将享有更加幸福安康的生活，中华民族将以更加昂扬的姿态屹立于世界民族之林。"①全面建成小康社会的目标已经实现，接下来的两个 15 年是我们奋力朝目标前进的最为关键的 30 年，通过这 30 年，中国民族关系的协调将获得更加坚实的经济、政治、文化、社会、生态文明基础。

一　建设社会主义现代化强国为民族关系的协调发展提供坚实的物质基础

加快民族地区经济发展和社会进步是解决民族问题促进社会和谐的根本途径。没有经济的持续发展，民族团结和进步将失去应有的物质基础。当前社会的主要矛盾是人民日益增长的美好生

---

① 习近平：《决胜全面建成小康社会 夺取新时代中国特色社会主义伟大胜利——在中国共产党第十九次全国代表大会上的报告》，人民出版社，2017，第 29 页。

活需要和不平衡不充分的发展之间的矛盾，这也是制约民族关系发展的主要矛盾。2014 年习近平同志在第四次中央工作会议上也指出：发展经济的根本目的就是让各民族群众过上好日子，这是我们一切工作的出发点和落脚点。也就是要着力解决地区发展不平衡的问题，通过促进民族地区经济发展，实现区域协调发展，最终实现全体人民共同富裕，为民族关系协调发展打牢经济基础。因此，建设社会主义现代化强国将会逐步地解决这些问题，使民族地区各民族人民跟上全国发展的步伐，获得进一步发展的基础。

现代化是近几百年来人类历史的基本进程和根本特征，建设社会主义现代化强国首先是经济现代化。经济是强国的核心。经济实力表现在数量和质量两个方面。从数量的角度看，它不仅指经济总量位居全球前列，而且指人均 GDP 位居世界前列；从质量的角度看，集中体现为单位 GDP 产出的能耗低，高科技产品领先全球。进入新时代，我国经济已由高速增长阶段转向高质量发展阶段，社会的主要矛盾已经转化。发展不充分、不平衡主要表现在民族地区，就是要到 2035 年与全国同步基本实现现代化。因此必须加快发展，实现跨越式发展。我们要重视量的增长，但更要重视解决质的问题，在质的大幅提升中实现量的有效增长。通过高质量的发展，实现产业体系更加完整，生产组织方式网络化、智能化，创新力、需求捕捉力、品牌影响力、核心竞争力不断增强，产品和服务质量不断提高，更好地满足人民群众个性化、多样化、不断升级的需求。具体的表现有：发展方式先进，经济结构平衡，增长动力强劲。比如，实体经济有活力，科技创新能力强，在大数据、人工智能、物联网、航空航天、生物技术、绿色环保、跨界、定制等主要领域的重大原创性成果多，知识产权保护政策执行到位，对国际人才的吸引力强，顶尖科技人才聚集，经济体制机制灵活高效等。①

没有少数民族和民族地区的现代化，社会主义现代化强国就不可能实现。十八大以来，我国的经济取得了举世瞩目的成就，民族地区的经济社会快速发展，各项事业取得辉煌成就。看病、就业、入学、住房保障等问题得到解决，基本公共服务能力不断提高，脱贫攻坚已经取得全面胜利。城乡之间、区域之间发展差距大的问题在一定程度上得到缓解，但是与东部地区相比，民族地区增长速度虽然高，但由于基数小，总量差距还在扩大，发展质量的差距也很大，民族地区成为实现现代化强国的短板、重点和难点。因此，对于民族地区而言，加快民族地区发展，完善差别化的区域政策，优化转移支付和对口支援机制，实施好促进民族地区和人口较少民族发展、兴边富民行动等规划，谋划好"十四五"时期少数民族和民族地区发展，帮助民族地区融入新发展格局，实现民族地区高质量发展是当前和今后的重要任务。反过来，国家经济综合实力的增强，又会为民族地区经济的发展提供强有力的支持。当前，民族地区的对外开放发展实现了新突破，以共建"一带一路"为引领，以全面开放新格局为目标，以实现陆海统筹、东西互济的开放格局为路径，充分利用国际、国内两个市场，通过多元主体的共同努力，不断优化资源配置，提高经济效益，切实推动民族地区健康、稳定、快速发展。

二 健全人民当家作主制度体系，优化民族团结进步的政治生态

人民当家作主是社会主义民主政治的本质和核心。人民民主

---

① 张有奎：《何为社会主义现代化强国》，《大众日报》（论丛周刊）2018 年 1 月 25 日。

是社会主义的生命。没有民主就没有社会主义，就没有社会主义现代化，也就没有中华民族的伟大复兴。人民当家作主必须通过一定的制度予以保障，这些制度坚持人民的主体地位，真正把发展为了人民、发展依靠人民、发展成果由人民共享落到实处，充分调动起人民的主观能动性，构成了全面、广泛、有机衔接的人民当家作主制度体系。健全人民当家作主的制度体系，要不断坚持和完善我国根本政治制度、基本政治制度、重要政治制度。人民代表大会制度是我国的根本政治制度，中国共产党领导的多党合作和政治协商制度、民族区域自治制度、基层群众自治制度是我国的基本政治制度。这些制度是我国人民当家作主、行使国家权力的基础，必须长期坚持、全面贯彻、不断发展。

人民当家作主的制度体系，体现了我国各族人民共同享有的民主政治的本质属性。人民代表大会制度是符合我国国情和实际，体现社会主义国家性质，保证人民当家作主，保障实现中华民族伟大复兴的好制度，是我们党领导人民在人类政治制度史上的伟大创造。人民代表大会制度作为实现全过程人民民主的重要制度载体，不断扩大各族人民有序政治参与，保证各族人民依法享有广泛的权利和自由。调动了最广大人民的积极性、主动性和创造性，人民的主人翁地位在行使国家权力中得到充分保障，极大地维护了国家统一和民族团结。中国共产党领导的多党合作和政治协商制度是社会各界实现有序政治参与的重要制度载体，是国家治理各领域各环节推进全过程人民民主的重要形式。作为一种新型政党制度，能够真实、广泛、持久代表和实现最广大人民的根本利益、全国各族各界根本利益。习近平总书记在 2015 年中央统战工作会议上的讲话中强调："中国共产党领导的多党合作和政治协商制度，反映了人民当家作主的社会主义民主政治的本质，是我国政治格局稳定的重要制度保证。全党一定要从这样的战略高度来认识问题。"① 十八大以来，以习近平同志为核心的党中央围绕加强中国特色社会主义协商民主提出了一系列新理念新思想新举措，先后制定了一系列制度文件，极大地提升了多党合作制度化、规范化水平。这一制度是基于全国各族各界的根本利益一致的基础上建构起来的，为各种利益诉求进入决策程序畅通渠道。爱国统一战线是人民当家作主制度体系的重要一环，是凝聚各民族、各党派、各阶层以及各方面一切智慧力量的重要法宝。党的十八大以来，党和国家始终坚持大团结大联合的本质要求，把致力于中华民族伟大复兴的爱国者纳入统一战线对象，在坚持求同存异中画好新时代最大同心圆，开创了协商民主的新局面。民族区域自治制度作为中国特色社会主义民主制度的重要组成部分，是中国特色解决民族问题的重要内容和制度保障，其根本目的在于实现和维护国家统一和民族团结。实践证明，民族区域自治制度在维护国家统一、领土完整，加强民族平等团结，促进民族地区发展，增强中华民族凝聚力等方面都起到了重要作用，具有坚持各民族一律平等，铸牢中华民族共同体意识，实现共同团结奋斗、共同繁荣发展的显著优势。基层群众自治制度有效保障了人民当家作主在基层的落实，也在实践中印证了民族团结进步事业需要依靠各族人民智慧和力量的基本逻辑。

处理好民族关系始终是国家政治生活的极为重要的内容。人民当家作主的制度体系为各族人民主体地位的彰显提供政治载体，能够充分体现人民主体意志，可以有效组织各族人民共享权力、共商国是，各族人民都是民族、国家、社会和自身命运的主人，为增强团结稳定、避免分裂动乱奠定坚实政治基础。各族人

① 中共中央文献研究室编《习近平关于社会主义政治建设论述摘编》，中央文献出版社，2017，第74~75页。

民以中国共产党为主心骨，实质性共同参与政治生活和治理体系，在相同的政治平台和制度渠道上尽可能就共同性问题取得一致意见，是在政治领域广泛交往、全面交流、深度交融的互动实践过程，为各民族加深了解、彼此尊重、相互包容、守望相助创造良好条件，促进各民族在中国式现代化进程中同舟共济、携手并进。

在中国特色社会主义新时代，建设民主的社会主义现代化强国，必须坚持党的领导、人民当家作主、依法治国的有机统一，坚持中国特色社会主义政治发展道路，坚持和完善人民代表大会制度、中国共产党领导的多党合作和政治协商制度、民族区域自治制度、基层群众自治制度，努力把社会主义民主政治的优势和特点充分发挥出来，切实做到"六个必须坚持"和"六个防止"。我们相信，随着中国政治文明程度的提高，各项制度将更加健全，尤其是处理民族问题的民族区域自治制度将更加完善，更加适应全面建设社会主义现代化强国的总体要求，从而在民族关系的协调中起到更加有效的作用。

三　发展中国特色社会主义文化，夯实民族关系协调发展的文化基础

民族在一定意义上可以说是文化共同体。每个民族都有独具特色的民族文化，共同构成了世界多元文化的宝库。民族在生存发展中，不断进行着不同民族间的文化交流，在不断发展的文化关系中，吸收他民族文化精华，补充、丰富和发展本民族文化，不断丰富人们的精神需要。一个国家、一个民族的兴盛，总是以文化兴盛为支撑的，中华民族伟大复兴需要以中华文化发展繁荣为条件。中国特色社会主义文化，源自中华民族五千年文明历史所孕育的中华优秀传统文化，熔铸于党领导人民在革命、建设、

改革中创造的革命文化和社会主义先进文化，植根于中国特色社会主义伟大实践。当前，中国特色社会主义文化建设，既是我国现代化建设的主要目标，又是它的重要保证。因此，"发展中国特色社会主义文化，就是以马克思主义为指导，坚守中华文化立场，立足当代中国现实，结合当今时代条件，发展面向现代化、面向世界、面向未来的，民族的科学的大众的社会主义文化，推动社会主义精神文明和物质文明协调发展。要坚持为人民服务、为社会主义服务，坚持百花齐放、百家争鸣，坚持创造性转化、创新性发展，不断铸就中华文化新辉煌。"①

推动民族工作既需要依靠物质力量，也需要依靠精神力量，精神层面的问题需要依靠精神力量来解决，需要通过思想教育、加强意识形态领域的工作，引导各族干部群众树立正确的祖国观、历史观、民族观，根本的是增强文化认同，构筑各民族共有精神家园，铸牢中华民族共同体意识。我国民族关系发展的文化基础是各民族对中华文化的认同。讲文化认同，最核心、最关键的就是增进各民族群众对社会主义核心价值观的认同。这是各族人民共同构建、共同享有的，代表着整个社会评判是非的价值标准。在新时代，践行社会主义核心价值观，必须强化教育引导、实践养成、制度保障，发挥社会主义核心价值观的引领作用，使之融入社会发展各方面，转化为人们的情感认同和行为习惯。挖掘、保护、传承、发展各民族文化，都要以社会主义核心价值观为引领，不断巩固各族人民团结奋斗的思想基础。少数民族文化是中华文化不可分割的重要组成部分，因此还要从少数民族文化中汲取营养，要弘扬和保护各民族优秀传统文化，深

---

① 习近平：《决胜全面建成小康社会 夺取新时代中国特色社会主义伟大胜利——在中国共产党第十九次全国代表大会上的报告》，人民出版社，2017，第41页。

入挖掘少数民族传统优秀文化的有益思想价值，汲取其中的合理内核，并赋予新的时代内涵。封闭没有出路，开放才有希望，要推动各民族文化走向世界、走向未来、走向现代化。文明因多样而交流，因交流而互鉴，因互鉴而发展。对各国人民创造的优秀文明成果，应该采取学习借鉴的态度，积极吸纳其中的有益成分。坚持以社会主义先进文化为引领，进一步建立少数民族优秀传统文化传承体系，加快民族地区城乡一体化发展，促进各民族文化交流、交融和创新，这样才有利于民族关系的协调发展。

四　保障和改善民生，促进民族关系协调发展的社会基础

习近平总书记指出："发展经济的根本目的就是让各民族群众过上好日子，这也是我们一切工作的出发点和落脚点。""一方面，要坚持不懈地抓发展，不断扩大经济总量，提高增长质量，增加就业和收入，为改善民生提供坚实基础；另一方面，要大力推进基本公共服务均等化，特别要保住基本，兜住底线，促进社会公平。"① 要坚持发展必须以保障和改善民生为着眼点和落脚点，确保各民族共享发展机遇和发展成果，确保发展成果惠及当地、改善民生、增强团结、促进和谐。

十八大以来，民族地区经济持续快速发展，基础设施改善明显，社会事业不断进步，群众生活水平稳步提高，精准扶贫取得显著成效。但是由于历史、经济、自然条件等多方面因素，民族地区的基础设施和基本公共服务水平还相对滞后。比如基础教

---

① 国家民族事务委员会编《中央民族工作会议精神学习辅导读本》（增订版），民族出版社，2019，第 118 页。

育、公共卫生、社会保障和文化事业等方面，与东部地区相比，仍有较大差距。民族地区仍然是我国建设现代化强国，实现全面发展的一块"短板"，保障和改善民族地区民生势在必行。促进民族地区社会发展，保障和改善民生，要抓住人民最关心最直接最现实的利益问题，既尽力而为，又量力而行，一件事情接着一件事情办，一年接着一年干。坚持人人尽责，人人享有，坚守底线，突出重点，完善制度，引导预期，完善公共服务体系，保障群众基本生活，不断满足人民日益增长的美好生活需要，才能促进社会公平正义，形成有效的社会治理、良好的社会秩序，增强人民群众的获得感、幸福感和安全感。推进公共服务均等化是改善民生的重要抓手，我们要增加对民族地区重大基本公共服务项目的投入，推动基本公共服务体系规划有效实施、基本公共服务体制机制不断健全，缩小民族地区的差距，实现基本公共服务均等化。一是提高民族地区各级各类教育的质量，造就更多适应民族地区发展需要的人才，使之服务民族地区经济发展、民生改善的能力显著增强，使民族地区教育整体水平接近或达到全国平均水平，逐步实现基本公共教育服务均等化。二是增强就业能力，拓宽就业渠道，扩大就业容量，推动实现高质量的就业。就业是民生之本。既要立足当地，提供全方位的公共就业服务，还要对各地务工的少数民族群众加强就业服务和指导，提高他们的创业就业能力。三是加强民族地区社会保障体系建设，在民族地区编织一张全覆盖的社会保障安全网，提高社会保障的水平。四是要加强和改善民族地区医疗卫生条件，提高人民健康水平。健康是促进人的全面发展的必然要求，人民健康是民族昌盛和国家富强的重要标志。民生连着民心，民生问题的解决，必然会极大地促进民族关系的协调发展。

五　建设美丽中国，促进民族关系协调发展的生态基础

十八大将建设生态文明提到"关系人民福祉、关乎民族未来的长远大计"的国家战略高度，提出尊重自然、顺应自然、保护自然的生态文明理念，融入经济建设、政治建设、文化建设、社会建设各方面和全过程。十八届三中全会首次提出在民族地区实行资源有偿使用制度和生态补偿制度。十九大指出要坚定走生产发展、生活富裕、生态良好的文明发展道路，建设美丽中国。并进一步强调我们要建设的现代化是人与自然和谐共生的现代化。我们所要努力实现的社会主义现代化强国，应该是经济、政治、文化、社会和生态协调发展的社会，将生态文明建设融入经济、政治、文化、社会建设各方面和全过程，体现了我国社会主义现代化建设战略布局演进的新要求。

民族地区处在大江大河的源头和上游，是国家重要的生态屏障。必须践行绿水青山就是金山银山的理念，坚持节约资源和保护环境的基本国策，坚持节约优先、保护优先、自然恢复为主的方针，坚定走生产发展、生活富裕、生态良好的文明发展道路，建设美丽中国。坚持绿色发展，守好民族地区发展的底色和价值。从地缘生态位置看，民族地区是中国最重要的生态平衡与保障区，是我国重要的生态安全屏障，具有重要的生态战略地位。民族地区最大的价值在生态、最大的责任在生态、最大的潜力也在生态，因此，民族地区的发展必须把生态文明建设放在突出位置，既要金山银山，更要绿水青山，走生态优先、绿色发展为导向的高质量发展之路，保护好中华民族永续发展的本钱，筑牢国家生态安全屏障，实现经济效益、社会效益、生态效益相统一。

参考文献

（一）经典作家文献集

《马克思恩格斯全集》（第 1 卷），人民出版社，1956。

《马克思恩格斯全集》（第 3 卷），人民出版社，1960。

《马克思恩格斯全集》（第 4 卷），人民出版社，1958。

《马克思恩格斯全集》（第 19 卷），人民出版社，1963。

《马克思恩格斯全集》（第 22 卷），人民出版社，1965。

《马克思恩格斯选集》（第 1 卷），人民出版社，2012。

《马克思恩格斯选集》（第 2 卷），人民出版社，2012。

《马克思恩格斯选集》（第 3 卷），人民出版社，2012。

《马克思恩格斯论民族问题》，民族出版社，1987。

《列宁全集》（第 2 卷），人民出版社，1953。

《列宁全集》（第 6 卷），人民出版社，1959。

《列宁全集》（第 19 卷），人民出版社，1958。

《列宁全集》（第 20 卷），人民出版社，1959。

《列宁全集》（第 33 卷），人民出版社，1985。

《列宁选集》（第 2 卷），人民出版社，1995。

《列宁选集》（第 3 卷），人民出版社，1995。

《列宁论民族问题》，民族出版社，1987。

《斯大林全集》（第 2 卷），人民出版社，1953。

《孙中山选集》（上卷），人民出版社，1981。

《孙中山全集》（第 1 卷），中华书局，1981。

《毛泽东选集》（第 1~4 卷），人民出版社，1991。

《邓小平文选》（第 1~3 卷），人民出版社，1995。

《江泽民文选》（第 1~3 卷），人民出版社，2006。

《胡锦涛文选》（第 1~3 卷），人民出版社，2016。

《习近平谈治国理政》（第 1 卷），外文出版社，2014。

《习近平谈治国理政》（第 2 卷），外文出版社，2017。

《习近平谈治国理政》（第 3 卷），外文出版社，2020。

习近平：《决胜全面建成小康社会 夺取新时代中国特色社会主义伟大胜利——在中国共产党第十九次全国代表大会上的报告》，人民出版社，2017。

中共中央宣传部编《习近平总书记系列重要讲话读本》，学习出版社、人民出版社，2014。

中共中央宣传部编《习近平新时代中国特色社会主义思想学习纲要》，学习出版社、人民出版社，2019。

中共中央宣传部编《习近平新时代中国特色社会主义思想三十讲》，学习出版社，2018。

习近平：《在全国民族团结进步表彰大会上的讲话》，人民出版社，2019。

习近平：《在决战决胜脱贫攻坚座谈会上的讲话》，人民出版社，2020。

国家民族事务委员会编《中央民族工作会议精神学习辅导读本》（增订版），民族出版社，2019。

本书编写组编著《指导新时期民族工作的纲领性文献——深入学习胡锦涛同志在中央民族工作会议上的重要讲话》，人民出版社，2005。

中共中央统一战线工作部、国家民族事务委员会编《中央民族工作会议精神学习辅导读本》，民族出版社，2022。

（二）中文著作、编著、论文集

陈建樾、周竞红：《族际政治在多民族国家的理论与实践》，社会科学文献出版社，2010。

崔明德：《中国民族关系十讲》，人民出版社，2018。

陈茂荣：《马克思主义视野的"民族认同"问题研究》，中国社会科学出版社，2014。

曹兴、孙志方：《全球化时代的跨界民族问题》，中国政法大学出版社，2015。

曹兴：《全球化时代的民族宗教问题》，中国政法大学出版社，2011。

戴小明、潘弘祥：《统一自治发展：单一制国家结构与民族区域自治研究》，中国社会科学出版社，2014。

方盛举：《中国民族自治地方政府发展论纲》，人民出版社，2007。

费孝通：《中华民族多元一体格局》，中央民族大学出版社，1999。

冯雪红等：《民族关系的新视角与新探索》，上海人民出版社，2015。

龚学增：《新中国处理少数民族宗教问题的历程和基本经验》，宗教文化出版社，2010。

关凯：《族群政治》，中央民族大学出版社，2007。

郭正礼：《市场经济条件下新疆民族关系的对策研究》，新疆大学出版社，1998。

郝时远：《中国特色解决民族问题之路》，中国社会科学出版社，2016。

何博：《我国边疆少数民族的"中国认同"及其影响因素研究》，中国社会科学出版社，2014。

何龙群：《民族关系与社会主义和谐社会建设的历史考察》，人民出版社，2015。

贺金瑞：《中国民族发展：概念、途径和理论体系》，社会科学文献出版社，2012。

暨爱民：《国家认同建构：基于民族视角的考察》，社会科学文献出版社，2016。

金炳镐：《民族关系理论通论》，中央民族大学出版社，2007。

金炳镐、青觉：《中国共产党三代领导集体的民族理论与实践》，黑龙江教育出版社，2004。

李渤：《民族宗教问题与国家安全》，时事出版社，2013。

李资源：《中国共产党少数民族文化建设研究》，人民出版社，2011。

李世涛：《知识分子立场：民族主义与转型期中国的命运》，时代文艺出版，2000。

李学保：《当代世界冲突的民族主义根源》，世界图书出版公司，2012。

林耀华：《民族学通论》，中央民族大学出版社，1998。

刘庸：《城市化与社区民族关系及其评价指标：基于中国西北地区的实证研究》，民族出版社，2018。

鲁刚：《社会和谐与边疆稳定》，中国社会科学出版社，2011。

罗康隆、黄贻修：《发展与代价——中国少数民族发展问题研究》，民族出版社，2006。

缪家福：《全球化与民族文化多样性》，人民出版社，2005。

彭武麟：《中国近代国家转型与民族关系之构建》，中央民族大学出版社，2017。

青觉、栗献忠：《苏联民族政策的多维审视》，中央民族大学出版社，2009。

青觉：《马克思主义民族观的形成与发展》，民族出版社，2004。

任一飞、周竞红：《中华人民共和国民族关系史研究》，辽宁民族出版社，2003。

阮西湖：《20世纪后半叶世界民族关系探析》，民族出版社，2004。

孙懿：《中国少数民族干部队伍建设的理论与实践》，社会科学文献出版社，2012。

孙祚民：《中国古代民族关系问题探究》，中国社会科学出版社，2016。

王建娥：《族际政治：20世纪的理论与实践》，社会科学文献出版社，2011。

王建娥等：《族际政治与现代民族国家》，社会科学文献出版社，2004。

王剑锋：《族群冲突与治理：基于冷战后国际政治的视角》，社会科学文献出版社，2014。

王浦劬：《新时代的政治与治政研究》，人民出版社，2019。

王浦劬：《政治学基础》，北京大学出版社，1995。

王诗宗：《治理理论及其中国适用性》，浙江大学出版社，2009。

王伟光：《利益论》，中国社会科学出版社，2010。

王希恩：《当代中国民族问题解析》，民族出版社，2002。

王希恩：《问题与和谐：中国民族问题寻解》，中国社会科学出版社，2012。

王延中、隋青：《中国民族发展报告（2018）》，社会科学文献出版社，2018。

王银梅：《西部民族地区转型期间的社会稳定问题实务研究》，中国政法大学出版社，2018。

王文长：《西部资源开发与民族利益关系和谐建构研究》，中央民族大学出版社，2010。

王作安：《中国的宗教问题和宗教政策》，宗教文化出版社，2002。

翁独健：《中国民族关系史纲要》，中国社会科学出版社，2001。

吴楚克：《中国边疆政治学》，中央民族大学出版社，2005。

吴永红：《民族、国家与制度：历史制度主义视域下的民族区域自治制度研究》，世界图书出版社，2014。

徐黎丽：《论民族关系与民族关系问题》，民族出版社，2005。

徐杰舜：《从多元走向一体：中华民族论》，广西师范大学出版社，2008。

徐晓萍、金鑫：《中国民族问题报告》，中国社会科学出版社，2008。

杨红英：《西部边疆建设的理论与实践》，科学出版社，2011。

杨建新、崔明德：《中国民族关系研究》，民族出版社，2006。

张会龙：《当代中国族际政治整合：结构、过程与发展》，北京大学出版社，2013。

周大鸣、马建钊：《城市化进程中的民族问题研究》，民族出版社，2005。

周平：《多民族国家的族际政治整合》，中央编译出版社，2012。

周平：《国家的疆域与边疆》，中央编译出版社，2017。

周平：《民族政治学》，高等教育出版社，2003。

周平：《中国边疆政治学》，中央编译出版社，2015。

周平：《中国少数民族政治分析》，云南大学出版社，2007。

朱碧波：《苏联族际政治整合模式研究》，中国社会科学出版社，2015。

朱伦：《民族共治——民族政治学的新命题》，中国社会科学出版社，2012。

（三）中文期刊论文

艾菊红：《现代性语境下的民族文化传承与发展》，《吉首大学学报》（社会科学版）2019年第1期。

曹兴：《国际民族冲突类型的宗教成因》，《世界宗教文化》2018年第6期。

常士闿：《多民族发展中国家族际政治的风险及其正负效应分析》，《学术界》2017年第5期。

常士闿：《族际政治文明建设探析——以多民族发展中国家为背景》，《政治学研究》2015年第4期。

陈光军：《中国共产党民族发展观的历史经验及现实启迪》，《西藏研究》2015年第1期。

陈蒙：《国家治理现代化视域下坚持和完善民族区域自治制度的国情依据》，《广西民族研究》2019年第2期。

陈祥、石开忠、周真刚：《民族关系和谐性调控机制及其框架》，《贵州民族研究》2018年第11期。

都永浩：《多元民族文化与国家共同文化》，《黑龙江民族丛刊》2011年第5期。

范可：《"边疆"与民族：略论民族区域的治理逻辑》，《西北民族研究》2015年第2期。

方盛举：《对我国陆地边疆治理的再认识》，《云南师范大学学报》（哲学社会科学版）2016 年第 4 期。

方盛举：《边疆治理在国家治理中的地位和作用》，《探索》2015 年第 6 期。

高永久、孔瑞、刘海兵：《我国民族问题治理体系和治理能力现代化的结构研究》，《中南民族大学学报》（人文社会科学版）2016 年第 1 期。

高永久、刘海兵：《中国民族问题治理能力：内涵、现状与困境》，《新疆社会科学》2016 年第 2 期。

高永久：《略论地区发展差距与民族关系》，《青海民族大学学报》（社会科学版）2014 年第 2 期。

高永久、王杰：《"族员"与"公民"：少数民族政治社会化的路径研究》，《云南民族大学学报》（哲学社会科学版）2013 年第 1 期。

哈正利、雷振扬：《中国特色民族政策形成与发展的基本经验》，《中南民族大学学报》（人文社会科学版）2016 年第 2 期。

郝时远：《改革开放四十年民族事务的实践与讨论》，《中央社会主义学院学报》2018 年第 4 期。

郝时远：《习近平新时代中国特色社会主义思想与民族工作》，《民族研究》2017 年第 6 期。

郝时远、张海洋、马戎：《构建新型民族关系》，《西北民族研究》2014 年第 1 期。

贺金瑞：《当代中国民族问题治理体系和治理能力现代化初探》，《中央民族大学学报》（哲学社会科学版）2014 年第 4 期。

和丽贵：《良性互动的民族关系是国家稳定和发展的重要基础》，《学术探索》2014 年第 8 期。

何晓薇、于海峰：《当代西方国家民族政策述评》，《民族论坛》2013 年第 6 期。

胡延龙：《1978～2017：中国民族发展四十年文献综述与研究》，《广西民族研究》2018 年第 6 期。

暨爱民：《从民族认同到国家认同：理论与路径评析》，《教学与研究》2014 年第 11 期。

金炳镐、程多杰：《民族区域自治是平等团结和谐发展之路》，《黑龙江民族丛刊》2018 年第 6 期。

匡自明：《民族区域自治制度的创制及其评析》，《云南民族大学学报》（哲学社会科学版）2017 年第 2 期。

李庚伦：《试析中国共产党陆地边疆治理理论与实践》，《社会主义研究》2015 年第 4 期。

李普者：《论和谐民族关系建设》，《云南民族大学学报》（哲学社会科学版）2011 年第 1 期。

李晓定：《论"丝路经济带"建设中的民族关系融合》，《宁夏社会科学》2015 年第 5 期。

梁浩翰：《21 世纪加拿大多元文化主义：挑战与争论》，《广西民族大学学报》（哲学社会科学版）2015 年第 2 期。

梁茂春：《"跨界民族"的族群认同与国家认同》，《西北民族研究》2012 年第 2 期。

刘建华：《维护边疆民族地区社会稳定的利益表达机制》，《西南民族大学学报》（人文社会科学版）2015 年第 8 期。

刘显著、冯周卓：《民族地区马克思主义民族政策的历史追溯》，《贵州民族研究》2019 年第 1 期。

刘永刚：《边疆治理视野下跨界民族成员的身份选择与公民身份建构》，《吉首大学学报》（社会科学版）2016 年第 2 期。

雷振扬、裴圣愚：《如何看待美国等西方国家的民族政策和民族关系》，《中央民族大学学报》（哲学社会科学版）2013 年第

6 期。

雷振扬、王明龙：《改革开放 40 年民族区域自治制度的发展与完善》，《中南民族大学学报》（人文社会科学版）2018 年第 5 期。

李贽、张莉：《多民族社会主义国家民族问题理论与实践的考察和比较》，《黑龙江民族丛刊》2015 年第 3 期。

刘左元、宋磊：《少数民族宗教意识、民族意识与公民意识的教育调和》，《贵州民族研究》2016 年第 1 期。

马得勇：《国家认同·爱国主义与民族主义》，《世界民族》2012 年 3 期。

马风书：《苏联民族政策的经验教训》，《当代世界社会主义问题》2012 年第 3 期。

马戎：《对当代中国民族政策的反思》，《青海民族研究》2013 年第 4 期。

马戎：《如何看待当前中国的民族关系问题》，《理论视野》2011 年第 3 期。

纳日碧力戈：《全球化视野下的中国民族关系研究：内视、自觉与正义》，《中央民族大学学报》（哲学社会科学版）2011 年 6 期。

青觉、王伟：《多民族国家建设：民族冲突与国际干预》，《民族研究》2016 年第 5 期。

任博：《当代中国边疆民族地区政治稳定研究》，《内蒙古大学学报》（哲学社会科学版）2015 年第 6 期。

任维德：《原因与对策：国内民族发展研究的若干理论视角》，《中南民族大学学报》（人文社会科学版）2016 年第 1 期。

沈其新、王明安：《制度自信与治理现代化：坚持和完善民族区域自治制度》，《西南民族大学学报》（人文社会科学版）

2015 年第 12 期。

沈毅：《反对宗教极端主义 有效打击"三股势力"》，《中国宗教》2018 年第 3 期。

史金波：《中国历史上民族关系刍议》，《中国史研究》2017 年第 1 期。

宋才发：《民族区域自治制度的实践回眸及未来走势——纪念中国改革开放 40 周年》，《学术论坛》2018 年第 6 期。

宋鑫华：《变革时代我国民族关系协调发展论纲》，《中央民族大学学报》（哲学社会科学版）2014 年第 4 期。

宋鑫华：《论国家治理能力现代化中的少数民族政治运行体系》，《黑龙江民族丛刊》2015 年第 6 期。

宋鑫华：《论民族冲突的内在张力》，《云南民族大学学报》（社会科学版）2014 年第 6 期。

孙振玉、王娟：《"民族—宗教—政治"负面关联性的内在逻辑剖析》，《中南民族大学学报》（人文社会科学版）2019 年第 1 期。

唐志君、覃小林：《民族关系发展的主体及其培育》，《内蒙古大学学报》（哲学社会科学版）2015 年第 4 期。

王勃：《论后发多民族国家政治整合的民主化困境与民族冲突》，《云南民族大学学报》（哲学社会科学版）2015 年第 3 期。

王虎、王磊：《民族地区社会治理的现实依据与逻辑基础》，《贵州民族研究》2016 年第 10 期。

王建娥：《多民族国家包容差异的国体设计——联邦制和区域自治的功能、局限与修正》，《中央社会主义学院学报》2018 年第 1 期。

王建娥：《民族冲突治理的理念、方法和范式》，《中央民族大学学报》（哲学社会科学版）2014 年第 6 期。

王建娥：《一元化国家框架下非均衡性区域自治制度探索》，《西北师大学报》（社会科学版）2017 年第 3 期。

王鉴：《我国民族政策制定和落实中存在的问题与建议》，《当代教育与文化》2014 年第 6 期。

王猛：《从单一身份到多重身份：身份视角下的我国民族政策反思》，《广西民族研究》2015 年第 2 期。

王晴锋：《后民权时代的美国族群关系：经验与反思》，《世界民族》2015 年第 1 期。

王伟：《跨界民族问题的形成、表现及影响》，《黑龙江民族丛刊》2014 年第 1 期。

王文光：《"大一统"中国发展史与中国边疆民族发展的"多元一统"》，《中国边疆史地研究》2015 年第 4 期。

王希恩：《民族问题与"党内联邦制"——列宁和斯大林对"崩得"民族主义的批判》，《西北师大学报》（社会科学版）2018 年第 2 期。

王希恩：《中华民族建设中的认同问题》，《西南民族大学学报》（人文社会科学版）2019 年第 5 期。

王宇博：《澳大利亚多元文化主义政策的形成》，《苏州大学学报》（哲学社会科学版）2016 年第 4 期。

王宗礼：《习近平新时代中国特色社会主义思想的生成逻辑》，《国外理论动态》2017 年第 6 期。

谢忠：《新中国民族区域自治制度的历史考察》，《当代世界与社会主义》2014 年第 5 期。

徐畅江：《中国民族政策的理性思考与现实选择》，《中央民族大学学报》（哲学社会科学版）2013 年第 2 期。

徐黎丽、那仁满都呼：《现代国家"边境"的界定》，《中国边疆史地研究》2018 年第 5 期。

徐黎丽、杨丽云：《论民族区域自治中民族因素与区域因素相结合》，《烟台大学学报》（哲学社会科学版）2018 年第 1 期。

许明哲、倪卓：《边疆文化构建与边疆治理》，《东疆学刊》2016 年第 2 期。

杨纯刚、蒋正翔：《中国共产党百年民族宗教政策历史回顾和经验总结》，《中国穆斯林》2018 年第 6 期。

杨圣敏：《对如何处理好当前民族关系问题的一点看法》，《社会科学战线》2013 年第 7 期。

姚德超、冯道军：《边疆治理现代转型的逻辑：结构、体系与能力》，《学术论坛》2016 年第 2 期。

叶险明：《民族主义·民族国家·社会主义》，《学术月刊》2012 年第 3 期。

于潜驰、陆鹏、金浩：《中国民族政策：照搬苏联模式还是创新中国特色》，《黑龙江民族丛刊》2012 年第 6 期。

张继焦、尉建文：《三论"国家-民族"关系——国际视野与中国经验》，《云南民族大学学报》（哲学社会科学版）2018 年第 5 期。

张劲松、张筱倩：《民族关系和谐性调控机制及其框架》，《中南民族大学学报》（人文社会科学版）2019 年第 3 期。

张军：《"一带一路"：治理西北民族地区社会稳定的机遇、挑战及应对》，《西北民族大学学报》（哲学社会科学版）2016 年第 5 期。

张少春：《西方话语中的"中国民族政策"及其逻辑分析》，《中南民族大学学报》（人文社会科学版）2018 年第 4 期。

赵刚：《民族地区社会治理现代化与我国少数民族政策的调适》，《云南行政学院学报》2015 年第 2 期。

赵刚：《民族政策与中华民族共同体意识的建构》，《学术界》2017年第2期。

钟瑞添、刘顺强：《民族文化认同与振兴之路》，《长白学刊》2019年第4期。

周竞红：《创新引领民族团结进步新时代——学习习近平关于民族工作重要论断的几点认识》，《西南民族大学学报》（人文社会科学版）2018年第11期。

周竞红：《国家政治现代化与新型民族关系建构》，《中南民族大学学报》（人文社会科学版）2017年第5期。

周平：《国家治理视阈中的边疆治理》，《行政管理改革》2016年第4期。

周平：《民族关系的多样态展现》，《云南行政学院学报》2016年第6期。

周平：《民族区域自治制度的内在逻辑》，《学术界》2019年第6期。

周玉琴：《论国家治理转型中的民族政治运作机制》，《广西社会科学》2015年第1期。

朱金春：《边疆治理的转型与重构》，《新疆师范大学学报》（哲学社会科学版）2016年第3期。

朱伦：《民族问题的内涵与民族政策的功能》，《世界民族》2014年第3期。

（四）外文著作中译本

〔英〕爱德华·莫迪默、罗伯特·法恩：《人民·民族·国家——族性与民族主义的含义》，刘泓、黄海慧译，中央民族大学出版社，2009。

〔英〕安德鲁·海伍德：《政治学核心概念》，吴勇译，天津人民出版社，2008。

〔英〕安东尼·史密斯：《民族主义：理论、意识形态、历史》，叶江译，上海人民出版社，2006。

〔英〕埃里克·霍布斯鲍姆：《民族与民主主义》，李金梅译，上海世纪出版集团，2006。

〔美〕本尼迪克特·安德森：《想象的共同体》，吴叡人译，上海人民出版社，2016。

〔英〕厄内斯特·盖尔纳：《民族与民族主义》，韩红译，中央编译出版社，2002。

〔美〕菲利克斯·格罗斯：《公民与国家—民族、部族和族属身份》，新华出版社，2003。

〔美〕弗朗西斯·福山：《国家构建：21世纪的国家治理与世界秩序》，黄胜强、许铭原译，中国社会科学出版社，2007。

〔美〕盖伊：《自治与民族：多民族国家竞争性诉求的协调》，张红梅等译，东方出版社，2013。

〔法〕吉尔·德拉诺瓦：《民族与民族主义》，郑文彬、洪辉译，三联书店，2005。

〔美〕斯蒂芬·格罗斯比：《民族主义》，陈蕾蕾译，译林出版社，2016。

〔美〕塞缪尔·P.亨廷顿：《变化社会中的政治秩序》，上海人民出版社，2008。

〔美〕特伦斯·库克：《分离、同化或融合：少数民族政策比较》，张红梅译，东方出版社，2015。

〔加拿大〕威尔·金里卡：《少数的权利：民族主义、多元文化主义和国民》，邓红风译，上海世纪出版集团，2006。

（五）外文文献

Horace M. Kallen, *Culture and Democracy in the United States*, New York: Boni and Liveright, 1924.

Milton M. Gordon, *Assimilation in American Life*, New York: Oxford University Press, 1964.

后 记

当这本著作最终定稿，我静坐案前，心中思绪万千，感慨良多。著作的完成，历经几载。经历了女儿的出生，时间精力的严重不足，写作几经停顿；写作过程也遇到了资料的匮乏、观点的碰撞、思路的瓶颈。每一个难关都像一座要攀登的高山，考验着我的意志和决心。在撰写的过程中，我无数次地推翻自己的初稿，反复修订，力求每一个观点都能经得起推敲。这个过程，虽然很艰辛，但当我看到书稿中的每一个字都凝聚着我的心血与汗水时，我便感到无比的欣慰。

回望起点，那时的我，怀揣着对民族关系的浓厚兴趣与探索欲望，踏上这条充满未知与挑战的道路。我如同一个历史的行者，穿梭于浩瀚的文献与生动的现实之间，努力捕捉那些被时间温柔以待的民族故事。经过无数次的调研与交流，让我对民族关系有了更加全面深入的理解，也让我深切感受到不同民族之间的文化魅力与情感纽带，各民族在新时代的浪潮中携手共进，共同书写中华民族辉煌的新篇章。

如今，当这本著作终于呈现在大家面前时，我的心中充满了复杂的情感。有完成任务的释然与轻松，有"丑媳妇要见公婆"的忐忑和紧张，但更多的是对那些陪伴我走过这段旅程的人与事的感激和怀念。他们是我写作路上的灯塔与支撑，是我不断前行的动力和源泉。在写作过程中，虽然我力求资料上翔实准确，理论上有所创新，实践上有所指导。然而，由于学识有限，书中难免存在不足之处，敬请读者批评指正。

最后，以一句古语作为此后记的结语："路漫漫其修远兮，吾将上下而求索。"在未来学术道路上，我将继续秉持初心，勇往直前，不断探索，追求真理。愿与诸君共勉之！

图书在版编目（CIP）数据

新时代中国民族关系协调发展研究 / 宋鑫华著. --
北京：社会科学文献出版社，2024.11
ISBN 978-7-5228-3355-2

Ⅰ.①新… Ⅱ.①宋… Ⅲ.①民族关系-研究-中国
Ⅳ.①D633

中国国家版本馆 CIP 数据核字（2024）第 068575 号

新时代中国民族关系协调发展研究

著　　者 / 宋鑫华

出 版 人 / 冀祥德
责任编辑 / 周志静　周志宽
责任印制 / 王京美

出　　版 / 社会科学文献出版社·人文分社（010）59367215
　　　　　地址：北京市北三环中路甲 29 号院华龙大厦　邮编：100029
　　　　　网址：www.ssap.com.cn
发　　行 / 社会科学文献出版社（010）59367028
印　　装 / 三河市东方印刷有限公司

规　　格 / 开　本：787mm×1092mm　1/16
　　　　　印　张：16　字　数：201 千字
版　　次 / 2024 年 11 月第 1 版　2024 年 11 月第 1 次印刷
书　　号 / ISBN 978-7-5228-3355-2
定　　价 / 98.00 元

读者服务电话：4008918866